그리움, 추억도 어둠 속에 묻힌

영혼의 눈시울

그리움, 추억도 어둠 속에 묻힌

영혼의 눈시울

최대락 에세이집

지성의샘

2020 한국문인협회 신년하례회

2022 경희대학교 경희문인회 문인의 밤

2023 관악문인협회 출판기념식 및 문학상 시상식

2023 현대작가 정기총회 및 신인상 시상식

2023 전국 문학인 신문기자 역량강화 워크숍

2024 관악문인협회 이근후 박사 초청 문학세미나

2024 한국소설가협회 정기총회 및 신인상 시상식

2024 동작문인협회 정기총회

| 작가의 말 |

오해에 대한 사과는 빠를수록 좋다

　이번 에세이집 『그리움, 추억도 어둠 속에 묻힌 영혼의 눈시울』은 인성교육의 실천 방안에 따라 시대적으로 변해 가는 각박한 세상을 짊어지고 아무리 무겁고 힘들어도 가정의 안정과 행복을 위해 희생하며 살아가는 이 세상 모든 아버지의 꿋꿋한 마음은 그래도 성장하는 아이들이 보고 배우는 현실이라는 점, 70년지기 죽마고우가 마지막 암시를 주고 세상을 떠난 뒤에 다각적으로 생각해 본 세월의 공허함과 그리움, 올바른 가치관은 익히 알면서도 무의식적으로 다가갈 수 없는 우리는 나약한 존재인가를 사유해 보았다.
　또한, 한국 근현대 원로작가의 소설 작품을 소개하여 그 시대의 정취를 되새겨보고, 그 속에 다양하게 펼쳐져 있는 주제 의식이나 인물의 전형적인 모습을 통해 삶에 대한 진정성과 휴머니즘을 발견해 보고자 했다. 작품의 의의와 문학적 배경 등을 감상하면서 문학적 흐름을 이해하는 데 도움이 될 것이다.

　대중매체가 날로 빠르게 변해 가고 있지만, 그럼에도 우리의 정서를 힐링하는 데는 아날로그 방법이 요긴하게 쓰일 때가 있다. 요즘 매스컴이나 언론을 통해서 다양한 지식에 접근하다 보면 문화 수준이 높아서일까, 아니면 경험이 많아서일까 인터뷰를 어색하지 않고 편안하게 진행하는 것을 보면 감탄스럽기도 하고 부럽기도 하다.

21세기를 살면서 우리 후손에 대한 인성교육 자세가 강 건너 불구경하는 것 같아 안타깝다. 우리의 가치관이 헛된 욕망에 사로잡혀 있는 것은 아닌지, 오랜 전통을 가진 우리의 인성교육은 도덕과 교육의 한계에 대한 왜곡된 인식의 대두로 심각한 위기에 처해 있다. 적반하장 사건들이 심심찮게 일어나고 있는 것은 그동안 도덕교육을 통해서만 이루어져 온 우리의 인성교육이 그 경험적 한계에도 불구하고 일정 영역에서는 성공한 사례도 있지만, 가정과 학교 사회 전체가 강조하는 가치들과는 사뭇 다른 강요와 분위기를 형성함으로써 주로 인지적 인성교육에 치중하던 도덕교육의 한계 때문이다.

따라서 제일 중요한 것은, 어떤 상황에 대해 남 탓을 하거나 자신을 정당화하지 말고, 자신을 다른 것과 비교하지 않으면서 있는 그대로 인식하고 그것을 이해할 수 있어야 한다. 절대로 과장하거나 은폐해서는 안 된다. 사실에 대한 비판을 수용할 때 심리적 안정감을 얻기 때문이다.

그러기 위해서는 가장 먼저 솔직한 대화가 중요하고 오해에 대한 사과는 빠르면 빠를수록 좋다. 사람이 살면서 슬픔과 기쁨은 정반대 되는 말이지만. 우리가 처해 있는 인성교육을 생활환경이나 편견에 따라 해석한다든가 설명하려고 할 때 우리는 이미 진리를 놓쳐버리고 듣는 기술, 즉 듣는 방법을 잊고 있는 것이 아닌지 생각해 봐야 한다.

2024년 8월 김포 가현산 기슭에서
최대락

| 차례 |

작가의 말 • 오해에 대한 사과는 빠를수록 좋다 _ 6

제1부
한국 윤리학을 통한 바람직한 인성교육과 실천 방안 _ 12
시의 소재는 시대적으로 변모해 가는 중 _ 17
한국 근대소설 발생기 이광수의 작품감상 _ 25
괴로움을 풀 때는 인내력이란 세 글자를 잊어서는 안 된다 _ 33
국제화 시대에 고유한 언어나 문학의 독립적 영역이 좁아졌다 _ 38
양보와 배려는 삶의 미덕이자 윤활유 같은 존재 _ 42
상상의 언어와 질서가 주는 문학적 가치 _ 48
수필과 에세이는 품위를 염두에 두어야 한다 _ 54
한국적 도덕교육은 전통적 가치와 신뢰가 중요하다 _ 60
참 좋은 말로 자신을 수양하는 습관을 길러라 _ 67

제2부
고향 산천은 아련한 향수가 머무는 곳 _ 72
미완성 졸업 작품이 준 감동 인사 _ 79
악습을 버리지 못하면 올바른 교육도 무용지물 _ 85
사람은 어떻게 다른 사람의 마음을 읽을까? _ 90
한국 현대소설 박경리의 작품감상 _ 99
즐겁고 행복한 마음으로 배려하는 자세가 정말 좋았다 _ 106
한국 현대소설의 형성과 전개 과정 _ 111

과로와 스트레스는 생활환경과 밀접한 관계가 있다 _ 117
한국 현대 시의 흐름 _ 122
적반하장이 도를 넘는 세상 _ 128

제3부

21세기 정책과 조선조 정책의 비교분석 _ 134
한국문학의 변천사와 그 배경 _ 143
詩는 움직이는 상상의 언어 예술이다 _ 152
백운을 탄 신선과 같다는 도봉산 _ 158
글 쓰기 위한 마음과 자세 _ 163
1980년대 후반의 시단 풍경과 문학 연구의 활성화 _ 171
『논어』이야기 _ 178
아버지 여린 마음은 늘 그 가슴속에 _ 185
좋은 인덕에 인복 있는 삶과 동행하면 행복하다 _ 193
자녀는 자신도 모르게 부모를 닮아간다 _ 201

제4부

여류문학의 선구자 『한중록』의 위상 _ 206
그리움, 추억도 어둠 속에 묻힌 영혼의 눈시울 _ 214
한국 현대소설 이문열의 작품감상 _ 221
아이의 뇌와 언어의 발달과정을 알아보자 _ 228
한국 문단 신문학 현진건 『무영탑』, 예술적 형상화를 이룬 작품 _ 235

연주대에서 바라본 관악산 전경 _ 242
도덕적 윤리와 책임 있는 자세 _ 246
시선을 의식하는 사람은 기본적으로 참된 사람이다 _ 250
한국 근대소설 나도향의 작품감상 _ 255
역경을 이겨낸 승부는 인내와 끈기 _ 261

제5부
노인 인구 1,000만 명이 넘는 시대 _ 270
한국 근대소설 이효석의 작품감상 _ 281
지성인과 문화 사회는 밀접한 관계 _ 287
상호의존적인 동양의 삶과 독립적인 서양의 삶 _ 293
한국 근대소설 김동리의 작품감상 _ 300
한국문인협회 관악지부 봄철 문학기행 _ 307
다양한 저출산 복지정책 지원이 존립 위기 극복한다 _ 314
현대문학의 서사적 흐름과 역사적 가치 _ 325
회피한다는 것은 무지無智 속에서 사는 것이다 _ 330
궁중문학의 효시 『계축일기』와 『인현왕후전』의 특징 _ 338

참고문헌 _ 345

제1부

이육사 선생 막내따님 이옥비 여사, 이육사문학관 손병희 관장과 함께(2021. 7. 3)

한국 윤리학을 통한
바람직한 인성교육과 실천 방안

　조화와 질서가 확립되고 윤리의식이 뚜렷해야 자라나는 세대들의 인성에 크게 기여하기 때문에, 인성교육이 그리 어려운 것만은 아니다. 즉 사람의 성품이라고 할 수 있다. 해석하자면 성질과 인간의 됨됨이란 뜻이다.

　여기에 너그러움이 포함되면 이 이상 더 좋은 것이 없을 것이다. 그 사람의 태도, 사고思考, 행동, 이 세 가지가 올바로 서야 우리가 살아가면서 사람으로서 도리를 지키는 교육을 어려서부터 배우고 실천할 수 있는 마음이 중요하고 또한 정신무장이 바로 서야 비로소 배려와 양보란 마음의 터를 잡게 되는 것이다.

　선조 1577년에 율곡栗谷 이이李珥가 해주海州에서 초학자들을 가르치기 위하여 『격몽요결擊蒙要訣』이란 책을 지었다. 총 10편으로 만들어졌는데 그 한 문장을 소개하고자 한다.

　　生子 自稍有知識時 當導之而善이라 若幼而不教하면 至於旣長이
　　면 則習非放心하여 教之苦難이라 教之之序는 當依小學이니라.

자식을 낳으면 아는 것이 생겨나는 그때부터 마땅히 선善으로 인도해야 한다. 만약 어려서 가르치지 않고 이미 장성함에 이르면 그른 것을 익히고 방심하게 되어 이를 가르치기 어려우니, 가르치는 그 차례는 마땅히 『소학』에 따라야 하느니라.

이렇게 선조들은 어렸을 적부터 인간 됨됨이, 즉 성품을 일상생활에 접목하고 철저하게 교육함으로써 자의든 타의든 간에 자신도 모르는 인간의 삶을 행위에 역점을 두었다. 그러면 참된 삶은 무엇이며 어떻게 살아가야 하는 것은 항상 인간중심에서 비롯된다고 해도 과언이 아니다. 인간을 인간답게 가르치는 것이 교육의 궁극적 목적일 텐데 인성교육을 중시하여 교육의 인간학적 제안이 필요한 것이다.

위의 선조들의 가르침에서 보는 바와 같이, 현재 우리가 살아가는 21세기는 한 사람 중심의 세계에서 우리란 중심에서부터 같이 생존하는 교육이 절실하다는 것을 알아야 한다. 즉 내가 아니고 너와 함께 하는 의식을 심어 주어야 한다. 이 인성교육은 교육의 원초 적부터 시작하여 학교와 사회교육이 일치할 때 가능한 것이다. 우리나라는 근대화의 사조에 의해 산업사회로 지향함에 따라 물질문명과 과학기술 면에 치중하다 보니 국어와 도덕교육은 뒷전이고 영어·수학이 마치 전부인 양 모든 사람이 과오를 범하고 있다. 가령 대기업이나 중소기업이나 공기업도 마찬가지지만, 토익·토플이 꼭 필요한 분야에는 시험에 반영시키고 그 분야가 아니라면 굳이 제한할 필요가 없을 것이다. 물론 유학을 위해서는 토플이, 회사의 비즈니스에 꼭 필요한 부서는 토익이 해당되겠지만, 그 밖의 업종에서는 제외시킨다고 해도 무방할 것이다. 그러나 현재로서는 자격시험과 같이 반영한다는 것이 문제가 있다.

한 예를 들어 보자. 해외수주를 담당하는 부서나 섭외를 담당하는 부서는 당연히 토익이 필요하겠지만, 그 밖의 부서에서 우리가 상식적으로 영어를 활용할 수 있을 정도면 되지 않을까. 이렇게 되니까 너도나도 유치원 혹은 유아원까지도 영어·수학에 열을 올리다 보니 과거에도 그렇고 현재에 와서도 반복되는 것이다. 옛날 부모도 영어·수학 과목을 유명 학원에 보내고 허리가 휠 정도로 정성을 들였지만, 대다수 사람은 뚜렷한 효과를 본 사람보다 그렇지 못한 사람이 더 많을 것이다. 이것은 필자의 사견임을 밝혀 둔다. 인성교육이나 충효사상 같은 것은 현대 사회적 추이에 따라 부정적인 면이 그래서 더 많은 것도 사실이다.

아울러 현재의 인성교육은 현대의 가속화된 도시사회의 난점을 무릅쓰고 가정을 중심으로 저마다 인간다운 도리를 다하여 미풍양속을 되살려야 한다. 그리고 올바른 인생관과 바른생활의 원칙이 세워져야 가능하다. 날로 변모해 가는 국제 정서와 시대적 흐름은 우리의 주제가 무언인가를 똑바로 인식시켜 교육의 주체성을 확립하지 않으면 안 된다. 즉 우리의 현실을 보면 우리 민족은 인의仁義를 존중하면서도 덕德에만 치중하지 않고 평소에 이어왔다고 해도 과언이 아니다. 즉 가정을 중심으로 한 효도 덕이 근본을 이루고 있으면 민족과 국가를 위한 도리를 절충하여 국권國權에 대처하는 충효정신으로 우리나라의 정통성을 지켜온 활력에서 나왔다는 점이다.

또한 효 교육은 자의字意나 피교육자에게만 효사상을 운위云謂할 것이 아니라 가정에는 부모, 사회는 어른, 학교는 스승이 먼저 덕목을 갖추어야 제대로 선다. 즉, 교양을 저버리면 안 될 것이다. 우리는 즉시 새로운 사실에 도달할 때 공간, 시간, 사회, 노동, 풍토, 음식, 이동력 등은 우리에게 매일같이 가장 진지하게 교훈을 베풀고 있으며, 그 교훈이 의미하는 바는 무한하다. 즉 이해와 이성理性을 교육하고 애쓴 것도 사실이지만, 참 어렵다. 이해의 수양이 있어서 아주 조그만 결합이라도 개인의 전체적인 성격과 운에 영향을 미친다.

예를 들자면 차이의 지각知覺에 있어서 그러하다. '공간'이 있고 '시간'이 있는 것은, 그러한 사물들이 되는 대로 쌓아서 더미를 이룬 것이 아니라 분리되고 개별화된 사실을 사람이 알도록 하자는 것이다.

아울러 우리의 교육에 이바지하고 있는 자연의 여러 현상을 상세히 논하여 보는 것도 즐거운 연구가 될 것이다. 이 연구가 어디쯤에서 끝내는 것이 적당할까?

우리는 청년기와 성인이 된 후 삶에 있어서 몇 명의 친구들과 사귀게 되는데, 친구들은 하늘과 물처럼 우리의 이념과 같은 범위에 걸쳐 공존하고 있다. 친구는 어떤 감정적인 영혼에 각기 호응하면서 그러한 측면으로 우리의 바람을 만족시켜 주고 있다. 그리고 친구들은 우리로부터 멀리 떼놓고 바라볼 수 있는 능력이 없기에 우리는 친구들을 바로 잡거나 심지어 분석조차 할 수 있다. 그러니 우리는 친구들을 사랑할 수밖에 선택의 여지가 없다. 아울러 친구와 비슷한 잦은 만남으로 우리가 모범적인 장점을 갖추게 된다면, 우리는 우리의 이상을 높일 수 있도록 참된 인간을 보내 준 신의 안배에 대한 우리의 존경심을 더하게 될 것이다. 그러면 친구가 생각의 대상이 되어 주고, 그의 성격이 지니고 있는 모든 무의식적인 영향력을 계속 미치게 될 때, 그가 우리에게 미친 영향은 우리의 마음속에 견실하고 달콤한 지혜로 전환된다. 이는 친구로서의 할 일은 거의 끝냈으며, 그가 곧 우리의 시야에서 평범하게 사라지게 되리라는 것을 가르쳐 주는 전조현상이다. 아울러 요즘 시대에는 단체 카톡방이나 메시지에는 자기주장과 이상이 다르면 온갖 욕설이 난무하고 무시하는 경향이 홍수를 이루는 이때 좀 더 관대한 마음으로 포용하고 이해하는 배려가 부족한 것도 인성교육에서 오는 하나일지 모른다.

또한, 인간의 본성은 대체로 선성善性이라고 볼 때 효의 정신은 인간성의 발로이므로 고금에 구별이 없다. 인간의 선의지善意志를 개발하여 인간성 확립은 물론이며 효정신을 발휘할 수 있도록 선도해야 한다. 우리의 인성교육은 대다수 국민이 알고 있는 것이 효만 잘 지키면 문제 없다고 생각할 것이다.

그러나 효에 앞서 꼭 필요한 것은 배려다. 배려가 잘 이루어지면 자연적으로 효로 이어진다. 요즘 교사들의 잇따른 죽음이 안타까움을 더해 주고 있다. 학생과 교사 간의 커뮤니케이션이 잘 이루어지지 않고 서로 간의 단절된 이질감으로 인하여 감정을 억제하지 못하고 사제지간이 악화일로로 치닫는 경우가 많다.

이것을 어떻게 해결하느냐는 관계를 극복하고 서로 신뢰하는 정신이 바탕이 되어야 한다. 물론 시대적으로 변하는 과정이라고 볼 수는 있으나 가정과 학교에서 일어난 어떤 사건을 법으로 해결하는 것도 중요하지만, 교육적으로 대화로 만나서 해결할 수 있어야 교육이 바로 서고 서두에 다룬 것처럼 상대방을 이해하고 나 자신도 중심에 서 있다는 자세로 낮은 자세와 존중하는 행동지침에 책임을 져야 한다. 그러지 않으면 또 다른 불상사를 낳고 인성을 중시하는 인간관계가 허물어지는 것은 시간문제다.

아울러 누구의 잘못을 논하기 전에 꼭 대화와 양보, 배려가 중요하다. 충忠·효孝·예禮의 한국 사상을 통한 건전한 국민정신이 필요하며 이를 범국민운동으로 전개하여 건전한 사회기풍과 국가 사회에 기여하는 인성교육의 길을 가도록 하는 것이 교육의 이념과 논리관이 확고히 선다는 것이다. 그리고 이 점들을 실행 발전시키기 위해서는 우리가 모두 배려 깊은 사람이어야 된다는 것을 누차 지겹도록 강조한 것은 필자 개인 생각이니 널리 이해하여 주시기를 바라며, 판단은 독자 여러분의 몫이다.

시의 소재는 시대적으로 변모해 가는 중

　시詩를 처음 접했다고 생각되는 것이 초등학교 때 교내 글짓기 백일장 대회에서 장원과 부상으로 공책 20권과 연필 한 다스를 받고 무척 좋아 밤잠을 설치고 했던 그 추억이 초석이 되어 소설가, 시인, 수필가로 활동하는 것이 아닌가 싶다. 대학에 진학하면서 국어국문학을 전공하였지만, 중년이 되어 다시 문예 창작을 두드려서 하고자 했던 글을 쓴 것도, 이 때문인 것 같다.
　우리가 배웠던 시를 다시 한번 요약해 보면, 시는 보는 관점에 따라 얼마든지 분류할 수 있다. 시의 종류는 향가. 속요. 경기체가. 시조. 신체시로 구분한다고 한다. 또 사조별로는 고전시·낭만시·상징시로 나눌 수 있으며, 형식적인 면으로는 지금 우리가 대표적으로 쓰고 있는 정형시·자유시·산문시로 나눌 수 있다. 그러나 현실적으로 우리 시인들이 알고 있는 시어詩語와 표현에 있어서 서사시·서정시·극시의 장르 개념으로 널리 쓰고 있다. 그리고 시의 구성은 다음과 같이 간략하게 이루어진다.
　음보 : 낭독할 때 같은 길이로 읽히는 주기성의 표현이며
　구 : 시적 의미의 뜻을 말하고,

행 : 최초로 연결된 율격(律格) 표현이며,

연 : 시적 사고가 전개되는 큰 틀을 예술로 표현하는 것이다.

1. 시의 형식상 분류

가) 정형시: 전통적으로 시의 구조나 시구, 또는 리듬에 있어서 일정한 형식적 제약을 받는 시를 말하는데, 보통 음수율·음위율·압운·음성률에 의해 형성된다. 특히 우리의 시어들은 자수율에 의해서 지배되는 시가 정형시이다. 이런 정형시는 나라마다 제 나름대로 언어적 특성이나 양식에 따라 소유한 형식을 갖는 것이, 특징이다.

나) 자유시 : 오늘날 우리가 쓰고 있는 모든 현대시의 형태를 말하며, 정형시가 지니는 리듬의 형식을 벗어난 연상율(聯想律)에 뿌리를 둔 시라 하겠다. 리듬이란 우리의 시로 예를 들면 시조의 3·4조 자수율 3·5조 4·6조 등으로 변할 수 있는 것을 말한다. 우리나라에서 자유시는 최남선의 신체시 「해에게서 소년에게」 1908년 이후로 보고 있으며, 주요한·김억·홍사용·황석우·박종화 등이 자유시 영역을 확대함으로써 오늘날에 이르렀다고 하겠다.

다) 산문시 : 말 그대로 산문의 형태로 된 시이다. 산문이라 하면 두 가지 개념을 가지고 있다. 첫째 창조적 문학(시)과 비창조적 문학(산문)이고 두 번째는 운문이나 율문에 반대되는 개념의 산문이다. 이처럼 산문의 정의는 정형시처럼 외형적 음률이 없고 자유시처럼 다양한 리듬의 변화나 행 또는 연의 구분이 분명치 않으면서도 산문체로서 서정적인 내용을 가진 것을 말한다. 즉 산문시는 정형시처럼 외형적 운율이 없고 자유시처럼 다양한 리듬의 변화나 행 또는 연의 구분이 분명치 않으면서도 산문체로써 서정적인 내용을 말한다.

2. 장르 개념의 내용상 분류

가) 서정시抒情詩 : 오늘날 모든 시를 가리키는 시가 되었다고 해도 과언이 아니다. 좁은 의미에서 보면 서정시란 순수한 감정의 체험을 나타내는 것으로 언어의 전달 기능보다는 독자들에게 감동을 주는 순수시와 깊은 관련이 있다. 대표적인 시는 김소월의 **「팔베개 노래」**, 김대규의 **「야초」**, 신다정의 **「산으로 가는 마음」**, 정지용의 **「유리창」**, 오상순의 **「아시아의 마지막 밤의 풍경」**, 박목월의 **「가정」** 등이다.

나) 서사시敍事詩 : 신들이나 영웅들의 일화를 운문체로 장중하고 대하게 서술한 장시長詩를 서사시라고 한다. 아울러 서정시가 주관적이지만 반면에 서사시는 객관적이다. 특히 우리나라에서는 12~13세기 형성되었으며 서사시의 대표적인 시는 이규보의 **「동명왕」**, 이승휴의 **「제왕운기」**, 유엽의 **「소녀의 죽음」**, 김동환의 **「국경의 밤」** 등이다.

다) 극시劇詩 : 극시란 사전적 의미로 보면 극의 형식을 따오거나 극적인 수법을 사용하여 만든 시라 하겠다. 그러므로 극시는 희곡과 밀접한 관계가 있음을 알 수가 있다. 즉 극시는 아리스토텔레스의 시학에서 시작되었으며, 극시를 비극·희극·희비극으로 나누었다. 그래서 셰익스피어를 시인이라고 부르는 것도 그가 운문 희곡을 썼기 때문이다. 문학이 운문과 산문으로 갈라지고 근대에 와서는 산문 위주로 문학이 바뀜에 따라 극시도 희곡이란 이름으로 바뀌게 되었다. 대표적인 극시는 강우식의 **「벌거숭이 방문」**, 이건청의 **「폐왕의 밤」**, 김후란의 **「비단길의 노래」**, 이근배의 **「처음부터 하나가 아니었던 두 개의 섬」**, 정진규의 **「빛이여, 빛이여」** 등이 있다. 이렇게 복잡하고 어려운 시를 구성하고 쓰는 데 보통 어려운 것이 아니다.

라) 교훈시敎訓詩 : 독자에게 무엇을 가르치고 설득하려는 시가 바로 교훈시다. 즉 독자에게 시적 표현에 있어 이해를 구하려는 시다.

이처럼 서정시가 되었든 서사시가 되었든 그 시어의 표현 방법과 행과 연을 잘 구성시켜서 리듬을 타는 것이 중요하다. 처음 시를 접하는 사람들은 서정적 표현만 하고 가슴에 와닿느니 그렇게 못하다느니 하는 것은 다소 문제가 있다. 시란 시인들의 독창적인 옥고이며 최선을 다한다는 것을 잊지 말아야 한다. 일반 사람들의 마음과 정서가 다르듯 시인들도 각기 표현 방식과 서술 방식이 다 다르다는 점을 알려드린다.

또한 우리가 처음 시 창작 공부하였을 때 교수들이 입이 닳도록 설명하고 예를 들어가며 귀가 따가울 정도로 듣곤 하였는데 그중 중요한 4가지를 요약해서 나열해 보고자 한다.

첫째, 구성이 산만하지 말아야 하며 시에 있어서 신선한 감각과 독창적인 메시지와 통일성과 전체적인 조화에 이르지 못하고 시의 기교적인 면에 집착하면 하나의 유기체로서 조직성을 살릴 수 없다.

둘째, 시의 내용이 빈약함을 지적하지 않을 수 없다. 시를 쓰기에 앞서 폭넓은 체험과 진지한 사색이 이루어지지 못하고 경험적 제 요소와 나타내고자 하는 사상을 자신의 것으로 소화하지 못함에서 오는 현상이다.

셋째, 표현이 적절치 못함에 아쉬움이 많다. 이는 구성, 즉 짜임새의 문자와 연관되는 것으로서 평범한 진술에 의존하거나 부적절한 표현도 한몫이다. 즉 감성적이고 애매한 표현의 남발도 그 일종이다.

넷째, 생생한 시어와 개성의 부족이다. 허술함과 사상적 미숙함을 보여 주는 것 같은 느낌을 주며 무리한 관념에 매달리고 있다는 증거일 수도 있다. 또한 시에 있어서 개성 부족은 아직 자신의 시를 가질 수 없음을 의미하는 것이며 이를 개척하려면 여러 경향의 시 속에서 어디에 속하지 않는 자신만의 시 세계를 구축하는 것이 시인의 탄생을 이루는 것이다.
　이것을 극복하는 데는 시를 통상적으로 네 가지 분류해 보면,

　1. 낭만주의 시 : 인간의 자유로운 상상과 질서를 통해서 감성적인 시적 표현을 예술로 승화시키는 것을 말한다.
　2. 상징주의 시 : 감각을 통해 신비의 세계 영상과 언어의 음악을 시적으로 표현하는 시를 말한다.
　3. 주지주의 시 : 감정의 표현과 전달을 목적으로 시적 언어를 암시적으로 승화시키는 것이 목적이다.
　4. 초현실적인 시 : 전위적인 시로 합리적 통제로부터 인간을 해방하고 무의식 세계를 표현하는 시적 예술이다. 그러므로 시의 감성적 연과 행이 잘 조화가 이루어져야 한다.

　여기에 몇 가지 덧붙이자면 시를 읽을 때 떠오르는 상象과 느낌이 중요하다. 이것을 심상心象이라고 하는데 감각기관을 통해서 형성되고 즉 이미지 형상화가 이루어진다.
　①시각적 이미지 ②미각적 이미지 ③청각적 이미지 ④후각적 이미지 ⑤촉각적 이미지가 시언어를 예술적으로 표현하는 이미지 형상이다. 굳이 설명하지 않아도 시인들이 한 편의 시를 쓰는데 얼마나 어려운지를 알 것이다.
　그리고 결론은 이처럼 주제의 변모를 살펴본 결과 시대적으로 변모해 가는 것을 알 수가 있다.
　1) 우리의 시가 바탕이 되는 것은 서정성이라는 점이다.
　2) 1950년대는 역사의식이 두드러진 관심인 방면 1960년대 이후 초에는 사회적 삶에 관한 관심으로 변모되고 있다.
　3) 1960년대 후반과 1970년대에는 관념적인 사상성을 추구하는

시가 두드러지게 나타나고, 형식적이며 기교적인 관심과 연관된다.

　4) 1990년대, 2000년대는 서정성과 자연에 관한 일방적 관심과 과거지향이란 편협된 위치에서 벗어나 사회성과 결합을 통해 시들이 빠질지 모르는 산문적인 경향을 보완해 주는 기능을 하고 있다.

　5) 시의 소재가 다양해졌다.

　6) 생활 주변의 소재들이 등장하고 있다.

　7) 소재의 많은 부분이 내면 의식과 관련이 있어 사상성 추구의 시와 맥락을 같이한다.

　8) 역사적 실재인물이 시의 소재로 등장하고 시간적 배경의 경우는 가을과 겨울의 배경으로 하여 상상력을 펼친다. 이는 겨울이라는 상징성과 함께 시대 현실과 개인적 삶에 대한 불안의식, 그리고 이에 극복의 자세를 진지하게 보여 주어야 아주 아름다운 시가 태어난다.

　아울러 시인은 그들 자신도 이해하지 못하고 있는 위대하고도 슬기로운 사물로 표현하기 때문에 중세기 이후에는 모든 작품이 허구적인 작품들이 많았다. 특히 작품을 집필하고자 할 때 2000년대 이후는 서정시보다 산문시 위주로 바뀌고 있는 것도 사실이다.

　그 시대적 흐름에 마음속으로 진지하게 애써 이루고자 하던 일을 위장하거나 흥청거리는 표현을 다룰 때는 시어에 관한 예감에서 비롯된 것이라 할 수 있다.

　작품을 이해하는 힘은 올바른 방향으로 나아가고 있는 마음의 지각할 수 없는 노력이 필요하다. 즉, 초자연적인 용기와 영속되는 젊음을 지닐 수 있는 겉모양보다 마음의 욕망을 맞추는 인간 정신의 노력이 필요하다. 우리가 쓰고 있는 시어들을 몇 개 썼다고 해서 그 작품이 지니고 있는 심원한 뜻을 모조리 버린다는 것은, 있을 수 없다.

　또한 시의 소재가 다양해야 한다. 시에 있어서 소재의 선택은 시인의 의도에서 기인한다. 과거의 시에는 시적詩的인 것과 비시적非詩的인 것을 구별하여 소재로 선택해 왔음을 알 수 있다. 오늘날의 시에는 소재 선택 이전에 주제를 설정하고 그 내용에 적합한 소재를 수용하고 있다. 이는 시적인 것과 비시적인 것의 구별 때문에 나타난 내용의 편협성과 감성적 오류를 극복하기 위한 합리적인 방법이라 할 수 있을 것이다.

따라서 소재의 선택이란 시의 주제와 내용에 어울리는 경험적 요소에 의해 수용되고 있음을 의미한다. 1950년대와 1960년대 전반에 걸쳐 시의 소재는 역사적 상황과 깊은 연관을 지니고 있다는 사실이다. 이때 드러난 소재들은 구체적으로 병영, 휴전선, 조국, 모국어를 나타낸다. 이러한 소재들은 거의 역사성을 주제로 하는 시에서 두드러진다. 즉 주제와 관련성으로 볼 때 이 시기의 소재들은 거의 주제를 암시하고 있는 경향이 짙다.

1960년대 후반 이후의 시에 있어서 소재는 생활과 관련된 다양성을 띠고 있다. 구체적으로 편지, 아내, 작업복, 재봉일, 가난, 노동, 등으로 나타내고 있다. 이러한 일반적 경향은 시어가 일정한 틀 안에서 선택되는 것이 아니라, 일상생활과 그 주변에서 얻어진다는 소재 개발의 측면을 갖는다. 따라서 과거의 서정시가 지녔던 풍경이나 기후, 식물, 등등의 제한된 범주를 벗어나 자연에서 구체적인 일상으로 변해 가고 있음을 의미한다.

이러한 소재의 다양성과 관련은 1960년대 후반 이후 큰 흐름을 형성해 온 사회성의 주제를 지닌 시와의 관련성으로 생각할 수 있다. 이는 1960년대 이후 경제개발로 인해 와해되는 농촌의 생활, 근대화라는 절대성 앞에 도시적 삶이 시작되었던 흐름과 1970년대 이후 드러나는 노동 현실과 왜소해진 일상이 체험적 요소로서 시의 소재로 확대되었음을 말해 준다. 따라서 사회성을 주제로 하는 대부분 시에서 나타난 소재의 다양성을 보게 된다.

이러한 구체적 일상에서 얻어진 소재가 역사적 상황에서 얻어지는 소재보다 더 많아진 이유로 역사적·사회적 상황의 변화와 밀접하게 연관되어 있다. 그것은 시와 생활이 분리되지 않고 오히려 생활에 밀착되어 있음을 의미한다. 즉 삶에 대한 적극적인 자세와 함께 체험적 제 요소를 시와 삶 속에 수용하려는 진지하고도 분석적인 사고 활동의 일환인 셈이다. 이러한 요소들이 곧 한국 시단의 새로운 지향과 도약에의 가능성을 말해 주고 있기도 하다.

한국 근대소설의 발생기 이광수의 작품감상
― 『무정無情』 / 『개척자』 / 「무명無明」 ―

　춘원 이광수는 평안북도 정주 출생으로 와세다대학 철학과 수학 중 동경 2·8 독립선언을 주도 「조선청년독립단 선언서」 기초, 상해 〈독립신문〉 〈동아일보〉 등에 관계 수양 동우회 사건으로 투옥, 조선 문인 협회장을 역임하였으며, 1917년 장편소설 『무정』을 〈매일신보〉에 연재하여 폭발적인 호응을 얻었으며, 그 밖의 주요 작품은 「어린 희생」 『무정』 「소년의 비애」 「어린 벗에게」 『마의태자』 『단종애사』 『흙』 『유정』 『사랑』 외 다수가 있으며, 초기 한국 문단의 성립을 주도했다는 혁혁한 공적을 인정받고 있다. 그러나 말기에 친일적 태도를 보였다는 점에서 부정적 측면을 지닌 작가이기도 하다. 아울러 그의 작품은 대중적인 성향을 띠면서 계몽주의적, 이상주의적 경향을 지니고 있으며, 지나친 계몽사상으로 인해 설교적인 요소가 강한 것이 그의 특징이다.

■ 무정

　서울 경성여학교 영어교사 이형식은 김 장로의 딸 영어 가정교사로 초빙된다. 다음 해 미국 유학을 앞둔 선형을, 매일 한 시간씩 가르치게 한 것이다. 그날 오후 3시부터 한 시간 가르치고 그의 하숙집으로 돌아오니, 거기엔 뜻밖에도 영채라는 기생이 찾아와 있었다. 영채는 그가 어려서 부모를 여의고 의탁할 곳도 없을 때, 그를 친자식처럼 돌보아 주었던 박 진사의 딸이다. 형식은 박 진사로부터 신학문과 민족주의 사상을 배웠다. 박 진사는 빼앗긴 나라와 민족을 위해 가산을 바치고 육신까지도 조국을 위해 던졌다. 그로 인해 그의 집안은 기울어지고, 영채는 온갖 고생을 거친 끝에 마지막으로 아버지의 출옥을 위해 기생이 된 것이다. 그러니 비록 기생으로 전락하였으나 "너는 형식의 아내가 되라"는 아버지의 말씀을 마음속에 간직한 채 형식을 위해 몸과 마음을 깨끗하게 지켜 왔다. 형식을 만난 영채는 형식이 그녀를 구원해 줄 상황이 아닐뿐더러 능력 또한 없는 것 같아 상심하나 형식은 그간 그녀의 파란곡절을 듣고 난 후, 영채를 구제할 것을 다짐한다. 그러던 어느 날, 형식은 기생 월영이가 된 영채의 집을 찾았으나, 청량리 어느 요정에 손님과 함께 갔다는 소식을 듣게 된다. 곧바로 그의 친구인 우선과 함께 그곳으로 달려가 보니, 때는 마침 그가 근무하는 학교의 배 학감이 영채를 욕보이려는 순간이었다. 형식은 방문을 밀치고 들어가 영채를 구출한다. 그러나 영채는 배 학감에게 유린당한 수치심 때문에, 형식을 볼 면목이 없다고 생각하여 유서를 남기고 평양으로 떠난다. 형식은 곧장 영채를 찾으러 평양으로 달려갔으나 찾을 길이 없다. 영채가 대동강에 투신자살한 것으로 생각한 형식은 서울로 돌아왔으나 배 학감으로부터 조소를 당한다. 드는 억울함을 억누를 길이 없었으나 4년간 몸담았던 학교를 그만둔다. 이러한 고민의 와중에 김 장로 댁에서 청혼해 온다. 형식은 선형과 약혼하고, 동행하여 미국 유학을 떠나기 위해 선형과 함께 부산행 열차에 오른다. 한편 영채는 자살하러 평양으로 가는 기차 안에서 우연히 동경 유학생 병옥이란 여학생을 만난다. 그것이 인연이 되어 영채는 황주에 있는 병옥의 고향 집에 머물게 되고 병옥의 오빠 병국과 정이 든다. 그 뒤 영채와 병옥은 함께 동경 유학하러 가기로 한다.

형식과 선형, 병옥과 영채는 미국과 일본으로 유학을 떠나는 열차 안에서 서로 만나게 된다.

형식은 선형과 약혼하고 미국으로 떠나는 것을 영채에게 마음의 죄를 짓는 것으로 생각한다. 그들이 타고 가던 열차가 때마침 수재로 인해 삼랑진에서 머물게 되었다. 이들은 서로 애정의 마음을 다스리고, 함께 자선 음악회를 열게 된다. 이때 겨레끼리 불행한 일을 당하고 의지할 수 없을 때 상부상조하는 것이 민족애임을 강조한다. 그리고 교육의 필요성을 역설하고 형식과 병옥의 힘찬 역설의 내용을 영채와 선형은 자세히는 몰랐으나 동감을 한다.

그 뒤 형식과 선형은 미국 시카고 대학으로 건너가 수학하게 되고 병옥과 영채는 동경에서 음악 공부를 하게 된다. 그리고 병옥은 음악학교를 졸업하고 자기 힘으로 독일 백림에 2년 동안 유학을 하는데, 이 백림 음악계에서 그녀의 명성을 혁혁하게 떨치게 된다. 또한, 영채는 동경의 음악학교 피아노과와 성악과를 마치고 대음악회에서 피아노 독주와 조선의 춤으로 갈채를 받게 된다.

한편 영채의 어머니는 집을 팔아서 평양의 어느 산골로 들어가 양자를 세우고 농사를 지으며, 독실한 예수교 신자가 된다. 이러한 소식을 접한 영채는 한 달에 한 번씩 어머니에게 편지를 보낸다. 그녀의 어머니도 자기가 진실히 예수교를 믿는다는 말과 함께, 옷값으로 돈을 보내주기도 했다. 이렇게 하여 이 소설의 대미는 다음과 같다.

"그러할수록 우리는 더욱 힘을 써야 했고 더욱 큰 인물, 큰 학자, 큰 교육가, 큰 실업가, 큰 저술가, 큰 종교가가 나가야 할 텐데 더더욱 나야 할 텐데 마침 올해 가을에는 사방에서 들어오는 유학생과 함께 형식, 병옥, 영채, 선형 같은 훌륭한 인물을 맞아들일 것이니, 어찌 아니기쁠까. 해마다 보통학교 문으로는 어여쁘고 기운찬 도련님, 작은 아가씨들이 들어가는구나, 아니 어찌 기쁘고 어찌하랴 어둡던 세상이 평생 어두운 것이 아니요, 무정할 것이 아니다. 우리는 우리 힘으로 밝게 하고, 유정하게 하고 즐겁게 하고 가멸게 하고 굳세게 할 것이다. 기쁜 웃음과 만세의 부르짖음이 지나간 세상을 조상하는 '무정'을 마치자."

〈이 작품의 주제〉
　1. 신교육 사상 고취 2. 자유 연애관과 새로운 결혼관 3. 기독교적 세계관 4. 봉건적 사회의 관습 비판과 계몽의식 고취

〈등장인물〉
　이형식 : 고아 출신. 일본 유학을 한 경성학교 영어 교사로 개인과 민족의 문제를 고민하는 한국 근대 지식인의 전형적인 인물. 감성적인 성격
　박영채 : 박 진사의 딸. 전형적인 유교 교육을 받은 여성형 입체적 인물 유형
　김선형 : 김 장로의 딸. 경제적 부와 아울러 미모를 갖춘 신여성
　김병옥 : 개화기의 전형적인 신여성. 반봉건적, 이상주의적 인물

〈작품 배경〉
　개화기, 일제 식민지의 초기(시대적 측면) 경성, 평양, 삼랑진, 기독교. 유교 사상, 개화사상, 진보주의 사상, 독립사상, 왜래 문화 지향 의식(사상적 측면)을 나타내고 있으며 순 국문체, 산문체, 묘사체, 구어체 문장, 설교적이며, 교훈적 태도를 보이는 만연체가 두드러짐, 민족주의적, 계몽적 성격을 나타낸다.

〈문학사적 의의 및 감상〉
　이「무정」은 1917년 〈매일신보〉에 연재된 한국 최초 근대적 장편소설로서 개화기 소설이 지니고 있는 문어체에서 벗어난 한글 전용의

구어체 소설 문학을 확립했다는 데 커다란 문학사적 의의를 지닌다. 개화기의 소설이 대부분 문어체와 서술체를 통한 설명적 문장으로 일관된 데 비해 이 작품은 산문적·묘사적인 문체를 사용함으로써 사실적이며 현장감을 살려내는 데 성공했다. 따라서 1920년대 리얼리즘 소설의 태동을 가져오는 계기를 마련하였으며, 근대소설의 한 전기를 마련하는 획기적인 작품으로 평가되고 있다.

그뿐만 아니라 주체 면에 있어서 문학의 사실성 및 철학상을 확보한 작품이기도 하다. 특히 민족주의적 계몽성을 띠면서 개인과 공동체와의 연계 속에서 민족성 성격을 강조하고 있음과 동시에 신문학의 필요성, 교육을 통한 지식 보급함을 길러야 한다는 근대적 자각을 역설하고 있다. 이러한 근대적 의식 각성을 표방하는 이 작품은 지나치게 서구 편향적이며, 일본 지향 의식을 보여 준다는 결함을 지니고 있다. 그러나 이야기 중심의 사건 전개에 치우쳐 있던 고대소설, 개화기 소설보다는 플롯 중심에 사건 전개를 보이는 점, 삼인칭 '그'와 현재형 시제를 사용했다는 점에서 근대소설의 한 자리를 확보했다는 긍정적인 호응을 얻고 있는 작품이다.

■ 개척자

화학자 김성재는 가산을 탕진하며 7년이나 실험 연구에 몰두하나 실패만 거듭하고 거산을 담보로 얻은 빚의 잔고마저 갚지 못해 채권자 함사과에게 가산을 모두 차압당하기에 이른다. 이에 분통이 터진 아버지 김 첨지는 화병으로 죽고 만다. 함사과나 그의 법률대리인 이 변호사는 둘 다 세교와 인연이 깊었지만, 성재의 눈물 어린 호소를 무시하고 외면하며, 인격을 모욕한다. 가난과 실의에 빠진 성재를 버리고 아내는 친정으로 가버린다. 한편 그의 가장 충실한 협조자인 누이 성순은 집안의 일방적인 요구로 애정도 없이 약혼한 변이라는 청년을 거부하고 역시 본인의 의사와는 무관한 채 결혼한 민이라는 화가와 참다운 애정에 빠져 결혼할 것을 다짐한다. 그러나 그들 사회의 개척자들에게 인습으로 얽힌 가정과 사회의 압력을 견디기란 어렵기만 하다. 성순은 유산을 마치고 민이의 품에 안긴 채 영원히 사랑하는 내 아내라는 말에 미소 지으며 눈을 감는다.

〈이 작품의 주제〉

인습 타파와 신사상의 고취

〈등장인물〉

성재 : 의욕에 불타는 젊은 화학도

성순 : 성재의 여동생으로 오빠를 하느님같이 우러러 받들고 지극히 사랑하는 인물

민 : 자연을 찾아다니며 아름다운 경치를 좋아하는 풍류적인 화가

〈작품 배경〉

봉건사상과 자유 연애관을 배경으로 하는 근대화 시기의 이 작품은 일인칭 관찰자 시점의 작품이다.

〈문학사적 의의〉

주인공 성순과 민을 희생적인 인물로 설정하여, 그들 사회의 개척자라고 할 수 있는 민족을 위한 청년의 사명을 강조한 데서 이 작품은 계몽성을 띤 일종의 민족주의적 이데올로기 소설이라고 할 수 있다.

■ 무명

일종의 상황 소설로서, 내가 미결수로 감방에 투옥되었다가 건강이 악화하여 병감으로 옮긴 뒤 겪은 체험담이 중심 내용으로 되어 있다. 따라서 이 작품에서는 인간으로서는 차마 감내하기 힘든 감방 안에서의 비인간적인 상황이 사실적으로 묘사되어 있다. 등장인물인 나를 비롯하여 윤, 민, 정, 강, 그리고 간병부로 차출된 피의자들은 그 나름

대로 철저한 고통을 안고 있으나 그것 자체가 개별적인 의미나 사건의 중요성은 갖지 않는다. 감방 전체의 폭력적인 상황 제시를 위해 집중돼 있는 점이 특징이다. 이 작품의 감방이라는 구체적 공간의 비정상과 닫힌 상황 속에서 비인간적 정황이 주류를 이룬다. 즉 이 소설의 상황은 병감이다. 식사와 배설을 한곳에서 하고, 잠도 이곳에서 잘 수밖에 없다. 그런데 이병감에는 종일 설사하는 피의자와 종일 기침하는 환자들이 함께 수용되어 있다. 윤, 민, 장, 강 등이 그들이다. 이들은 감방이라는 극한 상황 속에서 병까지 얻었으며, 또한 성격적 결함을 지닌 인물로 부각되어 있다. 이들은 서로 끊임없이 싸운다. 서로 헐뜯고 공격하지만, 그 싸움의 내용은 공허하고 대상조차 분명치 않다. 인물들 상호 간의 갈등과 싸움을 그려 내면서도 그 싸움의 결과에 대하여 작가는 진술하지 않는다. 이들은 결국 죽어가거나 병든 채 사라져가고 있음을 형상화하고 있다.

　이 소설에 등장하는 죄수들의 갈등은 나의 시선에 의해 그려져 있다. 그러나 화자인 나는 끝내 성격과 신분, 죄목이 밝혀지지 않은 채 숨어 있다는 구조적 특징을 보여 준다. 단지 사상범으로 볼 수 있는 내가 화자로 나타나고 있을 뿐이다. 따라서 이 작품의 병감이라는 닫힌 상황은 우리의 식민지적 현실을 암시하고 있다고 볼 수 있다. 또한 이 닫힌 상황의 감옥 속에서 밥이나 먹고 싸움질하는 죄수 환자들은 일제에 의해 수동적인 생존을 간신히 영위해 가는 우리 민족의 초상으로 이해될 수 있다.

　〈이 작품의 주제〉
　식민지 현실 상황 속에서 민족의 자각과 자주성 회복을 강조하고 있다.
　〈등장인물〉
　나 : 사상범으로 보이는 인물로서 감방 내의 싸움이나 소란에 개입

하지 않고 객관적인 관찰자이다.

  윤 : 문서 위조 사기단에 도장을 파 준 것으로 기소된 인물. 전라도 사투리를 쓰며, 노인 환자 죄수 민과 갈등 관계에 있다.

  민 : 방화범이며 나이가 많고 과묵한 인물. 종일 똥질을 하나, 양반이라고 자랑을 일삼는다.

  정 : 설사병 환자. 구변이 좋고 간병부와 간수들에게 아첨을 곧잘 하며 이중인격을 보인다.

  강 : 지방신문 기자. 양식 있는 체하나 남녀 추행 사건 빌미로 금품을 갈취한 파렴치범.

〈문학사적 의의〉

  이「무명」은 1939년에 창간된 문예지『문장』1호에 발표된 중편소설이다. 신문 연재 장편소설을 대체로 많이 써 온 이광수의 작품 편력에 비추어 볼 때 이「무명」의 발표는 상당히 시선을 끈다. 따라서 이 작품은 종래 그의 소설이 지닌 지나친 계몽주의 세계관에서 벗어나 있는 점이 특징이다. 근대 사실주의적 태도를 보이면서 객관적인 시점을 통해 병감을 둘러싼 닫힌 상황 세계를 묘사하고 있다. 그리고 이「무명」이라는 제명이 암시하는 바와 같이 이 작품은 빛이라고는 보이지 않는 암담한 민족의 비극적 현실을 그려 내면서, 민족의 자아 각성과 자주성 회복을 그려 내는 점에서 그 의의를 발견할 수가 있다.

괴로움을 풀 때는
인내력이란 세 글자를 잊어서는 안 된다

각박한 세상을 살아가는 요즘 어떻게 하면 좋을지 모를 때 당장 행동하는 것이 좋은지 아니면 미루는 것이 좋은지 이때는 여러 난관에 봉착하는 경우가 많다. 이럴 때는 현실에 얽매이지 말고 보류하는 쪽으로 가닥을 잡는 것 또한 방법 중의 방법이다. 설령 판단을 미뤄 주위에서 다소 원성도 사겠지만, 그것은 해야 할 일을 하지 않기보다는 하지 말아야 할 일을 함으로써 자신의 손해가 원인이 된다. 가령 좋은 일을 하려고 마음 쓰기보다는 차라리 좋은 사람이 되도록 노력하는 것이 훨씬 좋은 방법이다.

얼마 전 친구 자녀 결혼식에 참석하게 되었다. 이 자리에서 몇몇 친구들의 손자손녀의 재롱에 시간 가는 줄 모른단다. 어떤 친구는 그 녀석 때문에 허리가 휠 정도로 고통 많다는 친구, 또 한 친구는 손자손녀는 두 번째고 두 아들 내외의 이야기가 화제가 되어 나 역시 두 아들을 두고 있어 듣게 되었다. 처음부터 의도는 아닌데 시간이 가면 갈수록 의도적으로 성립된 것으로 여겨졌다고 한다. 어느 가정이나 마찬가지로 아침에 출근하면서 아이를 꼭 할머니 집에 맡겨 놓고 저녁 퇴근 후 데리고 간다. 어느 날 아이가 넘어지는 사고가 발생 병원을 다녀와서 저녁때 안정을 취하고 있을 때 아이를 데리고 가는 아들 내외는 불만 있는 표정을 하고 가버리는 바람에 기분이 썩 안 좋았다고 한다. 아이를 보면서 최선을 다했는데도 이렇게 느꼈다고 한다.

우리가 살아가면서 삶의 목적과 행복이란 행복과 의무는 동서양 도덕사를 막론하고 서로 상충된 사상이다. 도덕론자들은 의무의 챔피언자들로서 의식적으로 욕구된 행복보다는 오히려 하루하루 의무를 충실히 지켜 나가길 강조한다. 왜 그러냐면 의무에 대한 충실도에 따라 덤으로 주어지는 것이 행복이라는 것이다. 이들은 행복을 쾌락으로 생각하기 때문이다.

행복과 의무는 본질적 가치를 가질 경우에만 성취할 수 있는 것이냐 하는 문제보다 큰 문제이며, 행복에 대한 우리의 추구가 가능한 것인지에 따라 낙관주의적 인생관과 염세주의적 인생관이 구별된다. 그 행복의 의미를 알아보자.

행복은 일반적으로 즐겁다든지, 만족하다든지, 또는 성공적이라든지 하는 뜻으로 행복을 칭한다. 그러나 철학적으로 말할 때 그것은 필연적인 행복이 아니다. 즉 일시적으로 고통에서 벗어날 때의 행복감, 혹은 남의 불행을 보면서 자기는 그러한 불행에 끼어들지 않았다는 즐거움 같은 것을 말한다. 그러므로 행복은 감동적인 것이 아니고 최후 상태 혹은 최후 조건을 말하는 것이고, 또한 행복은 인간에게만 해당하는 것이지 동물에게는 행복이 불가능하다고 보여진다. 감각적인 인식만을 가진 동물에겐 행복의 상태가 불가능하다. 그러므로 이상과 같은 의미를 종합해 볼 때 행복이란 완전히 만족한 의식적 상태라고 정의할 수 있을 것이다. 그러기 때문에 행복의 추구권이 중요하다.

일반적으로 모든 인간은 행복을 갈망한다는 것은 행복의 정의로부터 행복이란 우리의 욕망이 완전히 채워진 현실과 같은 것이기 때문에 행복에 대한 갈망 없이는 욕구도 있을 수 없을 뿐 아니라 모든 인간은 행복을 욕구한다는 것은 자명한 일이다. 그래서 행복은 우리 행위의 가장 기본적인 동기이다. 우리가 인생에 대해서 음미할 때 우리는 이러한 지향을 명백하게 형성하고, 그러한 생각이 우리의 행위를 지배하는 원리로서 우리 마음의 내면에 깊이 뿌리 박혀 있다. 비록 인생의 목적에 대해서 깊이 생각하지 않는 사람도 행복을 위해서는 행동하고 있음이 분명하기 때문이다.

우리는 무엇 때문에 사는지 그 이유는 정확하게 결론을 내리기가 쉽지 않다. 사람마다 생활과 정서적으로 본질은 같지만, 다른 것도 사실이다. 우리에게 있어서 인생은 아무런 의미 없는 것같이 생각되기에 산다는 것, 의미와 목적은 한결같이 똑같다. 인생이란 의미나 목적을 가지고 살고 있다는 자체에 커다란 의미를 부여하고 자기의 생활이 대단히 불만스럽고 그것이 너무 하찮고 저열하며 단조로운 날이면 날마다 똑같은 일이 반복되고 있기에 우리는 보다 많은 것이나, 우리가 현재 살고 있는 이상을 원하기에 그날그날 생활이 너무 공허하고 활기가 없고 무의미하고 지루해서 견딜 수 없기에 인생이란 좀 더 풍부한 의미가 있어야 한다는 것이다. 따라서 우리의 생활이 이처럼 공허한 것은, 우리 정신이 무수한 전문적인 사항을 초월한 목적을 가지고 탐구해 나가야 한다.

살다 보니 본의 아니게 다른 방향으로 흐른다는 것은 모르는 일은 아니지만, 막상 닥쳐 보니 애매모호한 일들이 주변이나 나 자신한테 일어난다는 것을 뼈저리게 느낀다는 말을 하면서 두 아들 둔 나를 보고 처신을 잘하라는 충고를 듣고 왔던 일이 생각난다. 부모를 모시는 우리 세대 역시 얼마나 힘이 드는지 잘 알기 때문에 처음부터 그랬던 것처럼 오늘날 지금까지 해 오고 있다. 그러나 문제는 여기서 끝나는 것이 아니란 것을 깨달았다. 어른이 되기도 어렵고 어른 행세를 하는 것 또한 어렵다는 것을.

이 늦가을, 창문 너머 오뉴월에나 내릴 법한 비가 줄기차게 오고 있다. 사람이 살면서 고통과 기쁨은 정반대되는 말이다. 인간의 삶에는 위와 같이 가벼울 수도 있고 아니면 클 수 있지만, 당사자들은 엄청난 고통일 것이다. 무엇인가 새로운 것을 창조하는 사람은 확실한 목표를 가지고 있고 단지 창조하고 싶다는 바램만 가지고서는 성취하고 이루어 낼 수 없다.

　나 자신도 실생활에서 어떤 변화와 변혁을 불러올 창의력이란 기회를 붙잡는 데서 시작되고 주어진 상황 속에서 문제를 파악하여 하나의 기회로 살려 나가고 한다. 아울러 인간관계를 벗어나 때 묻지 않은 자연의 품에 안긴다는 기쁨이 있다고 한다. 또 다른 이해의 기쁨이 될 수 있지만, 보이는 공과 보이지 않는 고통이 공존하는 모양새라 서로가 오해도 하고 하지만 세월이 지나면 약이라고 하지 않나. 무엇보다 궁극적으로는 정상에 오른다는 기쁨만이 그 목표를 관철했다는 쾌감 때문에 고통을 잊고 있다.

　인간관계는 전, 후 사정을 막론하고 서로의 괴로움을 풀 때는 인내력이란 세 글자를 잊어서는 안 된다. 한 가지만 가지고 언제까지나 고수하는 것을 의미하는 것이 아니라 그것은 바로 지금 자신이 있는 어떤 일에 완전히 집중하고 힘쓰는 것이며, 그 상황만 피하면 될 것 같지만 세월이 흐를수록 사태가 심각해지는 것은 자명하다. 설득하고 이해를 구하는 마음을 진심으로 우러나오는 마음에서 가능한 것이 심리적 안정감을 주기 때문에 여기에는 가장 먼저 우선적인 일부터 하라는 것이다.

　많은 사람이 우선순위가 낮은 일에 바쁜 시간을 소비하게 되는 이유는 그것을 하기보다 쉽고 그것을 하는 데 더 이상의 지식, 기술, 타이밍, 협력이 필요하지 않기 때문이다. 우선순위로 바로 지금 화해하고 사실을 밝힐 것, 곧 해야 할 것 할 수 있을 때 하고 싶은 것으로 과감하게 결정할 것. 이를 하루 이틀 미루면 절대로 안 된다. 오해를 푸는 것은 빠르면 빠를수록 좋다. 괴롭지만, 무리해서라도 해내겠다는 것이 아니라 만약 그렇게 한다면 아마 한 달도 계속되지 못할 것이다. 따라서 자신이 바라고 원하는 것에 대한 신념을 지속하고 그 힘을 발휘하기 위해서는 정신 의식의 마음에 신념을 심어 주어야 하며, 자신의 마음을 지배하고 제어할 수 있는 참다운 힘을 얻어 내 것으로 만들어야 한다.

인간은 누구에게나 이 같은 신념의 힘을 강화함으로써, 정신 능력을 살릴 수 있는 조건이 갖추어져 있다. 따라서 우리는 매사에 소극적보다는 적극적인 사고방식으로 파괴하기보다는 창조적인 사고방식으로 자신의 신념을 단련하고 강화해 나가야 한다. 이처럼 자신의 믿음 대상이 진실이든 아니든 그런 것과는 무관하게 믿음이란 기적을 낳는다. 참다운 것을 믿는 마음은 언제나 사람을 편안하게 만든다. 확신과 신념은 정신적 바탕이 된다는 것은 어디까지나 진실이다.

을씨년스러운 바람이 방향도 잃고 이리저리 헤매다 철 지난 플라타너스 묵은 열매에 화풀이, 힘겨운 여정을 가로막는다. 아파트, 빌딩에 가려 보일 듯 말 듯 늙은 소나무는 비바람에 부딪히며 더 버티기 힘들 정도로 버거운 삶을 지탱하고 있는 것, 자체가 무거워 보인다.

국제화 시대에 고유한 언어나 문학의
독립적 영역이 좁아졌다

　여기에는 편의하게 분류하여 모더니즘 또는 포스트모더니즘 계열의 작품들로 구분할 수 있을 터인데, 이 두 사조의 경계라는 것이 우리 문학의 풍토 위에서 확고한 구분점을 가진다고 말하기도 어렵다. 다만 포스트모더니즘이 가진 탈이념, 다원주의적 의식, 형식으로부터의 자유, 그리고 후기자본주의적 요소 등을 원용援用하여 포스트모더니즘 경향을 가진 작품과 모더니즘 본래의 양식을 내장하고 있는 작품을 구분해 볼 수 있을 뿐이다.

　또 1990년대 우리 문학에 나타난 하나의 특성은 그 작품 무대의 세계화이다. 이는 정권 자체 차원에서 내세웠던 세계화의 개념보다 훨씬 더 절실할 수밖에 없었는데, 그것이 그 실체의 한 부분에 해당하기 때문이다. 비록 그것이 거품경제의 허상 위에 서 있는 것이기는 했지만, 국민소득 3만 달러 언저리를 더듬으며 또 우리 대학생의 20%가 해외여행 경험이 있다는 통계가 나오곤 했던 마당에, 소설 무대의 세계화는 예정된 일이었다. 그러나 작품의 무대가 해외로 확대될 때는 그에 상응하는 문화적 성과가 더불어 확대되어야 마땅하며, 신기성新奇性을 위주로 한 공간의 팽창은 후기자본주의 시대의 무분별한 환상과 다를 바 없이 될 것이다. 이제까지 우리는 우리 문학의 동시대적 흐름과 사회사적 창작 경향을 살펴보았다. 확실히 오늘날의 우리 문학은 과거의 그것과 다르며, 그 다르다는 사실 또한 분명한 계열에 따라 정돈하기가 어렵다는 사실을 알 수 있었다.

그러면 최근 북한 문학의 성격과 분단사적 의미를 알아보자. 지금껏 우리 문학사는 북한 문학을 별도로 설정된 하나의 장으로 다루어 오는 것이 고작이었으나 이제는 남북한 문화통합의 전망이란 큰 그림 아래에서 시기별로 비교 대조하면서 그 공통점과 차이점을 찾아보려는 시도가 빈번해졌다. 북한 문학에서도 1980년대 이래 점진적인 궤도 수정이 이루어져서 과거 그토록 사갈시하던 친일 경력의 이광수나 최남선을 문예지에 수록하는가 하면 남북 관계에서도 이념적 색채를 강요하지 않는 작품들을 선보이는 등 다각적인 태도 변화가 나타나고 있다.

북한 문학의 통시적 변화와 그에 따른 문학사의 정리는 이미 남북 양측에서 체계적인 연구가 충분히 진척되었다. 이제는 구체적인 작품의 분석을 통해 분단 반세기의 상호 이질적인 삶의 양상이 어떻게 수용되어 있으며 그것이 갖는 분단사적 의미가 무엇인가를 검토하는, 이른바 각론에 들어가야 할 때이다. 동시에 한 정치체계의 내부에서 한 개인에 대한 숭배 일변도로 움직여 온 문학이 과연 문학이요, 예술로서의 가치를 가질 수 있는가 등의 가치 판단을 적용해 나아가야 할 때이다.

만약 남북한 간에 문화적 교류가 진행된다고 해도 그와 같은 미학적 가치의 문제를 직접적으로 내세운다면 기본적인 합치점을 찾기가 어려울 것이다. 아니, 북한 입장에서 그러한 대화를 시작하는 것조차 불가능할지 모른다. 그들에게 체제에의 순응이라는 외형적 측면도 있지만, 더 심층적으로는 그렇게 일관해 온 '수령 형상 문학'이라고 하는 것 역시 그 체제 내의 삶이 구체적으로 반영된 실체적 진실이기 때문이다. 1994년 김일성의 사망과 2012년 김정일 사망 후 일시적 경직 현상을 초래한 바 있으나, 변화의 흐름을 지속시키는 보이지 않는 힘이 장강의 뒷물결처럼 벌써 부지불식간의 대세로 되어가고 있음을 부인할 수 없는 터이다. 이것은 남북 간의 어떤 회담이 성공적으로 이루어지고 어떤 교류가 실행되었는가 하는 사실보다 훨씬 더 잠재적인 영향력을 가진다. 정치나 경제문제는 뒷걸음질을 칠 수 있으나, 문학이나 문화는 그렇지 않다. 그것은 일찍이 노스럽 프라이Northrop Frye가 간파했듯이 인간의 삶을 다음에서 다음으로 형성하고 또 해체하는 힘이어서, 어떤 때 경우에 있었든 궤적을 무력화할 수 없다. 그럼, 남북한 문학사의 시대구분을 비교하며 공통된 인식의 접점을 찾아보기. 남북 문화 및 문학 연구의 사실관계 확인과 접근 시도, 문화 현상과 외세의 문화 제국주의에 대한 공동체적 대응력의 개발 협력, 이러한 비대치적 과제부터 함께 수행할 나, 길을 찾아보자. 그런 연후에도 구체적인 연구로서 앞서 잠깐 언급한 바 있는 우상적 지배자와 문학성, 친일문학과 항일문학의 주류, 북한 문학사의 기술 방식과 변화양상, 북한 문학에 수용된 친일, 재남 작가들과 그 사유 등 남북한 통합문학사의 과제들을 실질적으로 예비할 수 있을 것이다.

여기에 문학인 자신의 수법적 노력은 물론, 정부와 문화 당국이 적극적으로 후원하여 북한 문학의 연구와 수용이 도저한 하나의 물결을 형성해야 마땅하다. 북한 문학에 대한 건실한 인지력과 균형 있는 안목, 이에 관한 실천력 있는 장기적 투자를 통해 민족사적 통합의 미래가 발양發揚될 수 있을 때, 우리는 비로소 이를 위해 경각심을 갖고 노력하는 문학을 '국적 있는 문학'이라 할 수 있겠다. 아울러 국제화 시대, 한민족 문화권에 대한 새 인식 변화와 속도감을 창안한 중심 세력이 있을 터나, 분명 대다수 우리는 그저 그것을 바라보며 그로부터 파생되는 생각의 끝자락을 매만지고 있을 만큼 무기력할 뿐이다. 실체적인 삶에서도 우리는 이미 오래전에 세계를 일일생활권으로 하는 국제화 시대에 들어섰다. 이와 같은 때에 한 국가의 고유한 언어나 문학이 과거와 같은 독립적 영역을 지키는 일이 과연 가능할 것인가? 한민족 언어 내부의 고유한 미덕, 독창적 면모, 자발적 감응력 등속이 발 빠른 변화에 밀려 훼파毁破되기 쉽지 않겠는가? 우리가 한국문학의 영역개념을 지나치게 경직시키는 것이 그다지 바람직한 태도가 아니라는 조금 부드러운 인식 방식에 동의한다면 비록 창작의 강역이나 창작 주체, 사용된 언어 등에 결손 부분이 있다고 하더라도 재외 한국문학의 한 특수한 영역으로 받아들이고 인정하는 데 우리가 너무 인색할 필요는 없겠다.

  오히려 그것을 적극적으로 확대 수용하고 과감하게 영역을 확장함으로써 전 세계적인 한민족 문화권을 형성할 수 없을까 생각해 보는 것이 바람직하지 않을까? 우리는 이 모든 영역을 재외 한국문학을 한민족 문화권이라는 이름으로 통칭할 수 있을 것이며, 그 전반에 대한 이해와 포용을 통하여 대응하는 민족 언어의 터전을 넓히는 한편 이 지구촌 시대, 국제화 시대에 대응하는 한국문학의 열량을 강화할 수 있을 것이다. 이는 남북한 문학을 포함하여 재일 조선인 문학, 연변 조선족 문학, 재러시아 고려인 문학, 등 재외 한국 문학의 전체적인 구도 속에서 남북한 문학의 지위를 자리매김해 나가는 한편 극동과 제3 세계로 확산하는 동아시아론의 범박汎博한 논리를 차입借入하여 남북 상호 간의 대결 구도를 희석하자는 논리이다.
그리하여 남북한 양자의 문학이 무리 없이 만나 악수하게 하고 그것의 대외적 확산을 도모하며 통일 이후의 시대에 개화할 새로운 민족 문학의 장래를 예비하는, 다목적 기능에 유의하고 이를 실천해 볼 수 있었으면 하는 것이다.

양보와 배려는
삶의 미덕이자 윤활유 같은 존재

　아침부터 부산하게 이것저것 짐을 챙기느라 등에 땀이 나는지도 모르고, 현지에 가면 몸에 좋다는 먹거리를 좀 싸게 산다는 기대감에 아이스박스다 넓은 보자기에 비닐 팩을 챙기는 아내의 뒷모습이 평소보다 평화롭고 마음의 여유가 넘치는 것 같다. 요즘 물가가 작년보다 턱없이 올라 비용이 상당하던 차에 되도록 유기농 채소를 사려고 이것저것 챙기는 것 같다. 먹고살기에 급급했던 시절 아이들 키우느라 자신을 돌아볼 여유는커녕 사교육비에 등록금 뒷바라지에 쏟아부어야 했던 날들, 필자도 원고청탁 집필에 매달리면 어느 날은 밤을 꼭 지새우는 모습을 보며 항상 건강을 염려해 주는 아내 덕분에 작가로서의 글을 쓸 수가 있었기에 마음 한쪽에서는 늘 미안할 뿐이다.
　얼마 전에 컨디션이 급격히 떨어졌다는 아내는 이번 휴가차 몸에 좋다는 온천과 친정에 다녀오자고 하였다. 우린 인터넷을 검색해서 전북 고창웰파크시티 힐링 온천이 심신을 달래는 데 최고라는 이곳으로 정했다. 고창에서 온천을 끝내고 옥천으로 해서 휴가를 마친다는 계획을 잡았다.

다음 날 새벽부터 일어나 부지런히 준비해서 즐거운 마음으로 출발하였다. 휴가 절정기 타임이라 내부 순환도로부터 꽉 막혀 차들은 가다 서다 반복한다. 차가 끝내는 요지부동이다. 찌는 무더운 날씨에 에어컨도 별 효력을 발휘하지 못한다. 더워도 참고 남들도 똑같이 무더위에 시름하며 설레는 마음을 안고 가고 있었다. 전라북도 고창 석정온천이라는 곳을 목적지로 하고 휴게소에 들러 점심식사 후 쉬었다 가기로 하였다. 서산휴게소 주차장으로 진입, 수많은 인파 피서철 휴가 관계로 북새통이라 앉을 좌석이 없다. 사람 틈과 틈 사이를 비집고 식당으로 들어가도 거기도 마찬가지다. 아내와 나는 각자 다른 식단 메뉴를 골라 차례대로 서서 한참 동안 기다리는 도중에도 땀은 등줄기를 타고 허리까지 내려온다. 사람들 틈 사이로 음식을 들고 이리저리 아내가 좌석을 찾아 헤매는 모습을 보니 이렇게까지 먹고살아야 하나라는 묘하고 야릇한 생각이 든다.

눈은 전면 번호판에 순서를 주시하고 있는데 날씨도 더운 탓에 기분도 안 좋고 왜 이곳 휴게소에 왔나 생각하던 차 순간 번쩍이는 아내의 목소리가 내 귓전을 잡아챈다. 여기 자리가 있으니 오라는 아내의 손짓에 고개로 신호 보내고 있는데, 눈앞에 어느 중년 여인이 강아지를 데리고 식당 이곳저곳을 돌아다닌다. 좁고 좁은 공간을 이리저리 헤집고 다니는 그 모습이 줄 서서 기다리는 나의 눈에는 몹시 불쾌하고 마음에 걸린다. 그 모습을 지켜보면서 이야기하는 사람이 한 사람도 없다. 야박한 세상인지, 아니면 불편한 언쟁 때문인 것 같았다. 아랑곳하지 않고 끝내 강아지를 끌고 구석에 있는 곳으로 앉는다. 그곳은 탁자 위에 아내의 음식 식판을 가지런히 놓고 기다리는데, 나에 대한 시선을 계속을 주고 한참 동안 기다려도 음식은 더 기다려야 한다는 안내 말에 신경질은 났어도 이왕 떠난 휴가라 망치기 싫어 애써 참으며 땀을 흘려야 했다. 이윽고 음식이 나와 아내가 있는 그 자리에 가는 순간 아내의 음식 식탁 옆에 좀 전에 봤던 그 여인이 강아지를 밥상 위에 올려놓고 강아지와 깔깔거리며 입맞춤에다 빗질까지 해대는 모습은 상식 이하의 행동이었다. 식당 안이 북적거리는 와중에도 한 분이 한마디 해도 전혀 의식하지 않는다. 물론 반려견을 데리고 있는 분은 자식 같고 귀엽고 사랑스럽지만, 안 키우는 분은 오직 강아지일 뿐일 것이다. 서로가 기본으로 지키는 상식만큼만 배려했으면 하는 생각이 든다. 결국, 우린 식사도 제대로 못 하고 그 자리를 떠나야 했던 휴가길, 온천을 향하는 도중에도 영 마음이 편치 못했다. 공동으로 이용하는 장소는 서로 간의 기본이 있는 것이 아닌가. 최소한의 지켜야 할 예의를 망각하면서 사는 것이 무척 아쉽다. 이렇게 휴가철에 막무가내식 배려까지 망각하는 분이 있기에 조심하라는 이야기다.

필자가 아는 지인은 반려견 때문에 친구와 인연을 끊었다는 사람도 있었다. 친구 집으로 초대받아 갔는데 강아지 15마리를 키우는 가정에서 식사하는데 입으로 들어가는지 코로 들어가는지 정신이 하나도 없는데도 가두지 않고 쿵쿵거리는 친구한테 핀잔 이상을 주고 그 집을 박차고 나왔다는 그 친구처럼 반려견으로 인하여 우정까지 끊긴 경우가 있었다.

사람들은 화합하기 위해 품위를 낮추기도 하지만, 대부분 자신에게 이익이 되는 대로 행동하기 일쑤다. 남이야 어떻게 되든 말든, 이것이 문제다. 사람들은 어떠한 행동을 할 것인가, 하는 사고 과정이 없이 경험에 의한 판단으로 즉시 행동에 옮기는 것이 문제다. 어떤 사고의 경향과 성격이 그 사람에 행동 원리가 되어 밖으로 나타나기 마련이기 때문에 사람이 행동할 원리나 규범은 안중에도 없이 잠재의식이 형성되어 있는 관념적으로 행한다.

따라서 밖으로 나타나는 행동은 일정한 경향을 보이고, 있으며, 그것을 보고 한 인간의 인격 또는 성격이라고 할 수 있기에는 거리가 있다. 따라서 남을 의식하지 않고 이기심부터 행동에 옮기는 것은, 모두 자기 자신이 만든다는 것이 사실이다. 우리의 본능적 감정을 자극하는 이성적 지식으로서는 대항할 수 없다면, 과연 어떻게 그 영향력에서 우리를 방어할 수 있을까. 역설적으로 들릴지 모르지만, 아마도 우리는 격한 감정적 상태 그 자체를 방어 목적으로 사용할 수 있을지도 모른다. 즉 허허실실 법의 방식처럼, 우리는 상대방의 강점을 오히려 우리의 무기로 사용하는 것이다. 이 방법을 사용하면 사전 경고를 전체 상황의 논리적 분석을 통하여 취하는 것이 아니라, 우리의 내부적 감정 상태 점검을 통하여, 적절한 경계 태세를 갖출 수 있게 된다.

그래도 온천이라는 설레는 마음으로 웰파크시티 힐링 카운티에 도착했다. 입구에서 언덕 방향으로 올라가면 안내 프런트가 나온다. 안내 데스크에 작성하는 동안 아내는 왼쪽에 위치한 쉼터 장소에서 기다리다 안내 책자를 집어 들고 나섰다. 온천 들어가기 전에 우측의 편의점 물건 계산을 안내대 데스크에서 했다. 무엇보다 웰파크 온천이 몇 개 있는데 그중 하나가 힐링카운티 내의 게르마늄 온천이 있어 아주 좋았다.

온천은 오후 2시부터 밤 10시까지 운용하고, 파동 온천은 시작은 똑같고 다만 종료는 밤 9시 30분이다. 마감 시간을 앞두고 입장할 때는 1시간 전에 입장한다는 것을 잊지 말아야 한다. 특히 이곳에는 야외 게르마늄 노천탕이 있어 무척 좋았다. 발 닿는 곳이나 반신욕을 할 수 있게 탕 안에도 바위들을 의자처럼 조성해 놓아서 맘에 쏙 들었다. 탕 안에는 몇몇 어르신들이 있었는데 반응이 좋은지 연신 칭찬이다. 그리고 탕 안은 화려하거나 아주 이쁘지 않으나 나름대로 꽃나무도 심었고, 조명과 벌레에 대비해 방충망도 완벽하게 설치돼 있었다.

이 온천을 다녀온 사람은 잘 알지만, 게르마늄이 섞인 탕에 오래 있으면, 자칫 현기증을 일으키거나 호흡이 가쁜 사람은 이럴 때는 야외 공기를 마시고 반신욕을 즐기면 좋다고 한다.

  온천 후 우리는 체크인 건물 2층의 식당에서 김치와 견과류 볶음과 채소볶음, 달걀, 조갯살 죽, 만두 등으로 식사하고 옥천으로 출발하였다. 라디오에서 청취자와 대화 내용을 듣고 어느 정도에서 영향력에서 우리를 방어할 수 있을까, 라는 영향력은 역설적으로 들릴지 모르지만, 누군가 우리를 설득하려는 상황에서 만일 우리가 그들의 요청대로 행동하려는 강렬한 감정적 충동을 느낀다면, 우리는 전략적으로 사용되지 않았는지 자세히 살펴보고 적절한 방어 자세를 취해야 한다는 해답을 주었다. 우리가 갑자기 격해진 감정적 충동을 느껴서 앞서 설명한 것처럼, 적절한 대응 태세를 갖추었다고 가정해 보자. 우리가 방어해 줄 수 있는 무기에는 어떠한 것이 있을까. 존재를 느끼고 그에 대항할 수 있는 경계 태세를 갖추는 것만으로 충분한 방어가 되지 않기 때문에 다행스럽게도 방어 전략으로 사용될 수 있는 귀중한 정보도 함께 제공해야 한다. 그들은 본연의 고귀함을 저버리고 세상에 대한 습관적이고 방관적이며, 천박한 봉사와 같이 행동하는 그들은 개개인에게 깃들어 있는 영혼을 보는 것처럼 느낀다. 삶의 모든 단체에도 부도덕함이 존재하고 성숙해졌다고 볼 수 있다. 그리고 체력적인 모습에 우월감을 보이며, 비웃는 모습이 내 멋대로 하겠다는 선전포고에 할 말을 잊게 한다. 위에서 다룬 이야기가 식당에서 강아지를 끌고 돌아다니는 것과 식사하는 밥상 위에 올려놓고 빗질까지 해대는 풍경은 상식적으로 좋지 않은 것은 누구나 다 아는 것이다.

  인간이 자신의 인생 목적을 깊이 생각하는 일이 없을지라도 일상생활 가운데서 목표나 희망이 있다면, 그것이 크건 작건 간에 마음속의 관심사가 되어 있으며, 자신의 인생 여정에 영향을 주기 마련이다. 그러므로 자신의 마음속에 있는 욕구나 목적 경험해 보고 싶은 일 등이 강박관념으로 작용해서 그 강한 정도에 따라 잠재의식과 서로 관계되는 운명을 택하기에 남을 의식 따위는 잊어버리는 작용을 하기 때문이다. 물론 강아지를 이 무더운 날씨에 차에 남겨 놓고 온다는 것도 사정이 있었겠지만 배려 차원에서 안고 있든지 바닥에 내려놓고 일행한테 맡겨 놓으면 얼마나 좋겠나. 그러면 이런 불미스러운 일이 없었을 것이다.

  무더운 열대야 현상에서 불쾌지수가 높으면 배려 차원에서 양보는 현재를 살아가야 하는 삶의 미덕이자 윤활유 같은 존재다. 다 같이 상식을 벗어나지 말아야 할 것이다.

상상의 언어와 질서가 주는 문학적 가치

　1) 새로운 문학을 향유享有하는 작품에는 문학 비평이 당대 사회의 구조적 모순의 해결이라는 측면에서 그 역사적 의미를 찾아볼 수 있는 사설, 시조는 그 연구가의 지적에 의하면 몇 개의 특수한 예를 제외하면 그리 큰 문학적 가치를 갖지 않는다. 그 이유로 그는 다음의 두 가지를 들고 있다. 새로운 시대의 새로운 문학은 낡은 형태를 변개變改하는 정도로는 성공하기 힘들다.

　2) 새로운 문학을 향유하는 계층의 문화 의식 정도에 따라 작품의 성패는 결정된다. 문학 비평이 소설 시 등과 동등한 위치에서 문학의 한 영역으로 자리 잡기 시작한 것은 1920년대 들어서면서부터라고 할 수 있을 것이다. 물론 1920년대 초보다 후반을 장식하는 시인들은 특정 짓는 것은 감정의 자유로운 유출과 그것에 합당한 시 형식을 발굴하려는 노력이다. 그 노력의 결과로 생겨난 것이 자유시-산문시이다. 그것은 시인의 자유스러운 감정 유출과 자유스러운 운을 가능케 해준다.

　3) 사설시조에서 보여 준 정형의 붕괴와 자유스러운 감정의 토로는 퇴폐시 영향을 받는 자유시-산문시를 통해 새로운 형태를 발견했다.

물론 개별적인 작품은 1910년 말부터 이미 나타나기 시작했지만, 비평은 어떠한 것인가에 대한 의문이 직접적으로 제기된 것은 1920년대 초반이다. 이 시기의 작품은 이광수에 의해 어느 정도 진전을 본 한글 소설 문체를 발전시키면서 식민지 시대의 어둡고 답답한 세계를 그대로 그려내야 한다는 어려운 임무를 맡아서 그것을 성공적으로 수행한 작가들은 식민지 시대를 산 개인의 고뇌를 무난하게 드러내고 있다.

4) 이 모든 작가의 공통된 것은 이광수에게 지나치게 노골적으로 드러낸 선각자-작가의식 대신에 개인적 실존적 고뇌를 사회적 보편적 고뇌로 치환시키고 사회적 보편적 고뇌를 개인적 실존적 고뇌로 치환시키려는 근대적 예술인 특유의 자각이다. 또한, 이 시기의 작품평은 주로 선후평, 월평, 초평 등의 형식을 띤 초보적인 형태였고 이러한 비평들은 비평이 아직 문학적 제도로 정착되지 않은 단계에서 온갖 설움과 비평에 대한 작가의 본능적인 거부감으로 인해 논쟁을 불러일으켰다. 비평가들의 역할을 놓고 벌였던 염상섭-김동인의 논쟁, 시의 정의를 둘러싸고 벌어졌던 현철-황석우의 논쟁, 비평의 태도를 논했던 박종화-김억의 논쟁 등은 당시의 비평을 이해할 수 있는 좋은 자료가 되었다.

5) 이 작가가 선택한 독자층에 분명하게 드러나고 있다. 염상섭은 자신의 위치가 어떤 것인가를 점차 발견하여 가는 양식이 있는 부르주아지를, 최서해는 고통스럽게 삶의 대지에서 유리되어 가는 하층민을 그리고 김동인과 현진건은 자신의 삶에 안주할 수 없는 소시민을 각각 독자층으로 선택하고 있다. 그것은 그들이 이미 이광수와 다른 차원에서 창작 활동하고 있음을 나타낸다. 이광수에게는 한국의 모든 계층의 모든 인물이 다 독자를 이룬다. 그만큼 포괄적이고 민족이라는 이름을 독자처럼 추상적인 독자는 없기 때문이다. 염상섭, 최서해,

김동인, 현진건, 등은 이미 민족이란 추상적 독자를 예술가로서 선택할 수 없음을 깨닫는다. 민족을 잠재 독자로 상정하는 한 소설은 거기에 속해 있는 하나의 계층을 위해 글을 쓴다는 진술은 자신의 실존적 상처를 자기 계층 독자들의 그것으로 환치시킨다는 진술이다.

6) 보편적 언어로 사고하지 못하고 자기가 속한 계층의 언어로 사고한다는 것은 근대인 특유의 한 질병이다. 다시 말해서 그들 자신에 알맞은 개인어와 문제를 찾아낸다는 사실이 숨어 있다. 이광수 이후에 시작된 문제의 탐구는 이광수의 이념 지향적 성격이 그다음 세대들에 의해 극복의 대상이 되었다는 것을 나타낸다. 그렇다면 그 작가들의 소설적 공간에는 어떤 인물들이 행동하고 사고하고 있으며 그것은 어떤 방법으로 표현되고 있는 것일까? 그럼, 염상섭을 둘러싼 빈번한 논란 중의 하나는 그의 문학이 과연 어느 유파에 속하느냐 하는 것이다. 그러한 논란은 그의 자연주의론이 서구 문학의 문맥 속에서의 그것과 매우 상이하다는 데 그 원인을 두고 있다. 그것은 대체로 다음과 같은 결론을 유발케 한다, 염상섭의 자연주의 이론은 유전학을 그 골자로 하는 서구의 자연주의 이론과는 매우 다른 낭만주의 선언과도 같다. 이러한 주장은 상당수의 문학 연구가에 의해 빈번하게 행해져 온 것인데 그 증거로 흔히 차용되는 것이 그의 자연주의 이론인 '개성과 예술'(1922년)에서 개성의 표현은 생명의 유로이며 개성이 없는 곳에 생명은 없는 것이다.

7) 이러한 주장은 일견 옳은 것처럼 보이지만 서구의 자연주의를 그 원래의 문맥에서 이해하지 않고 문학적 실체로서 이해하고 나서 그것을 원형으로 생각하여 한국의 식민지 시대의 한 작가를 재는 것은 그다지 바람직한 것은 못 된다. 그것은 서구의 자연주의가 오류 많은 유전이론에 의거해 있으며, 그 유전이론은 진화론으로 대표되는 실증주의의 소산이라는 것을 이해하고 나면 프롤레타리아와 노동자

계급의 대두를 염두에 둔 예술 형태라는 것을 생각하면 더욱더 그렇다. 아울러 그에 대한 하나의 비판은 주제의 빈곤인데 그것은 그가 지나치게 평범한 소재를 다루고 있어서 소위 드라마가 없다는 것이다. 그러나 그것 역시 일종의 피상적 단견이다. 그의 작품 속에 그가 아무런 해석도 가하지 않고 있는 것처럼 보이지만 평범하게 내보여 주고 있는 일상적 인물들을 자세히 관찰하면 그 인물들이 평범하고 지루한 인물들이 아니라 한국 당대의 상황을 가장 실감 나게 사는 인물들이라는 것을 쉽게 감지할 수 있다.

8) 인물들의 드라마는 초기의 몇 작품을 빼면 대부분 돈과의 격투라는 가장 근대적인 드라마이다. 돈을 에워싼 여러 종류 인물들의 애환을 그림으로써 그는 식민지 치하에서부터 한국전쟁에 이르는 기간의 한국 사회를 그 누구보다도 탁월하게 묘사하여 형상화해 내는 데 성공하고 있다. 그의 소설은 주제의 빈곤을 드러내고 있는 것이 아니라 그 어떤 작가의 어떤 소설들보다도 강렬하게 일괄된 하나의 주제, 돈과 인간과의 관계를 드러내고 있어 그것을 통해 독자들이 인간 속에 감추어져 있는 요망이라는 괴물과 그 괴물의 분장을 돕는 상황을 감지할 수 있게 해주는 것이다. 그의 문학은 그런 의미에서 부르주아지의 문학이라고 지칭될 수 있다. 작가의 현실에 대한 부정적 정신을 뒷받침해 주고 있는 것이 그의 서울 중류계급 사투리이다. 자기가 속한 계급의 언어를 완벽하게 재생해 놓을 수 있었다는 것은 한국 개화기에 중요한 역할을 담당한 중인층의 현실감각을 그가 섬세히 체득하였음을 입증한다. 또한, 그것은 자신이 속한 계층에서 출발하여 보편성의 차원으로 자신의 세계를 이끌어 올리지 못한다면 위대한 문학은 생겨날 수 없는 고전적 명제를 증명하는 것이기도 하다. 그의 한국어에 대한 공헌은 심훈에 의해 명료하게 지적되어 있다. 심훈은 한국어를 개척한 문인으로 홍벽초, 염상섭, 현진건, 이기영, 넷을 들고 각기

그 특징을 지적해 나가다가 염상섭에 대해 이렇게 쓰고 있다.

9) "염상섭 씨는 많은 말들을 글로 쓰기로 원래 전부터 유명한 분이다. 특히 그의 장기는 옛날 중인 계급이나 상민 계급에 속하는 가정에서 쓴 용어를 육감적으로 휘둘러 쓰는 데는 또한 당대의 독보다. 문학 청년으로서 꾸준히 발표하는 그의 신문소설을 읽고 조선말의 습득이 많았던 것은 숨길 수 없는 사실이요, 또한 그의 문단 공로이다."

이처럼 그의 태도는 민족 문학 우선론과 시조 부흥론에서 분명히 드러난다. 1924~1925년경부터 요원의 불길처럼 번진 프로문학에 맞서 1926~1927년경부터는 민족 문학운동이 형성된다. 그곳은 프로문학의 부편 성에 대한 한국 문학인들의 한 반응이기도 했는데 그 운동에 참여한 자 중에서 대표적인 역할을 한 이론가가 염상섭이다. 민족 문학운동의 기본 명제는 조선적인 발굴에 있다.

10) 실학이 발전하여 조선학이라는 개념으로 발전한 것과 밀접하게 대응하는 조선적인 것의 탐구는 피지배 계급의 해방을 주장하는 프로문학과 정면으로 맞서 시급한 것은 피지배 계급(프롤레타리아)의 해방이 아니라 조선 민족의 독립이라는 주장을 펴게 한다. 계급문학이 있다면 계급 빵, 계급 음료수도 있는 것이냐는 저 기세등등한 김동인의 치기 어린 절규와는 다르게 염상섭은 계급 운동의 필요성을 느끼면서도 조선적인 것의 탐구(궁극적으로 해방)가 선행되지 않으면 안 된다고 주장한다. 당연한 결과로 목적 문학보다는 한글에 대한 경사가 이루어지며, 시조 문학에 갈채를 보내게 된다. 1930년대의 식민지 문학은 식민지 초기의 열기와 흥분이 식민지 치하에서 어떻게 변모하여 나타났는가를 묘파하는 데 집중된다. 계속된 악랄한 검열제도 때문에 상당 부분이 삭제되거나 복지로 은폐되지 않을 수 없는 상황 속에서도 식민지 치하의 작가들은 그들이 할 수 있는 한도 내에서 그리고 때때로는 그 한도를 넘어서 자신들이 보고 느끼고 경험한 것을 탁월하

게 표현한다. 파시즘의 전체적인 팽대와 식민주의를 논리적으로 정당화하기 위해 일본의 사상계가 조작해 낸 대동아 공영권에 대한 집요한 선전, 그리고 계속되는 식민지 한국의 궁핍화 현상은 그 속에서 생활하지 않을 수 없는 작가들에게 두 가지의 상반된 견해를 낳게 한다.

11) 인간의 진보와 역사의 합목적성을 믿는 개방주의적인 진보주의자들의 견해이며 인간에 대한 기본적으로 신뢰감을 느끼고 있지 아니하면서 그가 인간임을 인정하지 않을 수 없는 이율배반적인 세계 인식을 위해서 세계와 현실 그리고 자아를 바라보는 폐쇄적인 비판주의자들의 견해이다. 채만식과 이상으로 뚜렷하게 대표될 수 있는 것은, 이 두 견해가 그렇다고 순응주의적인 면모를 보여 준 것은 아니다. 진보적 낙관주의나 폐쇄적 비관주의자를 막론하고 식민지 치하의 한국 문학인들이 특징짓고 있는 것은 비순응주의적인 인식 태도이다. 비순응주의는 이상, 채만식, 박태원, 김유정, 같은 탁월한 문학자들에게는 치열한 투쟁으로 드러나며 이태준, 김남천 등의 작가에게는 페이소스, 시니시즘, 유머 등의 수단을 통해 드러난다.

수필과 에세이는 품위를 염두에 두어야 한다

수필의 시작은 한문 시대로부터 궁중에서 쓰던 내간체內簡體 글에 이르기까지 광범위하다. 이러한 수필이 문예지에 실려 현대시, 소설, 희곡과 함께 문예물로 다루어지기 시작한 것은 1919년으로 볼 수 있다. 이해에 창간된 한국 최초의 문예지 『창조』에 비로소 일기문이 실린 것이 그것이다. 그러나 목차에 올리지 않고 있다는 점에서 당시 수필에 대한 인식을 짐작할 수 있게 하고, 한편으로는 수필을 가볍게 보았다는 증거가 되기도 한다. 3년 뒤인 1922년에 창간된 『백조』엔 감상, 기행이라는 이름으로 각각 1편씩 수필이 수록되었으나, 오늘날처럼 수필이라는 명칭을 쓰지 않았다. 이와 함께 수필의 본질을 따져 나가고 있을 때, 우리는 문예지 목차조차 올리기를 꺼렸을 만큼 수필은 대접받지 못한 셈이었다.

이런 현상은 오늘날에도 이어져 수필의 가치를 외면당하거나 비하되고 있을 뿐 아니라, 수필 위상이 정립되기도 전에 상업주의가 방향을 잘못 트는 현상마저 빚고 있다. 이런 까닭으로 70년대 이후 수필이 활발한 면모를 보여도 수필을 독자적으로 문학으로 보는 인식이 빈약한 실정이다. 그런데도 수필을 문학으로 보는 이유는 시, 소설,

희곡 등이 담당하지 못한 것을 수필이 독자적으로 맡고 있다.

그럼, 수필은 어떻게 써야 하는가? 무엇보다도 진실을 바탕으로 하는 글이므로 짧게 5~6매, 길게는 40~50매 내외로 쓰되, 보고 듣고 행한 일에 느낌과 생각이 붙는 글이다. 개인적이고 고백적인 것의 느낌과 생각을 사상이라 해도 되고 철학이라 해도 될 것이다. 다시 말하면 개인적 얘기를 허구로 쓰는 것이 아니라 진실을 바탕으로 하는 글이 수필의 본질이다. 이 수필의 본질은 인간의 본질이 바뀌지 않는 한 변할 수가 없다.

어떤 사람은 말하기를, 모든 문학은 허구이므로 수필도 허구일 수 있다고 주장한다. 독자에게 감동을 주기 위해 약간의 허구를 허용할 수 있다고도 말한다. 그러나 이런 경우는 어디까지나 작가의 진실인가를 믿을 수 없게 하고, 결국에는 모두가 허구라는 인상에서 벗어나기 어렵다.

아울러 수필은 품위가 따라야 하는 것을 잊지 말아야 한다. 작가 자신이 드러나는 글이므로 문장 한 구절에도 쉽게 작가의 인품을 읽어낸다. 이것이 작가의 품격과 무관하게 생산되는 다른 부분의 문학작품과 다른 점이다. 사람은 서로의 인격적인 것으로 맺어지는 것이므로 수필도 독자와의 사이에서 이런 관계를 벗어날 수 없다.

수필의 격은 대체로 두 가지 면에서 드러난다. 용어 선택에서 오는 문장과 작가의 품위가 작품 전체에서 드러나는 것이다. 수필이 대중화하는 추세에 따라 수필 권이 넓어지는 것은 좋으나, 격이 낮아지는 것은 바람직하지 않다. 수필의 격이 낮아지는 원인은 쓰는 사람에게 있기도 하나, 독자, 편집자의 인식 부족에서 오는 요인도 있고 수필이 교과서에 수록되는 글이긴 하지만, 도덕적이라야 한다는 말과는 다르다. 다만 개인적 인격적 글이므로 품위가 따라야 함을 말한다.

수필은 서술 형태상으로 소설과 가까운 산문이다. 문장에서 시를 제외하곤 모두가 산문이며, 작가의 개인적이고도 인격적 표현의 글이고, 소설은 허구虛構를 통해 인간의 문제를 다루는 점에서, 작가 자신의 글인 수필과는 다르다.

개인의 고백적·인격적인 바탕이 되는 일인칭 문장이 수필인 데 반해, 소설은 허구의 인물을 등장시켜 작가가 의도하는 대로 사건을 만들어 낸다. 아울러 서술 방법부터 차이를 드러내서, 소설은 인물을 등장시키고, 그 인물의 언어와 행동을 통해 허구의 세계를 전개시킨다. 등장인물의 말과 행동은 천민의 속어부터 교양인의 반사회적 행동에 이르기까지 제약이 없다. 그러나 수필은 개인적 인격적인 글이므로 언어 자체부터 제약을 받는다. 소설은 감정 노출에 구애받지 않으나 수필은 감정을 걸러 내야 한다.

소설은 작가 자신이 주체가 아닌 데 비해, 수필은 작가 자신이 주체가 되는 까닭에 표현에 구애받지 않는 소설과는 다르다. 소설은 일반적 서술 형태는 대사와 지문으로 구성된다. 이러한 대화체는 등장인물의 성격 묘사와 사건 진행에 따른 상황 설명의 기능을 지니며, 대화 진행에 따라 독자의 관심을 끌어 나간다.

반면 수필은 자기 고백의 글이기 때문에. 그것은 '너'의 이야기보다는 '나'의 이야기를 말하고, '우리'에 대한 관심보다는 '나'에 대하여 더욱 높은 관심을 보인다. 이런 뜻에서 수필은 실존적이라고 말할 수 있다. 변화무쌍한 세계 속에서 구차하다면 **구차하게** 살고, 있는 자아에 대한 냉철한 성찰을 은연중에 폭로시킬 수밖에 없는 글이 바로 수필이다.

1. 수필과 시는 무엇이 다른가

수필을 시와 비교한다는 것은 우스운 얘기일지 모른다. 그러나 소설과 수필은 닮아가듯, 오늘의 한국 수필의 모습은 시와 무엇이 다른

가를 말하지 않을 수 없는 상황의 일면이 보인다.

수필은 말할 것도 없이 산문이나, 시에도 산문시가 없는 것도 아니다. 문학의 형식이 장르 간의 벽이 없어져 간다는 추세라는 말도 있으나, 그것은 소설이 시도할 과제일 뿐, 수필이 그런 것을 떠맡을 분야가 아니다. 모든 분야가 전문화돼 가는 추세로 본다면, 수필 문학의 특성상 구분은 더 엄격해야 할 것이다. 요즘은 산문시, 수필 등을 봐도 장르 중에 시, 수필, 콩트, 단편소설, 소설 여기에 수필과 콩트 사이에 적절한 장르가 있어야 할 것 같다는 개인적인 말이다.

시란 무엇인가를 사전 풀이대로 옮기자면, 시는 독자의 감각이나 감정에 호소하여 상상력을 자극, 감동을 일으키는 데 있다고 하였다. 심상心象을 형상화한 언어의 행간行間에는 산문의 논리가 허용되지 않는다. 허용되지 않는 것이 아니라 철저히 배제된다. 이처럼 시의 표현은 산문의 논리가 아니라 독자에게 전달되는 의미는 사실 개념이 아니라, 형상화된 심상의 세계다. 심상을 형상화하는 표현들은 추상과 상징과 관념적 언어들이며, 산문정신과는 배치되는 위치에 있다. 그리고 시인의 표현은 시인만이 누리는 언어의 영역이다. 산문정신이란 사실 개념을 바탕으로 한 논리성에 있으므로 시인의 언어는 산문의 논리에서 벗어난다. 감정의 분출이 때로는 병적이기도 해야 한다. 이것이 다른 사람이 누릴 수 없는 시인의 특권적 영역이다. 시인의 문장은 솟구치는 정열 그대로 나타나며, 독자와는 상관없이 자신의 언어 속에 빠져든다. 시인 자신의 언어가 연금술에 의한 것으로 생각된다.

2. 수필과 소설은 무엇이 다른가

문장에서 시를 제외하면 모두가 산문이다. 수필은 서술 형태상으로 소설과 가까운 산문이다.

앞서 말한 바와 같이 수필은 작가의 개인적이고 인격적 표현의 글이며, 소설은 허구를 통해 인간의 문제를 다루는 점에서 작가 자신의 글인 수필과 다르다. 개인의 고백적·인격적인 것이 바탕이 되는 일인칭 문장이 수필인 데 반해, 소설은 허구의 인물을 등장시켜 작가가 의도하는 대로 사건을 만들어 낸다. 그러므로 서술 방법부터 차이를 드러내서, 소설은 인물을 등장시키고 그 인물의 언어와 행동을 통해서 허구의 세계를 전개 시킨다.

등장인물의 말과 행동은 천민의 속어부터 교양인의 반사회적 행동에 이르기까지 제약이 없다. 그러나 수필은 개인적·인격적인 글이므로 언어 자체부터 제약을 받는다. 소설은 감정 노출에 구애받지 않으나 수필은 감정을 걸러 내야 한다. 소설은 작가 자신이 주체가 아닌 데 반해, 수필은 작가 자신이 주체가 되는 까닭에 표현에 구애를 받지 않는 소설과 다르다. 소설의 일반적 서술 형태는 대사臺詞와 지문地文으로 구성된다. 이러한 대화체는 등장인물의 성격 묘사와 사건 진행에 따른 상황 설명의 기능을 지니며, 대화 진행에 따라 독자의 관심을 끌어 나간다. 소설에도 일인칭 형식이 없는 것은 아니나 등장인물의 '나'일 뿐 수필 속의 '나'일 수는 없다.

소설은 등장인물의 입을 빌려 말하는 글이나 수필은 남의 입에서 나온 말도 자신의 말로 만드는 글이다. 그렇다고 수필에서 대화체 서술이 부당한 것은 아니다. 필요 없는 것을 말할 뿐이다. 대사가 들어갈 부분은 작품의 근간 주체를 이룰 만큼의 요소를 띠어야 한다.

3. 수필과 에세이는 어떻게 다른가?

수필은 서양어로는 에세이, 동양어로는 수필이다. 에세이는 프랑스의 몽테뉴에서 비롯된 시론詩論 시도試圖라는 뜻이고, 이것이 영국으로 건너가 발전되어 온 것으로 알고 있다. 그렇다면 수필과 에세이는 개념상 다른 것인가?

동양의 수필 개념은 한국·중국·일본이 다 같이 한문 시대의 고전으로 거슬러 올라가 시원을 밝히고 있다. 한국의 경우는 이인로李仁老의 『파한집破閑集』(1260)을 비롯한 한글로만 쓴 궁중비화까지를 포함하고, 최초로 국한문을 섞어 쓴 유길준俞吉濬의 『서유견문西遊見聞』(1895)으로 이어져 내려오면서 최근으로 맥을 이어오는 것으로 알고 있다.

용어상으로는 조성건의 「한거수필閑居隨筆」(1688)을 최초라 했고, 그 밖에 연암 박지원(1737-1805)의 「일신수필馹汛隨筆」 등을 들고 있다. 중국의 경우에는 남송南宋 때 홍매洪邁(1123-1202)의 「용재수필容齋隨筆」과 일본에서는 무로마치 시대(1338-1573)의 「동재수필東齋隨筆」이란 말이 같은 용어의 시초라고 주장한다.

수필은 동양적 에세이요, 에세이는 서구적 수필이라고 한 윤오영은 "작품상으로 일치될 때가 많으며, 말의 출전이나 기원을 따져서 실체를 파악한다는 것은 정확한 개념이 되지 못한다."고 했다.

우리가 쓰고 있는 수필이란 용어에 대해서 알베레스는,

"에세이는 그 자체가 원래 지성을 기반으로 한 정서적·신비적 이미지로 된 문학이다."

라고 했다. 일본의 요시다도 수필론에서,

"수필과 에세이는 구분해서 정의할 수가 없고, 이것을 뚜렷하게 구분하는 논리는 에세이에 적용할 수 없다."

고 했다.

그리고 보면 알베레스가 지성을 기반으로 한 정서적·신비적 문학이라고 했듯이 에세이는 다를 것이 없는 얘기가 된다. 아울러 수필이 교과서에 수록되기는 하지만 도덕적이라야 한다는 말과는 다르다. 다만 개인적 인격적 글이므로 서두에 밝혔듯이 품위가 따라야 함을 항시 염두에 두어야 한다.

한국적 도덕교육은
전통적 가치와 신뢰가 중요하다

　도덕교육은 그 학문적 배경에서 위기를 맞고 있다. 이러한 위기는 기존 학문적 배경으로 여겨지고 있는 각 학문 분야에 대한 재검토에 기초해서 새로운 학문적 배경과 근거를 마련함으로써 본질적 근본이 극복 가능하다는 전제에서 전개되고 있는 지금까지 국민 윤리학과 철학적 윤리학, 도덕 심리학 등에 대해 이러한 시각에서 비판적으로 검토했다. 그 결과는 국민 윤리학이 더 이상 학문적 위상을 유지 못하고 있고, 철학적 윤리학과 도덕 심리학도 각각 그 내용의 영역의 한계와 형식적 한계를 드러내고 있다는 것이다. 이제 이러한 결과를 토대를 두고 도덕과 교육의 학문적 배경과 근거를 재구성해야 한다는 요구에 직면하고 있다.

　오랜 전통을 가진 우리의 도덕교육은 도덕과 교육의 한계에 대한 왜곡된 인식에 기초한 비현실적 인성교육의 대두로 심각한 위기에 처해 있는 것은 우리가 잘 알고 있는 사회적 배경과 정치적 배경으로 비판의 대상이 되어 있는 것도 사실이다. 그동안 우리의 도덕교육은 주로 도덕과 교육을 통해서 이루어져 왔고, 그 경험적 한계에도 불구하고 일정 영역에서는 성공한 사례도 있지만, 이와 함께 가정과 학교,

사회 전체가 도덕교육에서 강조하는 가치들과는 다른 강요하는 분위기를 형성함으로써, 주로 인지적 도덕교육에 치중하던 도덕교육의 한계가 더욱 두드러져 보일 수밖에 없다는 사실에 대한 비판을 우리는 수용해야 한다. 그리고 그동안 도덕교육이 적절한 학문적 근거를 마련하지 못한 상황에서 현실적 필요에 따라 그 내용을 선정함으로써, 그 정당성을 확보하지 못한 정권의 정책을 홍보하는 과오를 범하기도 했다는 역사적 사실에 대해서도 깊이 반성해야 한다.

그러나 이러한 사실들이 도덕교육의 위축이나 그 주도적 역할을 담당해 온 도덕교육과 약화의 명분으로 활용될 수는 없다. 이제 도덕교육은 그 학문공동체를 마련하고 이론과 현실의 두 측면에서 토대를 다져가고 있지만, 아직도 부족함이 많은 도덕적 교육이다. 현재 상황 속에서 도덕교육은 다른 모든 형태의 도덕교육을 통합하는 기능을 수행해야 하고, 동시에 도덕적 관점의 형성과 도덕적 태도의 형성을 꾀하는 것보다 직접적이고 적극적인 프로그램을 제공해야 한다는 과제를 부여받고 있다. 이 과제를 성공적으로 수행하기 위해서는 우선 도덕교육의 학문적 배경을 검토하여 현재 제기되고 있는 학문적 시비를 불식시켜야만 한다.

이런 문제의식에 기초해서 먼저 도덕교육과 도덕과 교육 사이의 연계성에 기반을 두고 다양한 반도덕 교육론을 비판적으로 검토한 후, 사회윤리학을 포함하는 광의의 윤리학을 근거로 도덕 교육학을 재구성해야 한다고 주장하고자 했다. 도덕교육은 근본적으로 규범적 차원을 문제 삼을 수밖에 없고. 그런 점에서 이러한 제안은 정당성을 가진다. 다만 이러한 제안이 현실화하는 과정에서는 사회윤리학적 차원에서 규범적 내용으로 재구성된 것이어야만 한다.

이처럼 현실에 대한 객관적 인식과 수용, 학문적 배경과 근거의 재정립, 그 근거에 맞는 도덕교육과 내용의 선정 및 재조직의 과제를 동시에 수행할 때, 비로소 우리의 도덕과 교육은 진정한 발전을 기대할 수 있다. 물론 이 제안들이 도덕 교육학의 모형은 자신의 학문적 역량과 범위의 한계를 벗어나지 못한 것일 수도 있고, 그런 점에서 우리의 도덕과 교육 관련학계 전문가의 기탄없는 비판을 기대하고자 한다. 또한, 도덕과 교육의 윤리학적 배경과 도덕 심리학적 기초를 포함하는 이론적 기반을 다지기 위한 젊은 도덕 교육학도들의 시도로 평가되기를 바란다.

물론 자유주의를 기반으로 개인들의 가치 선택에 누구도 개입할 수 없다는 불간섭주의가 팽배하는, 입장에서 그 토대 위에 접근한다는 것은 무척 어렵다. 이제 공동체의 건전한 지속과 발전을 위한 가치를 선택해서 가르치고, 공동체 내에서 자신들의 개인적인 인격을 구현하게 해야 한다는 인격 운동에 그 자리를 내주고 있는 현실이다. 그러면 우리의 도덕과 윤리의 변화 과정을 살펴볼 필요가 있다.

시대는 많이 변했다. 21세기를 살아가는 현실은 변해야 한다는 것은 누구나 잘 알고 있다. 가령 19세기에는 청소년 흡연 문제는 그때도 많이 대두되고 있었지만, 도덕과 배려가 함께 숨 쉬고 양보하는 공간이 있어 불편한 동거는 별로 느끼지 못했다. 요즘 사회윤리의 모습을 보자. 지하철에서 조금 불편하다고 자신보다 연장자인 사람에게 무자비할 정도로 폭력으로 이루어진 것을 보면, 이 한 가지뿐 아니라 사회 전반적인 도덕과 윤리가 많이 변한 곳도 사실이다.

그렇다고 손을 놓고 쳐다볼 수만 없는 노릇이 아닌가, 상대적으로 허용적이고 희망적이며 이상적이었던 6, 70년대가 가고 좀 더 정치적 보수이고 경제적 두려움을 느끼며, 사회적으로 해체되어 80년대가 지나가고 2000년 시대를 살아가면서 맞이하게 된 것이다. 다시 교육학계에서는 본질로 돌아가자, 라는 방향으로 회귀했지만, 다시 제자리로 돌아온 느낌마저 든다. 그러면 새로운 학문에 대한 강조뿐만 아니라 전통적 가치들에 대한 새로워진 신뢰가 바탕이 되어야만 21세기 도덕교육이 발전할 것이다.

오늘날 인류는 지금까지 자신을 이해하고 자기의 일을 이해하려고 온갖 정성을 기울여왔기에 우리는 성스러운 역사라고 부르기도 한다. 인간은 그토록 많은 기만을 당해 왔고 현재도 진행형일지 모르는 일에서 여전히 자신의 진리로 만들 때까지 확고하게 고수할 수 있도록 해줄 수 있는 형체가 바로 인성교육이다. 좀 더 새로운 희망을 안고 철저히 관찰하고자 하는 것은 모든 상태를 삶의 특성에서 나오며, 모든 조화는 건강에서의 결과이므로 선량한 사람에게만 속하는 것이 도덕교육의 본질이라고 해도 과언이 아니다. 오늘날 많은 사람이 가장 필요한 것으로 인지적 도덕교육이 많은 장점 있다고 한다. 그 인지적 도덕교육은 이해와 도덕적 추론에 초점을 두고 있는 인지적 접근은 교육의 본질적인 한 측면을 잘 강조하고 있다.

전통적으로 강조되어 왔던 교육의 가장 중요한 구성 요소들은 지식, 이해, 그리고 비판이라고 할 수 있는데, 인지적 접근은 이 모두 요소들을 모두 강조하고 있으며, 이러한 합리적 접근은 이해가 중심 목표로 설정되어 있는 교실 수업에 가장 적절한 것이라고 볼 수 있다. 도덕적 교육에 대한 가치 분석이 지니고 있는 특별한 장점은 하나의 방법론을 강조하고 있다는 점이다. 가치 분석은 과학적 방법의 요소들을 창조적인 방식을 잘 활용하는 것이 특징이다. 만약 가치 분석이 지나치게 엄격하지 않게 사용된다면, 교사들은 가치에 담긴 문제들에 대한 조사 활동을 시도할 때 매우 유익한 일련의 단계를 제공받을 수 있을 것이다.

그러나 그 가치 분석은 정의적 측면과 행동적 측면에 대하여 큰 관심을 기울이지 않는 단점을 드러내고 있다. 앞서 살펴보았던 인지적 접근은 도덕교육에 있어서 매우 유용한 접근임에는 틀림이 없다. 그러나 단순히 인지적 영역만으로 도덕성과 도덕교육을 설명할 수 없다. 그러므로 우리는 도덕성 및 도덕교육에 있어서 정의적 영역을 강조했던 다른 이론들을 살펴볼 필요가 있으며, 도덕교육에 대한 인지적 접근에 대해 불만을 느끼고 있던 학자들은 인간의 정의적 차원들을 중시하는 새로운 이론을 발전시켰다. 이러한 새로운 접근들은 도덕적 추론이나 도덕적 분석에 배타적으로 연루시키는 것이 아니라 정서, 감정, 태도, 그리고 개인적 선호를 추구하도록 권장하는 데 초점을 두고 있으며, 이러한 접근들은 교사들을 위해 일종의 핸드북 형태로 발간되기도 하였으며, 도덕교육에 대한 정의적 접근과 인지적 접근이 가장 큰 관심을 끌었다.

필자는 이 세상에서 모든 것을 바라고, 바라던 것이 어느 하나라도 최고의 것이 되지 못하면 곧 실망하거나 체념해 버리는 한 친구와 서로 대화를 나눈 적이 있다. 그런데 나는 나와 지극히 대조적으로 처음에는 아무것도 기대하지도 않으며, 웬만한 행복에도 감사하다는 마음이 충만해진다는 사실을 알게 되었고 나와 대조적으로 시끌벅적한 사람들과도 잘 받아들이고 있었다. 그는 세상의 온갖 허식과 정치의 어지러운 소용돌이 속에서 자신의 확고한 신념을 신조로 삼아 모든 일정을 뒤로 미루거나 남을 탓하든가 또는 그저 앉아서 소망 받는 것이 아니라 자신이 어느 위치에 있는지를 정확하게 인지함으로써 참된 가치를 폭넓게 나타내고 어떤 사람들과 접촉하게 되든 간에 실제적인 친구와 주위 환경이 아무리 비천하거나 추악한 것이라 할지라도 자신에게 부여한 온갖 기쁨을 위임받은 사람처럼 받아들이고 환경이 자숙하고 악의에 찬 것이라면 그들이 느끼는 만족감은 정의의 최후 승리로써 시인이나 음성이나 이 세상의 인사들이 우연히 베풀어 주는 동정보다 더욱 만족스러운 메아리가 되어 우리의 울려 퍼진다는 이 친구는 사려가 깊고 모든 사람이 지니고 있는 감수성이 엄청난 장점에 대하여 전혀 부인할 수가 없을 거라면서 좀 변덕스럽고 이기적인 사람이라도 마음에서 우러나오는 경의를 표한다고 하였다.

아울러 우리는 조상들의 도덕적 삶에 얽힌 다양한 이야기들을 통해 우리 고유의 문화와 역사, 그리고 전통에 뿌리를 내리게 되는 것이다. 여기에는 교훈적인 이야기를 통해 하나의 공통된 준거점을 심어줄 수 있으며, 감동과 감화를 통해 선하게 살고자 하는 열망을 불러일으킬 수 있다. 구체적인 주인공들의 행동 하나하나를 통해 우리의 삶의 다양한 모습들을 살아 있는 형태로 배울 수도 있다.

그러나 갈등 사태에서 이야기들은 갈등을 일으키는 장면만을 인위적으로 선택하는 것이기에 인간의 삶이 다양한 모습들을 보여 주는 데에는 한계가 있다. 인간의 삶에 풍부한 의미를 주는 것은 차디찬 논리적 사고가 아니라, 오히려 정감 있고 따스한 이야기들에 바탕을 둔 것이라고 할 수 있다. 아울러 선하게 되자 하는 열망은 단순히 주어진 갈등의 해결을 통해서 얻어지는 것도 아니며, 저절로 생겨나는 것이 아니다. 오히려 그것은 양육 과정 초기에 사려 깊은 부모와 교사들의 노력으로 심어 주는 것이며, 그 후에 자신의 부단한 노력과 훈련에 의해 더욱 강화되는 것이라고 볼 수 있다.

여기서 우리는 우리 자신이 비평적인 사색을 하는 것이 아니라 그리고 성스러운 곳에 들어와 있는 것을 깨닫게 되고, 신중하고도 경건한 마음으로 임해야 한다. 우리는 지금 '존재'가 '현상'으로 변하고, '단일'이 '다양'으로 변하는 세계의 신비 앞에 서 있다. 삶이 있는 곳이라면 어디든지 다양한 교육 주변에 불쑥 그 모습을 드러내 보이기에 인성교육은 감각적인 것이 아니라 피상적이어야만 독립된 학문인 것처럼 보이지 않는다. 그러므로 윤리학은 언제나 인간의 올바른 방향과 병행되어야 하고, 종교와 형이상학과 보조를 맞추어야만 도덕교육이 제자리를 찾는다. 혹은 어떠한 과학의 상태라도 우리가 우리 자신을 얼마나 알고 있는가에 대한 지침이 되는 것이다. 아울러 물이 아무리 깊다 하더라도 우리가 인성교육적인 관심을 두고 그 위에 떠돌아다니는 것은 이상하게 생각할 일이 못 된다.

법이 나타내고 있는 상징이 저속하면 저속할수록 법은 더욱 신랄해지고 사람들의 기억 속에 오래 남기 때문에 마치 우리가 도구를 전혀 필요하지 않은 짐을 운반하게 되었을 때 가장 작은 상자나 보따리를 택하는 것처럼 상징적인 언어의 이 같은 보편성 이상으로 도덕교육을 탁월하게 이용함으로써 그 교육에 거룩한 점이 깃들 수 있는 것을 우리는 도덕적 이야기를 통해 도덕적 판단이나 추론 과정에서 찾기 힘든 옳고 그름의 수많은 사례에 접할 수 있다. 일례로 양치기 소년은 정직의 중요성을 제시해 주고 있다.

과거나 현재까지 우리의 도덕교육은 서구의 도덕교육 이론을 맹종하는 가운데 지나치게 언어화, 추상화의 경향을 띠어 왔다고 부인할 수 없다. 그러다 보니 도덕성의 주요한 요소라 할 수 있는 감정이나 의지의 측면이 매우 소홀하게 다루어지는 경향이 있다.

그러므로 학생에게 삶의 과정에서 오래오래 기억되어, 결정이나 판단이 어려움이 생길 때마다 자신의 도덕적 나태를 극복하게 해줄 수 있는 도덕적 이야기들이 우리의 도덕교육에서 여전히 중요한 위치를 차지해야 한다. 그것이 바로 우리의 위대한 21세기 도덕 교육적 전통으로 되돌아가는 지름길이라는 것을 명심해야 한다.

참 좋은 말로
자신을 수양하는 습관을 길러라

 남의 결점보다 장점을 먼저 파악하고 대화를 시도하라. 장점을 보면 아낌없이 칭찬하라. 칭찬하면 그 장점이 더욱더 크게 보인다. 그것이 마치 하얀빛이 밝게 비치는 햇살처럼 환하게 비추면 어둠이 사라지는 것과 같은 것이다. 아무리 어둠 속에서 헤매고 돌아다녀도 어둠 자체는 사라지지 않지만, 빛이 들어오면 곧 사라진다. 그 사람이 아무리 결점이 많다고 해도 잘 타일러서 고쳐 주려고 해도 오히려 결점이 그 사람의 마음속에 깊이 도사리고 있어 고치기가 매우 어렵다. 그 사람을 장점을 면전에서 칭찬해 주면 마치 치켜세우는 것 같아서 부끄러워하는 경우가 있기에 그러한 경우에는 그 사람의 장점을 타인에게 말해서 칭찬하는 것이 좋다. 옛 속담에 '낮말은 새가 듣고 밤말은 쥐가 듣는다'라는 말같이 그곳에서 직접 당사자가 듣지 않더라도 틀림없이 누군가가 그 당사자한테 전달하게 되어 있다.
 그리하면 당사자는 당신에게 칭찬받은 일에 대해 감사하며 호의를 갖게 되어 칭찬받고 인정받은 대로 훌륭한 사람이 되면 칭찬에 대해 보답하려는 생각을 항상 갖고 있을 것이다. 이렇게 따뜻한 말에 의해 사람들은 자신의 실의로 벗어난다. 요즘 언론을 보면 정치권에서 칭찬은 고사하고 서로 안 볼 것 같은 험악한 말이 오고 가는 것을 보면 안타깝다. 전 국민 할 것 없이 어린아이들도 보고 있는데 말이다. 지성인으로서 더욱더 따뜻한 말로 대화하는 것을 잊지 말아야 한다.

또한 남에게 베푼 사랑을 제삼자에게 일부러 알리는 것은 좋지 않은 일이며, 그 사람에게는 사랑의 표현을 즉, 사랑의 언어를 많이 사용하는 것이 좋다. 사랑의 말을 풍부하게 사용할 때 이 세상은 따뜻하게 되살아나기에 항상 좋은 말은 행복을 줄 수 있는 계기가 된다.

아울러 자기 말의 억양에 유의해야 한다. 우리나라 말은 높고 낮음이 확연히 다르기에 조심해야 하며, 묘하게 격앙된 어조로 말하는 사람, 째지는 소리로 말하는 사람, 슬픈 듯 말하는 사람 등은 자기 말이 주위 남에게 여러 가지 반응을 불러일으키고 있는데도 사람들로부터 미움을 받게 되는 원인을 제공하는 자신만이 모르는 것이 특징이다.

항상 좋은 말을 하기가 쉽지 않고 어렵지만, 최대한 듣기 좋은 말로 자신을 수양하는 습관을 지켜야 한다. 그러기 위해서는 사랑이 깃든 다정한 언어(말)를 쓰도록 노력해야 한다. 언제나 애정의 표현과 부드럽고 따스한 느낌을 주는 말은 활기찬 에너지를 공급하는 발전소와 같은 것이다.

아울러 언어는 창조이므로 부드럽고 따뜻한 느낌을 주는 말을 사용하도록 유의해서 스스로 자신이 느껴지도록 분위기를 만들어야 하는 자세가 필요하다, 다정하고 무뚝뚝하지 않으며, 붙임성이 있고 사랑과 인정미가 그 동작이나 언어에서 흘러넘쳐야 사회가 건전한 방향으로 흘러간다. 요즘 인성교육, 인성교육 하지만 그 속에는 반듯한 언어가 중심을 잡고 있기에 더욱더 그렇다.

그러려면 가장 중요한 것은 상대방에게 사랑을 받으려면 내가 먼저 다가가는 따뜻한 언어가 있어야 가능하다. 결코 자기중심적인 인물이 돼서는 안 된다. 상대방과 대화에 있어서 나 자신의 이점을 피하고 겸

손한 태도를 보여 줘야 한다. 또한 대화 중에 누군가의 악평이 나올 때는 절대로 그 악평에 동조하거나 비판하면 안 된다. 그럴 때는 상대방 편을 든다거나 좋은 평을 해서는 관계가 더욱 나빠지는 경우가 허다하기에 이럴 때는 화제를 바꾸는 요령이 필요하다. 화제를 바꾸면서 그 사람의 장점을 섞어가면서 적절히 넘어설 때 비로소 후회하지 않는다.

 이와 같이 사랑하는 마음은 반드시 그 사람에게 전달되어 감격하게 하고 그 사람으로부터 훌륭한 사람이 되도록 하는 에너지가 된다. 아울러 자신의 마음의 눈을 오직 순수하고 착한 마음을 일에만 집중하고, 상대방 결점을 발견하기 전에 장점을 발견하는 습관을 발견하라. 상대방의 아픈 곳을 찌르는 듯한 언동은 삼가고, 특히 이성인 경우에는 더더욱 조심해야 한다. 반드시 이성 간에는 이해 속도가 다르기 때문에 남의 소문으로부터 들먹이는 경우가 많아서 남을 헐뜯으면, 마치 자신이 한층 더 높아진 것같이 착각에 빠지는 사태가 발생해도 자신은 전혀 눈치채지 못한다, 이것이 인간관계다.

 아울러 다른 사람 문제를 자신의 문제로 끌어들여서 분란을 일으켜서 상대방을 불편하게 해서는 절대 안 된다. 그것은 돌고 돌아서 자신의 문제가 되어 되돌아온다는 진리가 존재할 때 공공의 이익을 우선하는 일이 아니면 사생활의 비밀을 들춰내서 사랑을 지니지 않은 채 단순히 호기심만으로 타인의 사건에 관여하여 이를 비평하거나 개입해서는 큰 실수를 하는 것이다. 그 호기심에는 사랑이 없기에 불행이 뒤따른다. 아울러 과연 자신이 진실한 사랑을 가지고 동정하고 있는지, 여부를 자문자답하고 그래도 자신이 있을 때 개입하거나 비평해도 무방할 것이다. 이러한 것을 깨달으면 함부로 인산의 도덕적 비판의 대상으로 해서 비난할 수 없게 되며, 스스로 반성하며, 자기비판)을 명확히 하는 사람이다.

어떠한 사람이라도 그 사람 하나하나의 행동과 언어는 그 사람의 많은 과거의 경험과 배경이 되어 어쩔 수 없이 나타나기에 그 사람을 전체 경험으로 이해해야 진정한 사랑인 것이다. 따뜻하고 단아端雅한 말은 용모도 육체도 지위도 명예도 아니고, 혈통이나 출신 학교나 능력과 재산도 아니며, 일종의 인간의 액세서리에 불과하다. 악한 말은 해서는 안 된다. 악평은 하도 빨라서 번개처럼 비평당한 상대방에게 전달하기 때문에, 조잡한 언어 즉 말을 사용하는 것을 마치 현대적인 것으로 착각해서는 안 된다.

특히 요즘 대중매체에서 쓰는 방송 용어인지 유행어인지는 모르지만, 한글 자체를 볼 때는 듣기 거북한 언어들이 판치는 것을 보면 아이러니하다. 일반 대중들은 쓰지 언어들을 방송에서는 특히 정치하는 분들의 각성이 불가피하다. 아무리 뜻이 좋고 하여도 듣기 거북한 언어는 정화돼야 한다고 생각된다. 그런 언어를 사용하고 있으면 인격까지 의심되고, 애정이 충만한 언어는 천국까지 기쁨을 만들어 낼 정도로 사람들의 마음을 녹이고 정쟁도 줄이고, 평화를 가져온다. 어떠한 반감도 애정으로 충만된 언어 앞에서는 그 모습을 감춘다. 특히 가족 간은 같은 말이라도 애정이 넘치면 참 좋은 말이 되고 그 울림이 다르기에 자녀에게 말할 경우나 남편에게도 애정과 참 좋은 대화를 하여야 부부간의 화목과 신뢰가 쌓인다. 그러기에 항상 충만하고 부드러운 언어를 사용해야 서로의 장점을 이야기하고 사람을 칭찬하는 말을 아끼지 않는 사람은 늘 행복하고 신선한 공기와 같은 활력이 넘치는 사람이다.

제 2 부

사람은 어떻게 다른 사람의 마음을 읽을까 : 강화도 동막해수욕장에서

고향 산천은 아련한 향수가 머무는 곳

　현재는 아파트다 빌라다 건물들이 속속 들어차 행정도시로 변했지만, 아직도 그대로 유지되는 곳도 여러 곳 있어 향수의 정을 느낀다. 내 고향 세종시 조치원 봉산동은 여느 시골 마을처럼 인심 좋고 아늑한 마을이다. 정겨운 친구들과 오봉산 줄기를 타고 내려온 시냇물은 맑고 깨끗해서 가재, 송사리, 붕어, 메기, 미꾸라지, 꽃게 등이 많아 학교 파하고 돌아올 때 교복 바지 걷어 올리고 시간 가는 줄 모르고 검정 고무신에 가득 잡아 집으로 오곤 했던 추억과 아름다운 풍경이 어우러진 정다운 고향 산천이다. 오봉산 줄기의 두 번째 봉우리에서 정기를 받은 두리봉 산기슭 아래 그다지 높지 않지만, 아담하게 자리 잡은 고향집은 당시는 초가집이었다. 중학교 때 1969년 11월 농촌근대화 촉진법에 의거, 1971년 시행되기 시작하여 1973년 4월 전국 지방 장관회의에서 새마을 가꾸기 운동을 거론, 그해 5월부터 농촌 계몽운동 지붕개량 사업으로 초가지붕을 슬레이트로 새로 단장한 그 당시 서양식 현대화 주택 건설 정책에 따라 깔끔하게 탈바꿈하였다.
　도시처럼 미화 사업으로 각 가정에 전기는 물론 방송 스피커 설치해서 안내 방송과 가끔은 유행가도 보내 주었으며, 신작로는 아스팔

완전히 탈바꿈한 고향집

트로 포장한 신식 길이었다. 우리는 신기해서 맨발로 뛰기도 하고 놀았던 추억들 함께 놀았던 친구들은 이제 하나둘씩 세상을 등진 친구도 있고 인생의 종착역을 향해 정해진 좌석보다 좌석이 정해지지 않은 열차를 타고 갈 수 있는 입석에 의지한 채 달려가고 있어 더욱더 새록새록 생각이 난다. 이에 따라 매년 학교 끝나기가 무섭게 초가지붕을 슬레이트로 교체하는 일손을 거들었던 일이 무척 좋았다. 전에는 가을마다 볏짚이엉으로 용마루 방향으로 경사를 따라 덮어 올라가는 작업이다. 맨 위에까지 헌 지붕 위에 올리고 지붕 꼭대기에 좋은 볏짚을 골라 용마루에 올려 용고새를 엮어 만들어 올리는 것은 비바람으로 인한 훼손을 방지하기 위하여 새끼줄로 단단하게 묶어 주고 했는데 우리는 보조 역할로 볏짚을 날라다 주는 일이 무척 힘들었다. 새마을 운동 행사로 서양식 슬레이트로 교체해 놓으면 영구적이라 한 번만 고생하면 되는 것이다. 또한, 가가호호家家戶戶 대청마루 처마에 유선 스피커를 달아 읍이나 동장의 공지 안내 방송하였으며, 가끔은 유행가도 보내 준 적도 있어 따라 부르기도 했던 추억, 지금은 마을회관에서 방송하고 있지만, 그 시절에는 그렇게 했다. 중고등학교 시절에는 뒷산에 가서 나무 땔감을 지게로 듬뿍 해 왔던 추억, 찔레꽃과 바람을 막아 준 노송이 참나무와 함께 그야말로 탄성을 자아내게 하는 절경은 단연 으뜸이다. 지금은 둘레길이 조성되어 등산객이 새벽부터 저녁까지 항상 인산인해다. 또한, 동네 수호신이라 믿었던 고갯마루 모퉁이를 돌면 큰 고목과 서낭당이 있어 지나가다 작은 돌을 주워 올려 놓고 두 손 모아 기도했던 날들, 우리 할머니는 이 서낭당에 돌 올리고 기도하면 온 식구 건강하고 공부 잘한다는 속설을 철석같이 믿었던 할머니 모습이 떠오른다. 가끔 과일 떡 등에 우리 친구들과 그곳을 찾아 고팠던 배를 채웠던 날들, 나무와 숲이 우거져서 땔감 때문에 반드시 그곳을 거쳐 가는 것이, 가로질러 오는 산길이지만 어둑어둑할 어둠이 짙을 때는 무섭기도 해서 눈을 질끈 감고 냅다 달려가면 검정 고무신이 그 앞에서 벗겨져 주워 들고 무작정 달려왔던 날들, 산기슭 따라 아래로 한참 내려오면 황토밭에 주로 고구마와 감자, 참외, 옥수수 등을 심었는데, 토질이 좋아 열매 맛이 아주 일품이어서 밤에 고구마를 구워 먹으면 그야말로 누가 옆에서 없어져도 모를 정도였다.

 그 황토밭을 가로지르면 과수원이 즐비하게 있어 여름만 되면 복숭아, 참외 서리하다가 주인한테 붙들려 한동안 손 들고 벌을 받은 적도 있었지만, 우린 거기에도 수칙이 있었다. 수박이나 참외밭에 들어가서 넝쿨은 밟지 않고 최소한의 고랑을 따라 한두 개 수량만 가져와서 나누어 먹는다는 것이다. 그래서 그런지 당시에는 벌을 주면서도 아이들 손에 한 개씩 주어 보냈다. 그때 어르신들은 다시는 하지 말라는 당부와 함께 용서해 주었다. 고향 땅 과수원은 거의 집들로 채워서 안타깝지만, 그곳을 지나치면 옛 생각에 흠뻑 젖어 나 혼자만이 미소를 짓곤 한다.

　사람은 사회에서 멀리 떨어져 살면 고향도 시간이 흘러가면 갈수록 멀어진다고 한다. 지금의 고향 산천은 문화와 삶이 윤택해짐에 따라 내 몸속에 맴돌고 있는 그리움이 가끔은 가까운 고향 친구가 보고 싶은 것은 어쩔 수 없는 본능이다. 필자가 여태까지 살아오면서 가장 즐겁고 비록 먹을거리가 부족했어도 무척 행복했다. 그때 소중한 추억이 이처럼 아름다움과 즐거움을 주는 것은 사람과 식물 사이의 불가사의한 관계에 관한 암시를 주는 것이다. 세찬 바람에 흔들리는 나뭇가지를 볼 때마다 새롭기도 하고 친숙하지만, 달 밝은 가지에 불시에 흔들거려 놀라게 하고 전혀 예상 못 했던 결과에 당황하게 만드는 것은 자연의 순리이다. 자연은 언제나 전신의 빛깔을 띤 옷차림 하고 있지만, 천재지변에 허덕이는 사람은 내면적 및 외면적인 느낌을 진실하게 공유할 기회를 스스로 차버리기 일쑤다.

　고향 산천도 나에게 부여하고 있는 정신적인 것뿐 아니라 마음속에 순풍을 기다리고 있는지 모른다. 초등학교는 거리가 족히 시오리가 넘는 길을 종종걸음으로 언니, 오빠, 형을 쫓아가느라 급기야 누나 허리춤을 붙들고 다녀야 했던 등굣길. 돌아가면 쉬우련만, 가로질러 가느라 산기슭 모퉁이를 돌아 논둑과 작은 실개천을 지나다 보면, 어느새 진흙땅에 빠져 신발을 들고 따라갔던 내 초등학교 시절, 학교를 파하고 돌아올 땐 학교 운동장 모퉁이 철봉 놀이기구에 매달려 누나, 형아, 수업 끝나기를 기다렸다가 뉘엿뉘엿 해가 저물 때 집으로 같이 돌아왔던 추억들, 특히 집으로 돌아오는 중간쯤 도장고개라는 큰 고개 있는데 정상에는 4H 경계석이 있다. 그 고개를 막 넘어서면 상여를 보관하는 작은 초가집이 길 초에 있어, 늦가을이나 초겨울에는 해가 짧아서 어둑어둑 어둠이 밀려올 때부터 그 상여 초가집에서 꼭 귀신

흔적

이 나올법한 분위기라 달 밝은 밤에 특히 바람에 흔들리는 나무와 가끔 인기척이 들리는 소리에 놀라 냅다 뛰다 오줌까지 지린 적이 있다. 지금은 도시 정비사업을 하느라 작은길은 없어지고 새로 구획정리에서 쭉 뻗어나는 도로는 어디가 어딘지 구별하지 못할 정도다. 그렇지만 그 상여 창고는 새로 단장해서 고개 모퉁이로 옮겨 갔지만, 지금은 훤히 공터로 흔적이 남아 있다. 이제는 인생의 황혼 길목에서 요즘은 그래도 다행인가 카톡방이란 따뜻한 방 안에 들어가 안부도 묻고 가슴 찡한 편지가 도착했을 때는 가슴이 두근거리고 행복함이 느껴지는 것은 아침마다 보내는 사진 인사로 답례로 즐기는 것이 일상화지만, 서로의 안부가 즐거움을 주는 것은 웬일일까. 이것은 우리 시니어들만 해당하는 것이 아쉽지만, 다행이다.

그리고 매일 소식을 보내 주던 친구들이 혹시 소식이 없으면 어디 몸이 불편한지 걱정이 되는 것은 그리움이 아름다움을 지니고 있어서 그 아름다움을 자세히 고찰하기 위해서는 아름다움의 양상을 세 가지 형태로 나눈다고 본다.

첫째로 자연의 형태들은 단순히 지각한다는 것이 일종의 기쁨이다.

자연에 있어서 형태와 작용이 미치는 영향은 사람에게 그토록 필요한 것이어서, 자연의 가장 낮은 기능도 쓸모가 있고, 아름답다는 한계선을 놓을 수 있겠다. 정신건강에 해로운 작업이나 사회생활 등으로 찌든 육체와 마음을 자연 치료하여 주고 원기를 회복시켜 준다.

둘째로 차원의 실재, 즉 정신적인 요소의 실재는 아름다움을 완벽하게 하는 본질이다. 조금도 주저하지 않고 사랑할 수 있는 고매하고 성스러운 아름다움은 인간 의지의 결합에서 볼 수 있는 것이다. 그 아름다움은 신이 미덕에게 새겨놓은 표지이기도 하고 모든 자연스러운 행위는 우아한 것이다. 모든 영웅적인 행동 역시 그 장소와 주위의 사람들을 빛나게 해주는 것이다.

셋째로 세계의 아름다움 아래 고찰되어야 할 또 다른 양상이 있다. 이른바 지성의 대상이 되는 아름다움이고, 사물은 미덕에 대한 관계를 맺고 있는 것 외에 생각과도 관계를 맺고 있다. 지성의 신이 도사리고 있는 마음속에 존재하고 사물의 절대적인 질서를 찾아 나서야 하며, 한 가닥 편견도 없이 추구하여야 한다. 또한, 그들에게 공통적인 것은, 완벽한 힘과 조화인 아름다움이다. 그 기준은 자연적인 형태의 전체적인 영역은 총체적으로 자연과 더불어 아름다움에 장렬한 미를 더한 것이라고 결론 내고 싶다. 아울러 고향 산천을 그리워하는 마음은 아름다움을 간직하고 있기에 항상 가슴 설레고 그리워하는 것이다. 아름다움이란 사람이 더욱 고상해지려고 원하는 욕구는 자연에 의해서 즉, 아름다움을 사랑하는 마음으로써 채워지는 것이라고 즉 아름다움이라고 불렀다. 그러한 아름다움은 모든 사물의 본바탕이거나 또는 형태를 만드는 인간의 눈동자가 지니는 힘이기에 하늘, 산천, 나무, 동물과 같은 원초적인 형태들은 그 자체에 있어서 그 자체를 위하여 우리에게 아름다움을 안겨 준다. 그리고 기쁨은 윤곽, 색채 움직임, 그리고 조화시킴으로써, 비롯된다고 할 수 있다. 이는 부분적으로

눈 자체에 기인하고 있는 것처럼 보인다. 눈이야말로 가장 훌륭한 예술가이다. 눈동자가 가진 구조와 빛의 법칙으로 이루어진 상호작용에 의해서 시각이 형성된다고 한다. 시각은 모든 대상의 집합체가 어떤 성격을 지고 있더라도 잘 채색이 되고 음영이 분명한 둥근 형태로 통합에 이유로 그래서 독특한 대상들이 초라하고 보잘것없는 경우라 하더라도 그 대상을 구성하는 풍경은 원숙하고 짜임새 있게 되는 것이다. 따라서 눈이 가장 훌륭한 구성자라면, 빛은 제일가는 화가인 것이다. 강력한 빛이 아름답게 만들 수 없을 정도로 추악한 대상은 이 세상에 없다. 그리고 감각에 부여하는 빛의 자극과 그 빛이 가지고 있는 일종의 무한성은 공간과 시간처럼 모든 사물을 화려하게 만든다. 심지어 못난 사람이더라도 그 자체의 아름다움을 지니고 있다.

이제 고향의 어르신은 세월 따라 가셨고, 선후배 몇 명이 고향 간판을 달고 있지만 대부분 쓸쓸한 노년을 보내고 있는 것이 현실이다. 하지만 자연은 아직도 푸르름을 잊지 않고 나를 반기고 표정은 언제나 무표정. 그래도 좋다 포근해서. 그러나 자연에서 발산되는 이러한 일반적인 우아함 외에도 거의 모든 개개인의 형태들은 우리가 끊임없이 모방함으로써 입증되었듯이 우리 눈을 즐겁게 해주고 아늑한 안식처를 제공한다.

*용마루 : 볏짚이엉으로 경사를 따라 덮어가다가 맨 위에 양쪽 면이 합쳐진 평평한 곳. 그 위를 용고새를 만들어 길게 덮는다. 용고새는 용마름의 충청도 방언이다.

미완성 졸업 작품이 준 감동 인사

자연을 소재로 한 작품의 형태들이 급격하게 비슷해지고 돈독해지기조차 한다. 하나의 달, 나뭇잎, 밤, 햇살, 풍경 등은 사람마다 비슷한 감동을 주기에 그들 모두 공통된 것은 완벽한 조합과 조화인 아름다움이다. 아름다움의 기준은 자연적인 형태인 자연의 총체이며, 이는 다양하면서도 단일한 존재라는 한마디로 표현하고 있다. 각기 자기의 개별적인 작품에서 창작 의욕을 자극하는 아름다움에 대한 사랑을 충족시키고자 애를 쓰고 있다. 따라서 예술에 있어서 자기의 가장 훌륭한 작품들에 대한 아름다움으로 충만된 인간의 의지를 통해서 작용한다.

심한 몸살감기로 병원을 찾아 진료실에 앉아 있으니, 감기 유행 때문인지 내원한 사람들이 그날따라 무척 많았다. 기다리는 동안 따뜻한 커피믹스 한 잔을 마시다 벽에 걸린 그림들이 눈에 들어온다. 그림 대부분이 노란 잎의 은행나무와 단풍나무만 있는데 특이하게도 밑동이 없는 그림에는 잎만 무성해서 무척 궁금하던 차, 이름이 호명되어 진료실에 들어갔다. 물리치료 진료 중 간호사한테 여쭤어보니 원장따님이 미대 졸업에 제출할 작품을 걸었다는 것이다. 물리치료 후 병원을 나서는데 조금 전 간호사가 다가와 묻는다.

"저 벽에 걸려 있는 그림 있잖아요. 그림에 대해 생각나는 것이 있으세요?"

"딱 그런 건 아닌데 왜 나무가 밑동이 없는데 이파리가 무성해서요. 독자가 볼 때 궁금하잖아요. 물론 작가 의도는 철학이 있겠지요"

"그러잖아도 몇 분이 그런 이야기 들었어요"

"은행나무는 밑동이 없다 보니 하늘과 땅 위에도 무거운 짐을 메고 있는데, 아래도 그 무거운 짐을 어디다 내려놓을지 고뇌와 번뇌 사이를 표현하는 것 같기도 하고요."

옆에 있는 간호사 너덧 명이 몰려와 이구동성으로 신기한 표정으로 묻는 것이다.

"다름 아니고 저 작품은 원장님 따님입니다. 올해 홍대 미대 졸업 작품인데 미리 여기다 걸어놓고 학교에 제출할 것인데 좋은 말씀 잘 들었습니다."

다만 그림의 작가 의도와는 무관하다는 것을 전제로 한 말이라고 했다. 내가 본 그림을 보고 내 생각을 했다고 재차 말씀을 드렸다. 화가의 작품에 대한 의도를 정확하게는 알 수가 없지만, 전시회 취재 때문에 자주 그림을 접하다 보니 작품 전시회에서 관람한바 나름대로 생각이 나서 독자로 본 그림을 설명하는 것이니 오해는 하지 말아 달라고 이야기했다.

"듣고 보니 이해가 가네요."

"저는요, 땅에 떨어진 잎이 부모님으로 할 것 같아요."

그 간호사는 이런 생각을 순간 했다면서 고맙다는 말을 남기고 병원을 나섰다.

이처럼 아름다운 아래 고찰되어야 할 또 다른 양상이 이른바 지성의 대상이 되는 아름다움인 것이다. 사물은 미덕에 대한 관례를 가지고 있는 것 외에 생각과도 관계를 가지고 있다. 마음속에 존재하는 사물의 절대적인 질서를 찾아내야 하므로 한 가닥 편견도 없이 추구해야 한다. 예술작품을 만든다는 것은 인간성의 신비에 한 줄기 빛을 던지는 것이며, 예술작품은 작은 형태로 이루어진 결과나 표현이며, 자연의 작품이 헤아릴 수 없이 많고, 또 각기 다르다 하더라도 그러한 작품의 결과나 표현은 모두 비슷하면서 유일한 것이기 때문이다.

며칠 후 병원을 다시 찾게 된 필자는 무척 놀랐다. 그림을 다른 것으로 바꿔 놓았다.

"아니! 저 그림을 바꿔 놓으셨네요. 보름달에 강아지 두 마리와 찻잔 하나는 깨진 것이고, 하나는 무늬가 있는 찻잔이네요."

"엊그제 원장님이 선생님 말씀대로 했는데 저걸로 걸어 놓으셨어요."

이윽고 진료 시간이 되어 의사 선생 얼굴을 보니 웃음을 짓는다.

"며칠 전 초음파실에 걸려 있는 그림 보고 말씀하시던 분이세요."

"예 죄송합니다. 괜히 쓸데없이 그림을 보고 소감을 말씀드려서 미안합니다."

"아닙니다. 그 그림은 제 큰딸이 그린 그림이에요,"

"그 이야기를 듣고 집에 가서 딸한테 말했더니 그걸 왜 걸어 놨냐고 야단이었어요. 그러더니 선생님 이야기 듣고 그럴 수도 있다고 고개를 끄덕했습니다."

간호사가 다가와 그림을 다시 수정해서 학교에 졸업 작품으로 제출해 지난주 학과 최우수작으로 인정받았다고 한다.

"그 녀석이 미대 올해 졸업반인데. 그것을 수정해서 출품했더니 대상을 탔지 뭡니까."

"정말 다행이군요. 그런데 저 그림은 뭐예요."

"우리 아이가 얽매인 생활을 탈피하고자 저 그림을 그렸다지 뭡니까?"

　진료실을 나오면서 의사 자녀분은 철학자 기질이 있는 예술가 같다고 이야기를 마무리하고 병원을 나섰다. 우리는 여러 가지 사물이나 도구를 사용하여 자신의 욕구를 만족시키고 있다.

　그림도 마찬가지로 색채를 붓으로 골고루 입혀서 완성하는 작품에 만족을 느끼듯 모든 사람도 갖가지 도구를 사용하여 만족도를 높인다. 그러나 그것은 바로 자신과 사물이 접촉하여 상호 경계가 없어져 하나의 작용을 이루는 것을 의미한다. 여기서 사물의 작용을 덕德이라고 할 수 있다. 찻잔의 작용은 찻잔의 덕이다. 덕이란 그 자체의 존재 이유이다. 그 존재의 의의와 가치를, 곧 생명을 부여하는 것이고 그것에 의해 우리는 욕구를 만족시킨다.

　덕이란 자기를 남과 함께 공존하려는 그것을 이익으로 부여하기 때문에, 그것이 덕, 즉 득得이라고도 한다. 득이란 이익이다. 상대방에게 찻잔을 건네주어서 그가 차를 마시게 하는 것, 그럼으로써 자신이 드러나는 것이 덕이고 그 작용을 통해 존재 이유를 나타내며, 이같이 작용이라는 것을 통해 자신과 물체는 결합되어 비로소 자신으로서 온전하게 살아간다. 우리의 일상생활이란 이런 묘미를 가졌다. 물은 그대로 두어서는 단순히 물이지만, 물의 작용을 드러내면 물은 생명을 얻는다. 의사 자녀 학생처럼 보름달 아래 찻잔 두 개 중 하나는 깨진 것을 화폭에 담았고, 달 속에 작은 폭포가 그려져 있었는데 어둡게 느껴지는 것은, 물은 너무 멀리 있어서 갈 수 없는 그곳이 언감생심焉敢生心 같았다. 물이 살아난다는 것은 물이 생명을 갖는다는 것이다. 물을 살게 함으로써 생명을 부여하지만, 그것은 본래 물 자체 속에 숨어 있는 작용을 끌어내는 것에 불과하다. 우리는 이런 의미에서 볼 때 물에 의해서 살아가는 것이 되기 때문에, 작용이라는 깊은 의미는 서로가 삶을 함께 누리는 것이다.

이처럼 자신의 자녀 졸업 작품이 영광의 수상 작품으로 당선되기까지 얼마나 큰 노력을 했을 것인가, 의사는 연신 흐뭇한 미소 지으며 상기된 표정으로 진료하는 모습이 즐거워 보였다. 이렇게 이해의 수양 아주 조그만 결함이라도 개인의 전체적인 성격과 운에 영향을 미친다. 예를 들자면, 차이의 지각에 있어서 그러하다. 따라서 '공간'이 있고 '시간'이 있는 것은 그러한 사물들이 되는대로 쌓아서 더미를 이룬 것이 아니라, 분리되고 개별화된 사실을 사람이 알도록 하자는 것이다. 그림이란 딱히 전문성이 없어도 그림 형태의 지루한 다양성에서 똑같은 화폭에 같은 그림을 두 사람이 그렸다고 가정하자. 거기에 따른 화음의 법칙같이 조화를 이루기 위해서는 색채에서 차이가 날 것이다. 예를 들어 자연적인 화강암을 표현하고자 할 때 그 법칙을 차이가 화강암을 깎으면서 흘러가고 있는 물줄기에 따라 열기가 많고 적음에 따라 좌우될 것이다. 강물은 흐를 때 그 위로 흘러가는 공기와 비슷하고, 공기보다 현묘玄妙한 줄기가 뻗치면서 공기를 가로지르는 빛을 닮았다거나 빛은 빛을 타고 공간을 꿰뚫으며, 흐르는 열과 비슷하게 느낀다. 모든 피조물은 다른 피조물을 변화시키는 것에 불과하다. 그리고 이들이 지니고 있는 유사성은 차이보다 많으며, 근본적인 법칙은 예술의 규칙이나 한 조직체의 법칙은 전체적인 자연에 적용된 이미지를 법칙과 사물의 구조에 관한 모든 것은, 가장 고귀한 이상관일 것이다. 그러므로 자연의 깊은 뜻을 고려할 때 우리는 즉시 새로운 사실을 화폭에 표현한다고 들었다. 즉 자연이 교양이란 사실에 도달하기 위해서는 공간, 시간, 사회, 노동, 풍토, 음식, 이동성, 동물, 기계적인 힘 등으로 그 효용성은 그 자체의 부분들로 앞서 기술한 효용을 포함한다. 간호사와 대화도 이해의 수양에 있어서 아주 조그만 것 같지만 작가 자신의 결함이라도 개인의 전체적인 성격과 운에 많은 영향을 미치게 된다. 아울러 슬기로운 사람은 분리하고 등급을 정하는 데에 지혜를 나타내며, 창조물과 장점을 다는 저울은 자연만큼이나 광범위하다. 이와 비슷한 방법으로 자연은 우리에게 아주 훌륭한 창의력을 준다. 따라서 자연은 모든 사물과 그 특성에서도 어떤 휴먼성을 발견할 수 있을 정도로 인간의 삶과 예술은 떼려야 뗄 수 없다. 그리고 우리 자신을 통해서 모든 새로운 색조의 법칙, 즉 천문학에 관한 사실을 관찰하고 그 무엇을 참으려는 인간이 가장 영묘한 거주자이다. 모든 사물을 표현하고자 아름다움을 강조하기 위해 그 세계는 머리이고 심장이기 때문이다. 미완성의 작품을 공유하면서 즐겼으니 얼마나 행복한가.

악습을 버리지 못하면
올바른 교육도 무용지물

우리는 어디서 우리 자신을 찾아야 할 것인가, 하는 생각을 해본다. 올바른 교육이라면 무엇을 어떻게 해야 참다운 교육을 할 수 있을까? 진실과 자신의 임무를 다하기 위해 온갖 고난과 시련을 극복해 가면서 내면적인 정신세계에서 자신을 이기는 처절한 인내와 인고와도 일맥상통하고, 이런 용기에 자신의 신념이 뒷받침된다는 사실은 두말할 것도 없다. 우리가 사람인 이상 가장 고매한 마음으로 똑같이 추월적인 운명을 반드시 보호받고 있는 사람들은 두려움을 느끼고 도망치는 비겁자는 아니더라도 해야 할 말은 해야 하겠지만 현실적으론 매우 어렵다. 그들의 마음은 완전한 상태이고 젊은이들이 여러분이나 나에게 말을 제대로 하지 못했다고 해서 그들에게 힘이 없다고 생각하지 않는다. 참는 것도 미덕이지만 그것은 서로의 배려와 양보가 전제되어야 올바른 인식이 주어진다.

소나기가 한 줄기 내려서 그런지 후덥지근한 날씨 탓에 잠시 더운 열기를 식힐 겸 공원으로 산책하러 가자는 아내와 동행했다. 저녁 식사 후 근처인 호수공원을 향해 발걸음을 옮겼다. 아파트 숲을 지나 작은 쉼터 광장에 잠시 쉬어 가기로 하고 의자에 앉았다. 그곳엔 아담한 정자가 있어 상쾌한 기분이 들었다. 하지만 기쁨도 잠시, 하나둘씩 사람들이 모여들기 시작하더니 급기야 남녀노소 할 것 없이 흡연에 무슨 경기나 하듯 피워 대고 캔 음료를 마시다 버리고 이건 아니다 싶다. 하물며 필자뿐 아니라 나이 지긋하신 어른 한 분도 계셨는데 말리지 말라는 수신호를 연신 하신다. 여러 사람이 이용하는데 담배 연기가 자욱한 공간 벽기둥에 금연 스티커가 사방 붙어 있는데도 불구하고 청소년들과 성인 할 것 없이 삼삼오오 서로 얼굴을 맞대고 연기를 연신 뿜어내고 있었다. 우리는 급기야 그 자리를 떠야 할 것 같다. 계속 연기를 뿜어대고 커피 마시다 남은 캔과 가래침을 여기저기 뱉어 버리고 그 모습이 눈 뜨고 못 보겠다 싶어 그쪽으로 발길을 돌려 다가가니 아내가 자꾸 잡아당긴다. 요즘 지하철이나 백화점에 다들 저런 모습이 비일비재한데 왜 당신이 나서냐고, 봉변이라도 당하면 누가 책임질 거냐고 말린다. 하지만 바라만 보고 있으려니 나 자신이 주변을 깨끗이 치워야 할 목적을 가지고 주머니에서 검정 봉지를 꺼내 주워 담았다. 요즘 매스컴에서 심심치 않게 참지 못하고 묻지 마, 폭력으로 얼룩진 현장을 언론에 자주 등장하는 것도 양보와 배려가 부족해서 일어난다는 것이다.

    어제나 오늘이나 인간세계를 올바르게 이끌며 지배해 가는 사람은 지조 있고 신념이 있으며, 용기 있는 사람이다. 이와 반대로 용기 없는 사람은 자신의 생애에서 어떠한 공적功績을 남길 수 없다. 어느 시대를 돌아보나 위업을 낳은 사람들은 신념이 뒷받침된 용기였으며, 그것은 자신의 눈앞에 가로놓인 장애를 타고 넘는 힘이 되어 왔다. 위와 같은 일이 자주 등장하는 것은 기성세대에게도 일정한 책임이 있다. 우선 가정교육이 제대로 이루어지지 않고 인성마저 흐트러지다 보니 안타까운 사건들이 되풀이되는 것이다. 우리는 용기 있는 사람들이 보고 느끼는 것이 적지 않다. 자신의 삶을 어떻게 살아가야 하느냐는 그들의 행동을 통해 한 수 배우게 되는 것이다.

그러나 용기란 단지 신체적인 위험을 두려워하는 육체적인 그런 용기가 아니다. 그런 용기라면 사자 호랑이에 따라갈 사람은 없을 것이다. 이와 달리 인간이 용기를 가진다는 것은, 미덕은 세속적으로 일반적이라기보다 예외적인 것으로 생각하고 있기 때문이다. 사람이 있는 곳에서는 미덕이 있기 마련이라 용기와 자비와 같은 선행이라는 것을 행한다. 요즘은 저녁 시간에 아파트 관리실에서 아래층에서 담배 연기가 올라와 아주 고통스럽다면서 방송으로 서로 배려하는 차원에서 조심하라고 반복해도 아랑곳하지 않고 피워 댄다. 참다못해 관리실에 신고를 해봐도 소용이 없다. 산책을 끝내고 돌아오는 몇 군데 휴식 공간에도 가로등 불빛이 희미해서 그런지 여전히 대여섯이 호호 깔깔거리며 옆에 합세해서 아랑곳하지 않고 피워 댄다. 참 한심스러운 건 이것뿐 아니다. 또한, 쓰레기 규격 봉투를 비치해 놓았는데도 주위에다 그냥 버린다.

그 모습을 지켜본 필자는 나무라기보다는 내가 솔선수범하여 청소하면 그 모습을 보고 느끼는 것이 있겠다 싶어 여기저기 흩어져 있는 음료수병과 담배꽁초, 커피잔을 회수해서 규격 봉투에 주섬주섬 넣기 시작했다. 한참을 주워 담는 순간 아이들이 쳐다보며 다들 봉투에 주섬주섬 버리고 주변까지 청소하는 것을 보면서 몇 마디 이야기보다 한번 보여 주는 것도 괜찮다는 생각이 들었다. 이들은 세상에서 영위하는 삶은 사람답게 살아가길 바랄 뿐이고, 자신이 훌륭하다고 인정받는 그러한 행동을 하든 하지 않든 간에 그 차이는 자신과 아무런 상관이 없다는 뜻일 것이다.

그러나 건전하고 달콤하기를 원하지만, 인간이라는 본질적인 권리를 가지고 있는 특권의식을 가지고 있다는 착각에 발목이 잡힌다. 지금 우리 아이들이 성장해 가면서 어른들이 보여 주어야 할 것이 너무 많은데 과연 우리 부모들이 얼마만큼 좋은 모습으로 아이들한테 솔선수범했는지 깊이 반성해야 한다. 학교에서는 우리 아이들 나무랐다고 선생님께 달려가 한바탕 난리를 치는가 하면 같은 친구들끼리 다투었다고 그 집으로 쫓아가 싸움을 벌인다. 지하철에서 앉아 있는 노인을 이유 없이 폭행하는 젊은이를 보면 힘들고 고달픈 사회생활이 불만인지 엿보게 된다. 요즘 젊은이들의 취업 문제나 학교에서의 학문에 여러 가지로 힘이 드는 것은, 당사자나 노인들이나 별다를 게 없다. 첫째는 집에서 인성교육이 잘 이루어져야 하고 둘째는 학교 선생님께서 잘 다듬으면 올바른 정서가 바로잡힌다.

우리는 주변을 깨끗이 치우고 다음 장소인 호수공원으로 발길을 옮겼다. 밤바람이라 시원하고 탁 트인 호수의 수평선을 바라보며 오색 분수가 음악을 맞추어 물을 뿜는다. 시원한 물줄기는 하늘을 찌르듯 올라가기를 반복한다. 모두가 더운 저녁을 집에서 나와 이 공간에서 즐기고 있었다. 어느덧 시간이 밤 11시가 넘어 집으로 돌아오는 길 그 정자 부근에 지저분하던 그곳이 쓰레기 없이 주변까지 깨끗하게 치워져 있었다. 그것은 나를 지켜본 사람들이 하나둘씩 깨끗하게 치우더라는 주변 분들의 말을 빌려 알게 되었지만, 그나마 그 자리에 있었던 사람들은 용기가 있고 인성이 좋은 사람들일 것이다. 참 어렵다. 잇따른 삶을 영유하는 가운데서도 우리는 극과 극을 알 수가 없어 헤매기 일쑤지만, 그러다 포기하고 양심이 없다고 믿어 버린다.

돌아오면서 혼자 괜한 생각을 했다. 요즘 청소년들이 어른들이 올바른 이성교육과 인성교육을 잘 가르치지 못해서 그런 것이니 이제는 좀 더 어른들이 직접 다가가는 교육이 필요한 만큼 인내가 부족하기에 쉽게 저버리는 것이 아닌가, 하는 생각을 해본다. 우리가 무엇을 하고 있거나, 어디로 가고 있는지, 그리고 우리가 언제 가장 뛰어난 분별력을 지니고 있다고 생각하는지, 알고 있는 사람이 누가 있으랴.

올바른 교육에는 반드시 양보와 배려가 필수적이다. 둘 중 하나라도 없다면, 오늘 우리가 부지런한지, 아니면 게으른 것인지 모르고 있다. 때로는 우리 자신을 나태하다고 생각하는데 그 생각 속에는 이미 마음속에서 많은 것이 시작되었다는 것을 발견한다. 그리고 모든 나날이 흘려보낼 순간에는 그토록 보람 있는 것처럼 여기거나 많은 시간이 준비와 판에 박힌 일상생활에는 양보가 필수적이다. 아울러 솔선수범은 꿈이 아니다. 가끔은 환상에서 꿈을 꾸기도 하지만 꿈은 우리에게 꿈을 꾸게 하고 환상은 끝이 없기에 삶은 염주 목걸이와 같은 연속의 기분이며, 그러한 기분을 겪고 나면 이 세상 그 자체가 아름답게 펼쳐질 것이다. 그 초점에 따라 모양만이 보여 주는 망원경처럼 들여다보고 또 들여다본다.

　여기까지 나는 일상생활의 바탕에서 설명된 기질에 관한 언급을 해왔으나, 그렇다고 예외를 준 것도 없다. 이 문제를 그냥 넘기고 싶지 않고 어떠한 사람도 칭찬하는 것을 즐겨 받아들일 수 있다는 생각에 비로소 신성한 것을 묵인해 버린다. 그러기 때문에 악습惡習을 버리지 못하면 올바른 교육도 무용지물이 된다는 것을 알아야 한다.

사람은 어떻게 다른 사람의 마음을 읽을까?

　소설을 읽을 때 독자는 무엇보다 작중인물 행동의 심리적인 동기, 추이, 변화 등에 초점을 두어 그의 마음을 읽으려고 노력한다. 아울러 일부 뇌신경학자들은 신경영상술을 사용해서 마음의 이론이 작용할 때 활성화되는 뇌 부위들과 신경 연결망을 밝혀냈다. 아이의 마음 이론은 대략 3~5세를 지나면서 성숙해지며, 그 근처에 있는 핵심 구성 요소는 약 9세까지 여전히 변화 발달한다. 허구적인 서사 텍스트의 이해와 마음 이론 간에 작용하는 뇌 부위들을 대체로 공통적이고 중복된다. 독자가 실제 삶의 상황 속에서 같은 종류의 혹은 비슷한 인물에 대해 추론하는 방식과 비슷한 방식으로 작중인물들의 정신 상태를 추론할 때 마음의 이론을 사용한다는 것을 의미한다. 주로 인간이 어떤 특정한 행동을 하거나 타인이 실행하는 어떤 특정한 행동을 관찰할 때, 타인의 특정한 행동을 묘사한 문장을 읽을 때 발휘하는 뇌신경 세포이다. 거울 뉴런은 타인의 행동 정서, 의도 등 타인의 체험을 자동적·무의식적으로 뇌 속에서 거울처럼 반영 혹은 재상연함으로써 그의 행동, 의도 정서를 이해한다, 여기서 가장 중요한 요소는 타인의 목적 혹은 의도성이다. 그동안 발달심리학에서 주장해 온 마음의 이론의 신경 메커니즘이 밝혀온 것이다.

체화인지 의미론은 언어로 표현된 문장이나 말을 읽거나 들을 때 단어의 의미나 감각의 지각은 뇌의 피질 전체에 자리 잡은 뉴런의 기능적 연결망을 활성화한다는 의미론적 표상에 관한 이론이다. 특히 서사 텍스트에서 사건들을 묘사하는 행동 단어와 같은 언어표현의 이해는 실제 그 행동의 실행을 관장하는 뇌의 감각-운동 영역을 활성화함으로써 일어나는 시뮬레이션에 의해 가능하다. 서사 텍스트의 이해 과정에서 독자의 마음속에서 텍스트 내에 묘사된 행동이나 감각 대상의 체험을 시뮬레이션 함으로써 그 언어표현의 의미를 구성해서, 이를 체화 시뮬레이션으로 부르는 것이다. 체화인지/의미론에 입각한 체화 시뮬레이션의 개념은 서사 텍스트의 독서에서 텍스트의 이해는 텍스트 독서가 얼마나 많은 뇌 부위를 역동적으로 활성화하는가, 또 독자가 서사 텍스트를 읽을 때 스토리가 왜 그렇게 생생하게 느껴지는가 등 다양한 질문을 제공해 준다.

사회적 세계와 체험의 시뮬레이션은 허구적이고 문학적인 서사 테스트(소설)의 이해는 사회적 세계와 체험 시뮬레이션, 즉 체화 시뮬레이션 과정으로 볼 수 있다. 서사 텍스트의 독서에서 독자 텍스트에 서술되고 묘사된 사건들, 작중인물들의 목적 등에 관한 일관된 시뮬레이션 표상을 이들 요소에 독자의 배경 지식과 통합하여 상황 모델들이라는 역동적인 정신적 표상을 구성함으로써 텍스트를 이해한다. 서사 텍스트의 독자 텍스트에서 전개되는 일 년 사건들의 연속체를 보다 작은 단위인 개별 사건들로 분절함으로써 그 구조를 이해할 수 있으며, 이러한 사건의 구조 지각을 통해 상황 모델들을 구성한다. 서사 텍스트를 읽을 때 독자는 수용되는 정보가 능동적인 상황 모델 속에서 지각되어 온 정보와 갈등을 빚으며 변화할 때 그 상황 모델을 갱신해야 하고 텍스트의 전체적인 이해 과정은 이러한 상황 모델들을 역동적으로 갱신해 가는 과정이다.

　요컨대 문학적 서사는 독자의 마음속에서 실행되는 시뮬레이션으로 경험적 효용성이 상당히 중요하다. 오늘날 사회문화적으로 유행하는 정보 매체 중 영화, TV, 유튜브 등 영상물이 홍수를 이루는 시대다. 가정에서나 가정 밖에서 현대인은 하루 중 매스컴에 많은 시간을 할애하다 보니 각종 정보를 인터넷이나 영상물로 수많은 정보를 직접적 즉각적으로 수용하지만, 범람하는 영상물의 대부분 두뇌의 쾌락 센터를 자극하는 여흥물, 오락물로 전락하는 경우가 다반사이다. 그러면 수많은 디지털 기기에 의존하며, 쾌락 추구적인 영상물에 둘러싸인 현대인들이 어떻게 살아가야 하는 문화적 양식은 어떤 것일까?

　사람들이 인터넷이나 SNS를 통해 검색하고 수집하거나 소통하는 정보, 갖가지 자극적인 영상물은 대부분 단편적이고 분편적인, 이른바 토막지식의 형태로 되어 있기 때문에 폭넓고 깊은 사고가 필요로 하는 완성된 작품보다는 즉각적인 필요에 부응하는 조각 형태의 정보가 주를 이룬다. 또한 손쉽게 얻고 폐기할 수 있는 찰나적, 순간적인 단편적인 정보가 짧은 시간에 소통되는 단속적인 의사소통이 대부분이다. 이런 정보들로 한결같은 경박하고 얄팍한 것들이 인간관계, 일상적인 삶의 양식, 문화, 예술 전반에 걸쳐 폭넓게 확산하며, 지배적인 문화적 양식으로 자리 잡아가고 있다.

　여기서 가장 안타까운 것은 한국인은 독서와 거리가 먼 생활을 하는 국민으로 잘 알려져 있다. 2015년 통계청에서 발표한 연간 가계 동향에 의하면, 한국인이 책을 구하는 데 쓴 돈이 가구당 매달 16,000원에 불과하다는 통계수치다.

　그나마 이중에 60%는 참고서 값으로 5년 연속 최저치를 경신한다고 한다. 이런 한국과 달리 핀란드는 독서 천국으로 세계적으로 정평이 나 있다. 일본도 수많은 학교가 아침 독서 10분 캠페인에 동참해서 지속해서 효과를 거두고 있다. 선진국의 이런 독서 교육은 독서를 자라나는 학생에게 일상적인 습관화로 뿌리내리게 하려는 기획으로 독서를 통해 높은 수준의 사고력을 길러 줄 뿐 아니라, 다른 사람들과 원만하게 친교를 맺고 사회적 능력을 길러 줌으로써 자칫 감수성이 예민한 학생들이 디지털 문화가 초래한 개인적·사회적·병리적 증상이나 병폐에 빠지지 않도록 하려는 원대한 교육적 설계에 입각한 것으로 보인다.

이 책을 읽고 보니 수많은 낯설고 어려운 전문 용어가 많아 알기 쉽게 해석해 놓아 문제가 없지만 생소한 것은 마찬가지다. 뇌의 좌반구와 우반구, 신경 가소성, 신경세포, 시뮬레이션, 거울 뉴런 등 쉽게 대할 수 없는 용어들이다. 그러나 낯설어 보이는 이런 용어들이 점철된 문장들도 저자가 장章이나 절節마다 서두 부문에 먼저 제시해 놓은 요약을 먼저 읽고 나니 이해가 빨랐다. 그대로 독서하는 뇌의 활동성에 대한 지적 호기심에 빠져들게 만든다.

이렇게 부모와 교사는 아이들의 발달 단계에 따른 독서 지도에 특히 관심을 가져야 한다고 본다. 물론 일선 교사들의 수업 방식을 이 독서 방법론에 할애하는 것도 생각해 볼 여지가 있다. 아울러 유아기에 아이에게 책을 읽어주는 습관이 중요하다는 것, 사람이 뇌를 쓸수록 더 발달한다는 것 등이 이 책에서 독서를 통한 뇌의 발달에 관한 귀한 지식이 가득하다. 독서는 출생부터 아동기, 청소년기를 거쳐 노년에 이르기까지 인간의 정신적·지적 성장이나 발달의 궤를 같이하며 평생에 걸쳐 이루어져야 하는 기나긴 정신적 여정이며, 사람에 따라서는 위대한 모험의 항행이기도 하다.

오늘날 디지털 기기에 지나치게 의존함으로써 청년층까지 일찍이 발병하고 만연하다는, 이른바 디지털 치매 증상을 예방 혹은 치료하는 데 독서는 가장 효과적인 방법이 될 수 있다는 것을 알 수가 있을 것이다. 물론 독서는 학부모 중심으로 한계가 있다. 근래 우리나라에서도 디지털 시대의 어두운 측면을 보완하고 극복하려는 최선 양식으로 관심이 높아지고 있다.

얼마 전 필자가 서울시 교육청 주관 동작도서관 주최 '한 책 읽고 독후감 쓰기 대회'를 매년 심사위원으로 활동하고 올해도 중등부, 고등부, 성인부로 나누어 총 6,000명이 접수 작년보다 1,000명 이상이 응모해 심사해서 표창장을 수여했다. 이처럼 독서 인구가 계속 는다는 것에 위안 삼아 본다.

많은 인지심리학자들은 독자가 맨 처음 페이지 단어를 볼 때 맨 나중에 단어의 의미를 이해할 때까지의 과정은 두 가지 경로로 따른다고 본다. 첫째는 음운론적 통로, 둘째는 의미-어휘론적 통로이다. 이 두 가지 통로는 별개 과정이지만, 전적으로 독립적으로 작용하는 경우는 드물다. 이 두 통로는 상호 보완적이고 병행적으로 진행되며, 특히 능숙한 독자는 가능한 가장 빠르고 정확한 이해를 위해 동시에 두 통로를 사용하는 경향이 있다. 여기에는 언어 정보를 처리하는 과정을 설명해 주는 이중통로 이론과 이중통로 상호관계와 그 교육적 함의는 독자가 독서 체험을 쌓아가는 과정의 학생일수록 좋은 책을 제공하고 지속적인 독서 행동과 습관을 갖도록 격려 지원하면 충분하다. 두뇌에서는 음소 접근(상향식)과 전체 언어 접근법(하향식) 뇌/인지 신경과학은 독자의 뇌가 독서하는 방법에 대해 음소 접근법과 전체 언어접근법이라는 교육 방법을 제기해 왔다.

음소 접근법은 주로 초보 독자가 맨 처음 쓰인 문자의 인지에서 시작해서 피질보다 높은 수준으로 상승 진행하는, 이른바 상향식 방법을 강조한다. 즉, 독자는 자신의 체험적 배경에 입각해서 의미에 접근하여, 종국적으로 배경 지식의 인출을 통해 텍스트 의미를 해석하고 예측이나 확장을 통해서 텍스트를 이해한다. 이것은 강점과 한계를 갖고 있으며 방법을 절충 결합하는 상호적 접근법이 바람직하다고 볼 수 있다. 결국 뇌가 독서를 학습하는 최선, 최적의 방법이라는 사실이 교육 현장에서 입증되고 있다. 백색질은 회색질과 함께 뇌를 구성하는 속 층으로, 뇌에서 야기되는 신경 신호의 교류 통로이다. 비유하면 백색질은 뇌 전체를 연결하는 고속도로이며, 뇌 속에 많은 부위는 백색질을 지나는 복잡한 통로를 통해 더 많은 뇌 부위들과 연결된다. 백색질은 인간의 사고 및 인지 능력을 높이는 중요한 역할을 한다. 즉 사람이 생각을 많이 깊이 할수록 백색질은 많은 연결을 내고, 그 결과 사람의 사고 능력이 높아진다. 또한 집중적인 독서 교육 프로그램에 의해 미숙한 독자들의 백색질의 용량과 통합성을 증진함으로써 독서 능력의 향상을 가져올 수 있음이 입증되었다. 결과적으로 확산적 사고를 특징으로 하는 창의성을 향상할 수 있는 문학 텍스트의 독서 중요성으로 귀결될 수 있다.

그럼 독서 체험과 대뇌피질의 변화에 대하여 알아보자. 즉 독서 체험이 쌓여 가며 독서 기능의 능숙성과 효율성이 향상됨에 따라 독자의 뇌에 중요한 변화가 일어난다. 언어 및 독서 관련 연결망의 회색질 용량이 감소하고 백색질의 용량이 증가함으로써 피질이 두꺼워지는 역동적 변화가 나타나는데, 이는 신경회로 전지의 결과다. 또한 아이들은 물론 성인들의 경우에도 많은 독서 체험을 쌓는 독자는 좌반구 중심의 독서 연결망 내의 피질이 두꺼워져 뇌의 기능이 향상되고, 더욱 우수한 독자가 될 수 있다. 아울러 피질 두께의 증가는 독서 능력의 향상은 물론 일반적인 인지, 사고 및 학습 능력의 향상을 기할 수 있다.

아울러 정밀 독에 의한 뇌 기능의 향상에서 정밀 독, 즉 텍스트를 꼼꼼히 읽을 때는 텍스트에 주의를 집중하기 위해 복잡한 인지 기능의 협력이 필요하다. 뇌 속에 혈류가 증가하고 많은 뇌 부위를 포함하는 뇌 전체에 걸친 총체적인 뇌 활성화가 일어난다. 정밀 독의 교육과 실천은 학습자에게 주의를 집중적으로 조절하고, 독서의 초점을 유연하게 조절하면서 새로운 뇌 부위를 사용하도록 함으로써 보다 높은 인지 학습의 성과를 거둘 수 있다. 즉 문학 텍스트의 정밀 독은 독자의 뇌 기능 전체를 향상한다.

그럼, 뇌의 집행기능과 독서에 대하여 알아보자. 집행기능은 사람의 유연한 인지적 목적 지향적인 행위의 기저에 놓여 있는 복잡한 인지적 기능이다. 아이들이 독서를 습득하는 초년기에 중요한 역할을, 수행한다. 단어 읽기의 능숙성은 주의 조절, 인지적 유연성, 작업기억 등의 기능과 연관되며, 독자의 독해 발달 과정에서 인지적 유연성은 특별한 중요성이 있다.

독서 과정과 관련된 기능으로 주의 조절 지속, 인지적 유연성, 보유 지속, 인지적 조절, 시간 감지, 문제 해결, 조직화, 메타인지, 예측과 계획 등이 있다. 이 기능은 아동기에 향상되고 10대 초에 미엘린화가 급속히 증가하여 성숙도에 도달한다. 그리고 이 두 피질은 독서 체험의 축적을 통해서 그 신경 연결망의 기능이 더욱 강화되며, 종국적으로 뇌의 사고 능력을 향상하는 역할을 한다. 또한, 독서와 기억의 관계 기억은 시간이 경과하는 동안 정보를 유지하는 과정을 말하며, 기억은 부호화-저장-인출의 세 단계를 포함한다. 기억은 기준에 따라 장기기억, 단기기억, 작업기억 등을 구분하지만 독서와 관련해서 가장 중요한 것은 작업기억이다. 작업기억은 독서의 전체 과정, 즉 음소 인지부터 단어, 문장, 텍스트의 이해에 이르는 전 과정에 걸쳐 중요한 역할을 한다. 독서 과정에서 독자의 기억과 관련된 질적인 변화가 일어나는데, 이는 장기 기억에 저장된 이른바 배경 지식이 이해를 돕기 위해 활성화되어 인출될 때다. 작업기억은 독서 학습이나 독서 과정에서 가장 중요한 역할을 하며, 작업기억이 충분히 발달하지 않으면

난독증자가 될 수 있다. 많은 독서 체험과 효과적인 독서 교육은 작업 기억 능력의 향상을 가져올 수 있다. 그리고 독서 과정에서 우반구의 역할은 좌반구에 비해 오랫동안 경시되어 왔지만, 최근의 여러 연구는 새로운 관점에서 그 역할을 재평가하고 있다.

좌반구가 밀접하게 관련된 의미론적 관계, 구체적인 개념들의 이해를 처리한다면, 우반구는 관련성이 멀고 보다 추상적인 개념들을 처리한다. 또한, 우반구는 독해 중에 추론을 돌출하거나 텍스트 담론을 완전히 이해하기 위해 두 반구의 상호협력이 필요할 때 참여한다. 텍스트를 읽을 때 총체적인 의미를 파악하기 위해 우반구가 중요한 역할을 하며, 결과적으로 좌우 두 반구의 통합적 협력에 의존한다. 그러나 두 반구의 구체적인 활성화는 각 반구가 각각 언어의 한 측면을 담당하지만, 담론의 총체적 수준의 이해를 목적으로 삼는다는 결론이다. 은유를 포함하는 비유어와 관용어의 이해에서도 기능적 역할을 한다. 그러면 문장 이해와 뇌의 신경 연결망 형성은 문장의 이해 중에는 단일 단어 읽기보다 일단 양적으로 좌반구와 우반구의 부위들이 더 많이 포함되며, 질적으로 이들 부위가 긴밀한 상호협력 아래 방대한 신경 연결망을 형성하여 동시적 역동적으로 뇌의 독서 과정을 촉진한다.

이러한 뇌 속의 독서 과정은 연속적인 문장으로 구성되는 보다 높은 텍스트나 담론 수준에서 종국적인 이해를 위한, 마치 오케스트라와 같은 총체적인 뇌의 기능으로 이행된다. 그리고 문장 이해에 관한 연구는 일부 특정한 하위 구성 요소들이 의미론적 처리를 위한 특화된 뇌 부위가 확인되었고, 여러 연구에 입증되었다. 또한 텍스트 담론 이해와 뇌의 신경 연결망 확장과 텍스트나 담론의 이해에 포함되는 뇌 부위들과 신경 연결망은 인지와 문장 이해에 포함되는 뇌 부위들 및 그 신경 연결망과 크게 중복되면서도, 텍스트나 담론의 총체적인 의미를 구성하는 과정에서 양적, 질적으로 많은 뇌 부위들이 추가되거나 그 활성화의 정도가 강화되면서 훨씬 광범하게 연결망을 형성한다. 일부 연구자들이 이를 확장 언어 연결망의 개념으로 설명한다. 우반구는 문장 수준에서 은유를 포함하는 비유적 표현 등을 담고, 텍스트나 담론 수준에서 구조적 총체성을 이해하는 최종 과정에서 그 역할이 더욱 커질 수 있다.

한국 현대소설 박경리의 작품감상
— 『김약국의 딸들』 / 『불신시대』 / 『토지』 —

　　박경리(1926-2008)는 경남 통영 출생, 진주공립고등여학교를 졸업하고, 1955년 『현대문학』에 단편 「계산」 「흑흑백백」이 김동리에 의해 추천되어 등단. 주요 작품은 중단편소설 「흑흑백백」 「불신시대」 「전도」, 장편소설 『표류도』 『시장과 전장』 『김약국의 딸들』, 대하소설 『토지』 등. 그는 투철한 사회의식을 통해 우리 사회의 변화 흐름 속에 일관된 정신 상황을 밀도 있게 그려 내고 있는 작가로 평가되고 있다.

　　■ **김약국의 딸들**
　　김성수의 생모인 숙정은 함양에서 김봉룡에게 시집을 왔다. 시집오기 전에 그녀와 혼담이 있었던 욱은 숙정을 잊지 못하여 병까지 든 몸을 이끌고 김봉룡의 집으로 그녀를 찾아오는 데서 이 집안의 파멸과 파란의 긴 역사가 시작된다. 마당 가운데서 돌아가라고 성화를 대는 유모 앞에서 애절하게 사정하던 욱은 숙정의 남편인 봉룡과 마주치게 된다. 전처를 때려죽였을 것이라고 소문이 나 있는 난폭한 봉룡은 이로 인해 숙정을 무자비하게 구타하고 나서 또 도망친 욱을 찾아 도륙을 내고 집으로 돌아온다. 그사이 숙정은 비상을 먹고 죽어가고 있었다. 결국 숙정은 죽고, 봉룡은 형이 마련해 준 노자를 가지고 어디론가 사라져 버린다. 이러한 김성수의 어머니 숙정의 불행한 생애와 함께 김약국의 아내 한실댁도 여자로서의 행복을 애초 상실하고 말았다. 그녀는 첫아들 용환이를 잃어버린 것을 시작으로 그녀의 다섯째 딸의 비극적인 삶을 연쇄적으로 겪게 된다. 그녀의 딸들에게 모든 희망과 기대를 걸고 살아간다.

그러나 다섯 딸 중에서 첫째 용숙과 셋째 용란은 한실댁의 운명을 최악의 상태로 만든다. 둘째 용빈은 일을 알아서 처리할 수 있는 지성과 능력이 있어 오히려 한실댁에게 위안이 된다. 넷째 용옥은 독실한 크리스천으로 언제나 말없이 제 할 일을 할 뿐 아니라, 비록 불행한 결혼 생활을 하고 있어 마음이 아프지만 그래도 친정 일을 도와주고 있으니 다행인데 이 셋째 용란은 언제나 한실댁에게 근심이 가실 날이 없을 만큼 걱정과 부담을 안겨 준다. 통영에서 사라졌던 한돌이 다시 나타남으로써 한실댁의 운명은 악운의 절정에 도달하게 된다. 용란은 찾아온 한돌과 다시 관계를 맺고 성불구자인 그녀의 남편 최연학이 경찰서에 들어간 사이에 따로 방을 얻어 동거까지 하게 된다.

용란과 한돌을 도저히 떼어놓을 수 없다고 판단한 한실댁은 꿈자리가 사나운 어느 날 밤 둘째 딸 용빈 몫으로 끝까지 챙겨 두었던 패물을 싸 들고 그들이 동거하는 집으로 갔다가 때마침 경찰서에서 나와 미쳐 날뛰는 최연학을 거기서 만나게 되고, 결국 그녀는 사위인 최연학이 휘두른 도끼에 목숨을 잃고 만다. 한실댁의 시어머니가 남자관계로 목숨을 잃은 것처럼 그녀는 잘못 둔 딸의 치정에 연루되어 그녀의 시어머니이며 남편 김성수의 생모인 숙정처럼 비명에 간 것이다. 결국, 김약국의 딸들은 엄청난 비극을 연쇄적으로 겪는 한없는 불행의 연속으로 이어진다. 맏딸 용숙은 과부가 되었다가 간통하고 그 간통으로 생긴 아들을 죽인 혐의로 감옥에 가게 되었고, 둘째 딸 용빈은 사랑의 배반을 당하고 구속되었다. 그리고 셋째 딸 용란은 성불구자인 최연학의 아내가 되었지만 결국 한돌과의 부정으로 남편에게 죽임을 당하고, 넷째 딸 용옥은 철면피한 시아버지와의 사고로 죽고 만다. 이 작품의 주제는 역사적 변천 속에서 겪은 한 집안의 비극적 몰락과 운명을 그렸다.

〈등장인물〉

숙정 : 김약국의 아내 현실댁의 시어머니. 혼전의 남자 욱이가 찾아왔다고 포악한 남편에게 맞고 자살한다.

한실댁 : 숙정의 며느리며, 김약국의 아내. 딸의 연쇄적 비극을 겪으며 살아가다가 결국 셋째 사위에게 살해된다.

그 밖에 맏딸인 용숙, 용빈, 용란, 용옥, 용해 등이 등장한다.

〈문학사적 의의와 작품 배경 및 시점〉

작가 박경리는 평범한 삶의 현장에 운명이라는 메커니즘을 도입함으로써 일상적인 것에서 비상한 진실을 규명해 내고 있다. 그가 보는 운명은 눈앞에 보이지 않지만 인간과 삶의 궤도를 결정하는 힘으로, 특히 한 집안의 내력과 관련지음으로써 그것의 불가항력성을 강조하였다. 『김약국의 딸들』은 비극적인 아이러니의 범주에 들며 작가는 이 작품을 통하여 리얼리즘을 성공적으로 구현했다고 볼 수 있다.

■ 불신시대

9·28 서울 수복 전야에 남편이 폭사했으며, 그 상처가 아물기도 전에 외아들 문수마저 잃게 된 전쟁미망인 진영은 의지할 데 없는 홀어머니를 모시고 살아가며 엄청난 비극을 겪는다. 문수의 죽음이 진영에게 준 충격은 아이를 잃은 다른 어머니의 것과는 질이 좀 달랐다. 문수는 의사의 잘못으로 생죽음을 당하였기 때문이다. X레이도 찍지 않고 마취도 제대로 안 한 채 뇌에 칼을 대고 잘못 수술하여 아이를

죽인 것이다. 도수장의 망아지처럼 죽어간 아이의 울음소리를 잊기 위해 진영은 종교에 매달려 본다. 그녀가 종교의 세계에서 발견한 것은 시주받은 쌀을 착복하는 중과, 도적 맞을까 봐 신발을 싸 들고 예배 보는 신도들뿐이다. 그들의 추악한 계산이 아이의 영혼까지 모독하는 것을 본 진영은 인간에 대한 그런 처사에 대하여 견딜 수 없는 분노를 느끼며 죽은 아이의 위패와 사진을 들고 산에 오른다.

문수의 사진과 위패를 놓고 물끄러미 쳐다본다. 한참 만에 그는 호주머니에서 성냥을 꺼내 사진에다 불을 그어 댄다. 위패는 이미 살랐다. 그러나 사진은 타다 말고 불꽃이 잦아진다. 호주머니 속에서 휴지를 꺼내 타다 만 사진 위에 찢어서 놓는다. 다시 불이 붙기 시작한다. 사진이 말끔히 없어지는 것을, 언제까지나 쳐다보고 있었다.

"내게는 다만 쓰라린 추억이 남아 있을 뿐이다. 무참히 죽어버린 추억이 남아 있을 뿐이다."

작품 주제는 종교적으로 타락한 현실 비판과 인간성 옹호이다.

등장인물로는 6·25로 인해 남편과 아들까지 잃은 전쟁미망인으로 진영을 등장시켰으며, **배경과 시점**은 전쟁 직후 서울을 배경으로 하는 작가 시점의 작품.

〈문학사적 의의〉

박경리의 『불신시대』 계열의 작품들은 사회구성원들의 위선과 이기적이며 기만적인 행태를 객관적 입장에서 중립적으로 묘사한 것이 아니라 어떤 도덕적 신념을 가미한 입장에서 묘사한, 사회 현실에 대한 비판적 리얼리즘 성격을 보인다. 한 여인(진영)이 살아야 할 의미를 찾지 못하면서 구차스러운 생명을 유지해 나갈 수밖에 없는 비극성과 함께, 위선으로 무장된 속물들에 대한 절망감을 드러내는 작품이다.

■ 토지

 최참판 댁의 정신적인 지주 윤씨 부인은 젊어서 남편을 잃고 동학당 접주로 사형당하게 되는 김개주와의 관계에서 환이라는 아들을 낳게 된다. 환은 동학당이 되어 몸을 피하다가 결국 형 최치수의 부인 별당 아씨와 함께 지리산으로 들어간다. 자신의 어머니가 가진 비밀을 알려고 하는 최치수는 이종형 조준구와 어울려 방탕한 생활을 즐기다가 성적 불구가 되고, 아내와 구천을 찾기 위해 총을 구해서 지리산을 뒤진다. 별당 아씨가 환의 품에서 숨을 거둔 뒤 환은 연곡사 우관스님에게 간다. 한편 신분이 천한 귀녀는 최참판 댁의 대를 거들 욕심으로 최치수에게 접근하지만 실패한다. 그는 강 포수와 칠성이를 꼬여 씨를 받은 후 최치수를 살해하고 최씨 집안의 대를 이으려 하지만, 윤씨 부인이 알아채고 자백을 받아낸다.
 용이는 무당의 딸 월선과의 사랑을 이루지 못하자, 마을의 임이네와 관계를 맺어 홍이라는 아들을 얻게 된다. 대를 잃은 최씨 집안으로 재산을 탐내고 있던 조준구가 찾아온다. 호열자와 흉년으로 윤씨 부인과 마을 사람들이 죽자, 그는 최씨 집안을 독차지한다. 고아가 된 서희가 조준구와 맞서 싸우던 중에 노일전쟁과 을사보호조약이 체결되자, 기세는 조준구에게 유리해진다. 불만이 쌓인 마을 사람들이 의병을 일으켜 최씨 집안으로 쳐들어오지만, 조준구를 찾지 못하고 서희와 길상은 재물을 챙겨 간도로 떠난다.
 간도에 정착한 서희는 가문을 찾으려고 노력한 끝에 길상과 공 노인의 도움을 얻어 거부가 된다. 그녀는 친일 관계도 했다. 길상과 혼인한 그녀는 두 아들을 얻는다. 길상은 옥이네에 대한 죄책감을 지니고 있지만, 아내 서희의 가문에 대한 집착과 신분 때문에 고독을 느낀다. 이때 환이 나타나 그의 비밀을 알게 된다. 환은 별당 아씨가 죽은 후 윤봉, 윤도집, 지삼만, 판술 등과 함께 의병 활동을 벌이지만, 활동

범위에 관한 견해차를 보여 간도로 건너가게 된다. 간도에서 길상과 이동진, 권필웅 등을 만나게 된다.

한편 서희의 결혼에 충격을 받은 상현은 서울로 돌아와 일본 유학도 하게 되지만 정신적인 패배감에 안주하지 못한다. 서희와 헤어진 봉순은 기생이 되고 이름도 기화로 바꾸어 지내면서 미모와 소리를 잘하는 기생으로 이름이 난다. 그녀 또한 간도로 건너가 서희와 길상 등 고향 사람들을 만나 보지만 외로움으로 인해 마음의 지주를 갖지 못한다.

용정에 정착한 용이는 원선과 함께 국밥집을 해 봤으나 돈 욕심이 많은 임이네! 그 때문에 괴로워하고 장사가 몸에 맞지 않는다는 사실을 깨닫는다. 홍이는 통슬포에 있는 청인의 소작인이 되어 농사를 짓고 겨울에는 벌목꾼으로 일한다. 용이가 떠난 후 월선은 홍이와 함께 살지만, 암에 걸려 생을 마친다.

조준구 때문에 억울하게 죽은 정한조의 아들 석이는 송관수의 도움으로 공부하게 되고, 조준구에게 복수하기 위해 신분을 속이고 조준구의 집에 하인으로 들어간다. 서희는 광산에 실패한 조준구에게 빼앗긴 토지와 재산문서를 되찾는다. 그리고 월선의 장례식이 끝난 뒤 독립운동을 위해 떠난 길상과 환이와 헤어져 귀향길에 오른다. 윤도집이 운봉과 함께 죽은 뒤 동학 세력은 급격히 무너진다. 한편 길상은 계명회 사건으로 연루되어 2년 형을 언도받고 복역한다.

환국은 아버지 길상을 훌륭히 생각하고 뜻을 이어받으려 하지만, 서희의 권유로 와세다대학 법과에 입학한다. 상현이 유학 후 서울로 돌아온 뒤에 기화를 모델로 소설을 써보지만, 심한 무력감과 자괴심으로 방황하게 된다. 그를 사모하던 명희는 상현이 사랑을 받아들이지 않자 결혼하지만 실패하고 보살펴 주던 서희를 떠난다. 기화는 그를 사모하는 정석에게 돌아오지만, 석이가 학교에서 쫓겨나고 가정파

탄이 생기자 섬진강에 몸을 던진다. 이를 안 상현은 방황을 끝내고 소설을 출판한 뒤 고료를 양현을 위해 써달라고 한다.

  명희는 양현을 데려가려고 하지만, 서희는 양현을 친자식처럼 키운다. 서희는 두 아들이 시국 사건에 참여하게 되자 걱정이 생기고 명희는 우여곡절 끝에 자살을 시도하지만, 뜻을 이루지 못한다. 우인실은 오가다의 아이를 낳은 후 독립운동을 위해 중국으로 떠난다.

  『토지』는 한국 근대사의 인물들이 겪는 식민지적 고통과 운명을 통한 민족의 한과 의지를 담은 작품이다.

〈등장인물〉

  서희 : 최씨 가문을 이어가는 굳은 의지를 지닌 인물

  조준구 : 최치수의 이종형으로 최참판댁의 재물을 탐내는 욕심 많은 인물

  길상 : 신분이 다른 서희와 결혼한 독립운동가

  상현 : 서희를 사랑하나 실패하여 방황하는 지식인

〈문학사적 의의〉

  『토지』는 구한말에서 일제 말기에 이르는 시간과 공간의 역사를 조명하는 방대한 작품이며, 여기에 등장하는 인물들의 계보는 4대를 이루고 있다. 이들의 개인적인 고통과 민족애, 가정사에 얽힌 이야기를 다룬 장편 역사소설로, 한국 문학사에 커다란 획을 긋고 있는 한국 근대사의 획기적인 작품이다.

즐겁고 행복한 마음으로 배려하는 자세가
정말 좋았다

　주말이라 고속버스는 많은 승객으로 붐비었다. 코로나19로 인하여 있을 줄 알았던 좌석도 매진되었다. 부득이 다음 차편으로 승차권을 발매하고 2시간이라는 시간을 터미널에서 지루하게 기다리다 무사히 승차하게 되었다. 날씨는 어제까지만 해도 비가 내려 우중충한 날씨였는데 오늘은 장례식장에 가는 중 화창한 봄 날씨라 사람들이 많은 것도 그 이유도 되었을 것이다.
　장거리 운전보다 대중교통으로 고속버스 편으로 다녀올 요량으로 몸을 버스에 실었다. 차창 밖의 신록이 우거진 푸른 산과 들에 내 마음은 한없이 포근하고 아름다웠다. 버스는 어느덧 목적지 장례식장 앞. 장례식장으로 들어서 유가족께 위로를 전해 주고 오후 4시가 넘어 승차권을 서울 방향으로 예약해서 해 둔 시간을 맞추기 위해 역으로 시내버스를 탔다. 버스 속에서 어르신 몇 분이 타고 있었다. 좌석에 앉아 피곤함이 몰려와 눈을 감고 졸고 있었다. 운전기사의 음성이 들려온다.
　"다음 정류장은 정원농장 앞이니께유, 어르신께서는 차가 완전히 정차하면 조심해서 나오셔유, 안 그르믄 넘어지면 큰일나유, 알겠쥬,"

깜짝 놀라 승객분들의 대화인 줄 알았는데 분명 기사분이 직접 하니 신기하기도 했다. 혼자만의 미소 지으며 웃고 있었다. 이번에도 어김없이 방송이 흘러나온다.

자신이 이 일을 즐겁게 생각하고, 매달리지 않고서는 이 기사분처럼 지속할 수가 없을 것이다. 귀찮고 힘들어도 자신이 하는 일이 즐겁게 봉사하고 있지만 어떠한 악조건이라도 즐겁게 초지일관初志一貫 밀고 나갈 수가 있었을 것이다. 매일 승객들과 부딪치며 힘에 부쳤는데도 마음과 정신력을 수련하게 됨으로써 가능한 일이기 때문이다. 인간이란 정신력을 바탕으로 밀고 나가는 것은 이 일이 정말 진정으로 좋아서 가능하다고 생각하고 있을 때.

"이번에 정원농장에 내리실 어르신께서는 차가 멈춘 다음 나오셔유. 알았쥬."

"아따 잘 왔네, 고맙네그려."

"조심해 가셔유."

앞에 앉아 있는 어르신이 물었다.

"뭐가 우스워서 그렇게 웃어?"

"처음으로 사투리 방송을 듣고 나니 즐겁기도 하고 재미가 있어 웃었습니다."

버스는 다음 목표를 위해 달려간다. 이번에도 변함없는 사투리 안내 방송이 정겹기도 하고 어르신을 위한 배려가 가슴을 뭉클하게 만들었다.

이처럼 힘들고 어려워도 자신이 즐겁고 행복함에 배려하는 자세가 정말 좋았다. 에너지 넘치고 남한테 즐거움을 준다면 그 사람은 정말 복 받을 사람이다. 하루하루 살아가면서 경제적으로 어렵고 힘들어도 살아가기 위해서는 훌륭하게 나가는 사람이 있는가 하면 이를 비판하고 고민하는 일 때문에 자기 실력을 충분히 발휘하지 못하는 사람도 있다.

오스트리아 작곡가 볼프강 모차르트는 극빈 속에서도 수많은 명곡을 창작했다. 그는 친구의 권유로 사업에 실패하고 빚까지 지는 곤경에서 벗어나지 못하는 괴로움을 당해야 했다. 더구나 결혼까지 한 그는 생활비를 벌어야 하고, 그의 이러한 고통 속에서 아내는 낭비벽을 버리지 못해 그를 괴롭혔다. 그래서 그는 늘 경제적으로 심한 어려움을 겪으면서 죽는 날까지 작곡을 해야 했다.

그가 밤새워 만든 작품이 악보의 잉크가 마르기도 전에 연주되어야 하는 어처구니없는 일도 잇따랐다. 그의 작품은 선금을 받고 팔기 때문에 일어난 불상사였다. 그런 상황 속에서 음악 행사의 제작자들이 큰돈을 벌고 있는데도 모차르트는 얼마 안 되는 돈을 받아야 하는 일이 비일비재非一非再했다.

오페라 「피가로의 결혼」 「돈 조반니」 「마적」 등의 명곡들도 경제적 궁핍과 빚에 시달리는 가운데서 탄생한, 결과적으로 말하자면 그는 경제적 고통에 시달렸기 때문에 다작多作해야 했고, 이 가운데 명작이 탄생될 수 있었다고 할 수 있다. 이러한 정신적 긴장감이 없으면 현실에 안주하려는 타성 때문에 훌륭한 일을 해낼 기회가 적다.

일반적으로 인간에게는 두 가지 타입이 있다. 먼저 주위 환경이나 상황에 좌우되는 일 없이 자신의 의지 하나로 목표를 달성하는 타입이 있다. 또 하나는 자신에게 긴급히 돈이 필요하다든가 인정받고 싶다는 등 어떤 동기가 자의적으로 부여되고, 발등에 불이 떨어져서야 비로소 발 벗고 나서는데, 이 세상에는 이런 사람들이 부지기수라고 해도 과언이 아니다. 인간의 습성으로 주의하지 않으면 안 되는 것은, 자칫하면 안이한 방향으로 흐르기 쉽다는 점이다.

이처럼 위의 시내버스 기사분도 처음에는 신기하고 대단한 배려라고 했지만, 주위에서 얼마나 많은 사람이 수군거렸겠는가. 하지만 그 고통을 초지일관 밀고 나가서 아름답게 승화시키면서 승객들에게 즐거움을 선사했다. 고맙고 대단한 용기였다고 볼 수 있다.

아울러 노력해서 무엇인가를 얻기보다는 아무것도 하지 않고 있는 편이 무난하다고 생각하는 경향이 많다는 것이다. 즉 자기 분발의 중요성은 그래서 강조되는 것이다. 사실 할 마음을 잃은 인간은 운전자 없는 택배차와 같다. 그 택배차에는 아무리 고가의 상품을 싣고 있다 하더라도 움직이지 않는 한 상품 소비자에게 전달하지 못하면 그 가치를 살릴 수 없다. 그 자체에 동력을 갖고 있지 않기 때문에 택배차의 시동이 걸리지 않는 한 전진할 수 없다.

이와 마찬가지로 자신을 끌어주는 택배차와 같은 에너지를 자기 마음속에 기를 필요가 있다. 그렇게 하지 않으면 자신의 능력은 영원히 빛을 볼 수가 없다. 달리는 차량과 같은 추진력, 즉, 요즘은 전기로 가는 차량도 있지만, 그 원리는 동력으로 달리는 것이다. 그 행위를 일으킬 마음은 자신의 내부에 있고 그것은 스스로 능력과 소망을 어떻게 발견하느냐에 달려 있다.

그런 마음을 눈뜨게 하는 것은 자신 외에 아무도 없다. 따라서 할 마음을 일으켜 세우는 게 중요하다. 비록 그것이 사소한 것일지라도 현재의 상태 또는 개선된 상태를 만드는 것일 뿐 아니라 그렇게 만들어지기 마련이다. 우리 인간은 불평이나 비판하는 것으로 창의력을 동결시키는 경우가 많다. 그래서 자신이 건설적이고 창조적인 에너지를 허비해 버린다면 그 시내버스 기사의 배려가 없을 것이다. 결코, 생산적인 행위라고 할 수 없다. 사실 눈앞에 곤란한 문제란 하나의 기회이며, 창의력을 써서 그것을 베푸는 열쇠를 발견하게 되면 해결하지 못할 문제란 존재할 수가 없다.

인간의 창의력이란 쓰기 시작하면 결코 시드는 법이 없다는 사실은 시대를 앞서 살다 간 많은 사람이 입증해 주고 있다. 아울러 우리가 하나의 장기적인 목표에 이르기 위해서는 보다 작은 단위로 분할해서 이루어 나가겠지만, 확실히 표현된 목표라야 창의력의 방아쇠를 당길 수 있다는 점을 잊어서는 안 된다. 무엇인가를 창조하는 사람은 확실한 목표를 가지고 있고, 단지 창조하고 싶다는 바람만으로서는, 아무것도 성취하고 이루어 낼 수 없다는 것은 진리이다.

무사히 역전까지 도착해 내렸지만, 그 여운은 서울로 상경하는 도중에도 남아 있었다. 집으로 돌아와 아내한테 오늘의 재미있는 이야기를 했는데, 설마 그런 방송을 하느냐의 반응이지만, 그 시내버스 때문에 시간 가는 줄 모르고 잘 다녀왔다. 이렇듯 비록 짧은 시간이지만 시내버스의 서비스 차원에서 안내 방송을 했지만, 다녀온 지도 며칠이 지났지만, 그 모습을 생각하면 재미있기도 하고 그런 용기를 가진다는 것이 부럽다.

한국 현대소설의 형성과 전개 과정

　1950년대 소설사적 성격을 구명할 때 이와 불가분의 관계가 있는 것은 6·25동란이다. 따라서 1950년대 소설은 전쟁 체험 내지 전후 의식과 깊이 관련되어 있으며, 소설의 상상력 역시 전쟁의 인위적 재난과 전쟁으로 인해 결여된 휴머니즘의 회복에 치중하였다.
　전후에 나타나는 또 하나의 흐름은 젊은 작가들에 의해서 나타나는 윤리의식 파격성과 기성의 모든 사회적·도덕적 가치의 부정이다. 이것은 세계대전 이후 크게 번성한 실존주의가 젊은 세대에게 광범위한 영향을 끼쳤음을 의미하며, 작품 속에서는 실의·절망·허무 의식으로 나타났다. 이와 같은 젊은 작가들의 작품으로는 선우휘의 「불꽃」 오상원의 「황선지대黃線地帶」 하근찬의 「수난이대受難二代」 김성한의 「귀환歸還」 등을 들 수 있다. 장용학의 「부활 미수」 「요한시집」 「비인非人 탄생」 등도 어두운 불신의 현실과 기성의 도덕적 관념에 대해 부정적 태도를 표시하면서 인간에 대한 근원적 절망 의식을 그대로 그려내 실존주의의 영향을 발견할 수 있게 해준다.
　장용학의 「요한시집」은 포로수용소에서 취재한 것으로, 현대의 메커니즘에서 비롯되는 인간의 비극을 우회적으로 그린 것이다. 이 밖에도 현대문명을 비판한 「요한시집」과 같은 소설류는 김광식의 「213호 주택」 「의지의 풍경」이다. 한편, 전쟁을 계기로 신분과 계급 구조의 변화가 일어나는 과정을 그리면서 그 변화의 수직 이동이 가치 세계에 미치는 충격을 제시한 작품으로는 정한숙의 「고가古家」와 곽학송의 「바윗골」이 있다.

정한숙의 「고가」는 해방과 6·25로 이어져 가는 역사의 변천 속에서 봉건적 지배층 가문이 몰락해 가는 과정을 그린 것이다. 그 줄거리를 보면, 6·25로 인해 마을이 인민군에게 점령되자 신분 계층의 수직적 이동이 급격하게 이루어져, 전통적 권위를 지녔던 가문은 쇠퇴와 소멸의 운명이 빠져들게 된다. 이런 점에서 「고가」는 6·25가 이데올로기 전쟁인 동시에 고전적인 신분 전쟁의 성격을 지님을 알 수 있다.

전쟁으로 인해 신체적 훼손을 입었거나 정신적 상처를 가진 사람들을 주인공으로 형상화한 작품으로는 손창섭의 「혈서」 「비 오는 날」 등을 비롯하여 이호철의 「과열」, 오상원의 『백지의 기록』, 서기원의 「암사지도」 「이 성숙한 밤의 포옹」이 있다.

이들 작품에 나타나는 이 가운데 오상원의 『백지의 기록』은 전쟁에서 돌아온 형제를 주인공으로 하고 있다. 그 줄거리를 보면 형 중섭은 불구자로, 동생 중서는 정신적 상처가 깊은 허무적 상태로 돌아온다. 그러나 이 상처는 그들이 삶을 지탱할 잠재력마저 상실케 한다.

손창섭의 「혈서」 「비 오는 날」은 병자와 불구자, 그리고 의욕 상실자가 집단적으로 서식하고 있는 그로테스크한 세계를 제시함으로써 가치 지표가 상실한 전후 상황을 그려 낸 작품이다.

이상 살펴본 바와 같이 1950년대의 소설이 전쟁 경험과 밀접한 관련을 갖는 것은 사실이지만, 정작 6·25의 의미는 이데올로기의 배타성을 보여 준 것이라고 할 수 있다. 따라서 이 시대의 작가들에게 주어진 역사적 사명은 대립된 분극화를 가져온 탈피와 휴머니즘의 공양이었다고 할 수 있다.

그러한 맥락에서 이해될 수 있는 황순원의 「학」, 선우휘의 「불꽃」 「단독강화」, 박연희의 「증인」, 오상원의 「모반」, 송병수의 「인간 신뢰」 등의 작품은 탈 이데올로기적 성향을 지녔다기보다는 다분히 반공 이데올로기로 기적이었다.

황순원의 「학」은 남북의 이념적 분극화와 전쟁의 파괴력 앞에서도 이것을 무력화시키는 인간성의 건재를 알리는 작품이다. 단짝 친구였던 성삼과 덕재가 전쟁이 반발하자 한쪽은 포로가 되고 다른 한쪽은 호송자가 되어 적대 관계로 상봉하게 된다. 그러나 호송자 덕재는 경화된 이념의 속박을 떨쳐버리고 성삼을 묶었던 포승줄을 풀어줌으로써 인간애로 귀환한다.

선우휘의 「단독강화」 역시 이데올로기와 전쟁의 모순 현상을 고발하면서, 절대가치가 결국은 선한 인간 본성과 인간적 상호관계의 회복에 있음을 시사한다.

1950년대 전쟁소설에서 또 하나 주목해야 할 점은 전쟁으로 인해 여인들이 입은 강간의 잠재력 위협과 생활의 결핍 상태를 그려 내고 있다는 것이다. 즉 전쟁은 겁탈과 기아를 등화시키려는 경향이 있으므로 전쟁소설에 있어서 흔히 여성들의 성이 상품화되는 경향을 보여주게 된다. 이에 속하는 작품들로 김동리의 「자유의 역사」, 장용학의 「원형의 전설」, 이범선의 「오발탄」, 송병수의 「쑈리 킴」, 정연희의 「파류상」 등이 있다.

이 밖에 이 시대에 나온 주요 소설들을 열거하면, 먼저 군인을 그 주인공으로 등장시킨 소설로 황순원의 「너와 나만의 시간」, 곽학송의 「독목교」, 송병수의 「탈주병」 등이 있다.

또한 휴전으로 인해 분단 현실이 가장시되고 이산가족이 다수 발생함으로써 등장한, 이른바 향수 소설로서 김동리의 「흥남철수」가 있으며, 이범선의 「오발탄」도 이러한 맥락에서 이해될 수 있다. 그러나 작품들이 보여 주는 것은 단순히 돌아가지 못하는 고향에 대한 낭만적 그리움이 아니라 통일의 염원이 잠재된 의식의 발로로써 그 의의를 지닌다.

위에서 살펴본 바와 같이 1950년대의 한국소설은 전쟁과 전쟁 체험, 그리고 전후의식 등 일련의 전쟁 상황과 밀접하게 관련되어 있다. 이는 곧 1950년대가 지니는 소설사적 성격임을 아울러 이어 등장하는 1960년대의 전후세대 소설의 형성을 예고하고 있다. 그리고 1960년대 한국문학은 1950년 6·25의 상흔으로부터 시간적 거리를 갖게 되면서 50년대의 순수문학적 경향에 대한 반성과 문학인 지식인들이 발을 딛고 있는 사회에 대한 새로운 인식의 변모로부터 출발한다. 물론 사회적으로 1960년대 벽두의 4·19혁명이 문화 외적인 요소로 문학 자체에 지대한 영향을 미치지만, 서구 문학의 관심과 젊은 작가의 기존 문단에 대한 비판, 그리고 50년대 문학과 불가분의 관계를 맺으면서 60년대 문학은 질적 변화를 겪게 된다.

이처럼 60년대 문학의 질적 성장은 4·19의거와 5·16쿠데타라는 사회 변화적 소용돌이에서 비교적 잠잠해지는 60년대 중반부터 두드러지게 나타난다. 그리고 이전부터 창작활동을 해 온 전통적 작가군의 활동으로 크게 분류할 수 있다.

새로운 시대의 문학과 관련하여 리얼리즘적 경향을 보이는 작품으로는 최인훈의 「광장」이 단연 우위에 선다. 이 밖에도 이러한 경향을 지닌 작품으로서는 최인호의 「견습 환자」, 홍성원의 「종합병원」, 서정인의 「후송」 등이 있다. 이 시기에는 이미 전대에 활동한 작가들이 활동, 또는 두드러지게 나타났다. 물론 이러한 작가들이 주된 작품 영역은 일제하 그리고 6·25였다. 여기에 해당하는 작품은 안수길의 『북간도』, 김정환의 『수라도』, 유주현의 대하 장편소설 『조선총독부』, 강

용준의 「철조망」, 박경리의 『시장과 전장』, 오유권의 『방앗골 혁명』 등이 있다.

　이상에서 살펴본 바와 같이 50, 60년대 문학의 특징은 기존의 문학 세계를 제외했을 때 새로운 관념의 형성이라 볼 수 있다. 즉 현실의 모순을 전체적인 입장에서 객관적으로 조명해 보려는 사실주의적 경향, 그리고 파괴된 인간 심성에 대한 감각적 반응으로서의 모더니즘적 경향이 대립하여 가면서, 이들은 70년대에 들어서면서 보다 분명한 모습으로 방향성을 드러내게 된다.

　근대문학의 같은 뜻으로 현대문학이란 용어를 사용한 학자들이 있다. 가령 박영희, 김사엽 등이다. 이들에게 있어서 현대문학이란 용어는 근대문학과 같은 뜻을 지니고 있다.

　여기서 근대문학과 현대문학을 동일한 것으로 보아야 할 것인가, 또는 구분해야 할 것인가의 문제가 생긴다. 이 두 개념을 구분한다는 말은 현대문학을 근대문학의 다음 단계 시대의 문학으로 본다는 뜻이다. 전자의 입장을 지닌 사람으로서는 앞에 지적한 박영희, 김사엽 등이 있고 후자의 입장을 지닌 사람으로는 조윤제, 백철, 오세영 등이 있다. 그 외 임화, 장덕순, 김윤식, 김일근 등은 이 양자의 시대구분에 관심을 보이지 않았다. 한편 이 문제에 대한 제3의 견해로 조동일은 현대문학이라는 용어는 오늘날의 문학을 막연하게 지칭하는 뜻으로만 사용하는 것이 합당한 일이라고 했다. 또한 현대문학은 시대구분의 용어가 아니라고 했다.

　현대문학을 근대문학의 다음 단계의 문학이라고 본 견해는 백철, 조윤제에서 비롯된다. 백철은 그의 『조선신문학사조사』에서 갑오경장 이후부터 20년대 초까지를 근대문학, 20년대 프롤레타리아 문학 등장 이후부터 오늘의 문학까지를 현대문학이라고 하였다. 전자는 마르크스 이념의 대두를, 후자는 민중 의식의 확충을 기준으로 삼고 있으나 세계 사조에 비추어 볼 때 설득력이 약하지 않을 수 없다. 다만 이 문제에 관한 본격적인 논의는 1962년 5월 『사상계』 문학 심포지엄 '현대시 50년'에서 거론되었는데, 여기서 유종호는 정지용을 중심으로 한 시문학파 운동 이후를 현대 시라 하고 1935년 김기림·이상이 중심이 된 모더니즘 운동 이후라고 하였다.

그러나 이 문제를 보다 체계 있게 논의한 사람은 오세영이다. 그는 근대 시와 현대 시에서 서구의 'Modern'이란 말은 한국어에서는 '근대' '현대' 두 가지로 번역될 수 있으나 이 양자가 다른 뜻으로 구분되어야 할 필연성을 사회 경제적으로 살피고, 서구에서도 Modern을 두 시기로 구분하고 있음을 지적하였다. 그에 의하면 Modern이란 봉건사회가 붕괴하고 자본주의가 대두한 이후의 시기를 가리키는데 이때 자본주의의 대두 혹은 성립을 어느 시기로 잡느냐에 따라 서구의 근대를 14, 15세기 혹은 16세기 혹은 18세기 말 혹은 19세기 중엽으로부터 시작되었다고 말할 수 있다. 그러나 자본주의의 출발 혹은 그 성립이 어느 땐가에 그 발전사에 있어서 한 번의 획기적인 전환이 있게 된 1910년 전후를 경계로 그 이전을 근대, 그 이후를 현대로 구분할 수 있다. 서구에서 현대를 대변하는 예술사조는 모더니즘이며, 우리나라의 경우 등장은 20년대 후반인 까닭에 우리 문학사에서도 현대는 20년대 후반 이후부터라고 보는 가설이 오세영의 주장이다. 여기서 물론 20년대 후반 이후의 우리 현대문학사에서 보여 준 자본주의 성립과 전환이라는 사회 경제적 여건과 부합되고 있느냐의 문제가 제기되지만, 천관우의 적절한 지적처럼 식민지 상황인 까닭에 우리 문화가 사회 현실과 유리될 수밖에 없음을 고려한다면 그것은 양해될 수 있는 상황이라는 것이다.

과로와 스트레스는
생활환경과 밀접한 관계가 있다

인간은 시각, 청각. 후각, 미각, 촉각을 통해 끊임없이 여러 가지 자극을 받고 있는데, 이중 사람에게 중요한 감각은 촉각이다. 이는 손을 댔을 때 온도가 뜨거운지 차가운지, 아픈 느낌이 있을 만큼 거칠거칠하거나 울퉁불퉁한지 매끄러운지 말랑말랑한지 단단한지 등을 판단하여 뇌에 자극을 보내서 적절하게 대처하는 반응이다. 어느 하나의 감각에 마음을 집중시킬 때 다른 감각으로부터 방해가 들어오면 극도의 심리적인 안정을 잃게 된다.

예를 들어 눈으로 책의 글자를 좇고 있을 때 갑자기 귀에 충격적인 소리가 들리면 모처럼 집중되었던 기분이 흐트러진다. 또 음악을 듣고 있을 때 빵 굽는 냄새가 나면 코에 신경이 가서 냄새를 좇게 된다. 이러한 경험은 누구나 겪는 것이지만, 우리가 집중을 높이기 위해서는 어떤 특정한 감각에 의식을 집중시키는 경우 다른 감각은 마비 상태에서 놓아두는 것이 효과적이다. 눈이 불편한 사람은 시각 활동이 정지되어 있어 다른 감각이 극히 예민해서 다른 사람보다 집중 정도가 훨씬 더 강하다.

자신에게 주어진 감각은 촉각, 후각, 미각의 세 가지뿐인데 일상생활에서 다른 정상적인 사람들과 다르지 않은 행동을 취하는 것은 이는 세 개의 감각기관을 최대한으로 집중할 수 있는 훈련을 두뇌에서 하고 있기 때문이다. 우리는 무엇인가 귀를 기울이고 있을 때 온 신경을 청각에 모으려고 하는 작용을 하기에 한 감각기관을 일시적인 가사假死 상태에 두면 다른 기관은 두 배의 능력을 발휘하기 때문이다. 이는 의식적으로 훈련해 보면 알 수가 있다.

예를 들어 일을 시작하기 전에 눈을 감고 청각만을 긴장시켜 보는 것이다. 그러면 평소에는 이렇게 들리던 이야기나 소리가 다르게 들려와 자기도 모르는 사이에 귀를 기울이게 된다. 또 손을 더듬어서 책상 위에 여기저기를 만져 보면 이것은 서류, 저것은 노트라고 손끝에 신경이 집중되는 것을 느낄 수 있을 것이다.

수많은 사람과의 대인관계에서 악수를 많이 했지만 지금 생각해 보니 사람마다 개인의 온도 감각에 있다. 사람의 체온은 36.5도라고 한다. 그래서 그 체온이 손으로 전달되어 따뜻한 감각이라는 것을 알 수가 있다. 우리가 연애 시절 데이트하며 손을 잡거나 팔짱을 했을 때 그 감각의 온도가 36.5도이지만 정신적 감각은 그보다 훨씬 더 높다고 생각할 것이다. 그때 따뜻한 감각의 손길은 다정스럽고 아름다운 추억으로 모두가 기억하고 있을 것이다. 특히 사춘기 때 고향 선배 누나를 짝사랑하다가 멀리서 그녀의 얼굴만 봐도 가슴이 콩닥콩닥 뛰고 떨리며 얼굴이 화끈거려 심지어는 말도 더듬고 좋아한다는 말조차 꺼내지 못하고 끝나 버린 그때의 아쉬움을 마음속에 간직하고 있을 때 내 몸속의 체온은 정신적 체온으로 바뀌어 평균 온도보다 더 높았을 것으로 추측된다. 그리고 퇴근길에 아내를 만나 손을 잡고 공원이라도 한 바퀴 걸으면서 아내 손을 살짝 잡았다. 무척 따뜻하다. 그것은 사랑의 촉각 온도가 어느 정도라는 것은 사람마다 차이는 있겠지만 따뜻한 것은 부인할 수가 없다. 연애 시절에 그때를 회상하며 잡은 손

보다 의외로 따뜻하고 감미로워 부부간의 따뜻한 정이 평소보다 감각이 다르다는 것을 느꼈다.

독자 여러분들도 부부의 인연으로 만나 오랜 세월 아이 낳고 키우고 가르치고 사는 동안 어느새 감정조차 잊고 살고 있었어도 한 번쯤은 실행에 옮겨도 좋을 듯하다. 오래간만에 분위기 좋은 장소에서 와인 한 잔, 아니면 한적한 산장에서 커피 한 잔을 나누며 둘만의 시간을 만들었을 때 아내의 손을 꼭 잡아 보면 또 다른 감각이 느껴질 것이다. 그러면 마음이 안정되고 새삼 설레는 감정도 생길 것이다.

사람의 체온은 보통 36.6도에서 37도라고 하는데, 보통 오전 10시 정도에 겨드랑이 밑에서 측정한 체온이라고 한다. 즉 감각 체온은 고정적으로 온도를 유지하는 것이 아니라 수시로 변하는 것이 촉각 체온이며, 특히 오후 9시부터 다음 날 새벽 5시까지가 사람들의 최저온도라고 하고, 오후 5시부터 오후 6시까지가 최고치 온도라고 한다. 사람마다 약간 다르지만, 평균적으로 이 시각을 기준으로 오르고 내리고 하므로 체온 유지는 쉬우면서도 어려운 것이다.

병원에서 혈압을 측정할 때 에너지를 소비하고 측정하면 혈압이 올라가고, 마음을 안정시키고 측정하면 혈압이 정상적으로 되돌아온다. 이처럼 우리가 살아가면서 가장 중요한 것은 과로와 스트레스에서 벗어나는 삶의 방식이다. 그것을 연구하고 살아야 하는데 인생살이가 그리 호락호락하지 않다.

사람들은 흔히 몸이 차갑다 차갑다 하지만 왜 몸이 차가운지 모른다. 이것은 현대인의 식사 습관, 생활환경 등과 밀접한 관계가 있다고 보면 된다. 즉 과로와 스트레스는 서로 촉감을 자극하고 화학적 약물 복용으로 교감신경을 긴장시키므로 혈류가 나빠지고 혈액순환이 잘되지 않아 몸이 차갑다는 것이다.

여기서 사람 체온의 차이는 다음과 같다.

- 건강한 온도 : 36.5도
- 열이 빠져나가는 온도 : 36도
- 암세포를 증식시키는 온도 : 35도
- 의식불명의 온도 : 30도
- 신체활동을 정지시키는 온도 : 27도

체온의 적정 유지가 그만큼 중요하다. 아울러 사람은 체온이 1도 떨어지면 30% 면역력이 떨어지고, 체온이 1도 올라가면 70% 면역력이 올라간다.

깊이 있는 마음을 가진 사람과 대화를 나누게 되거나 언제라도 나 홀로 유익한 생각에 잠기게 될 때는 감각온도가 따뜻하다. 아울러 갈증을 느끼고 물을 마시거나 추위에 불을 쬐는 것처럼 기온이 따스하다. 사람은 곧 만족 감각에 도달하지 못하면 먼저 삶의 새롭고 멋진 영역에 다가가지 않았다는 것을 자신은 알아차린다. 독서나 사색을 즐거운 감각에 따라 빛이 번쩍이는 찰나에 그 자체의 그윽한 아름다움과 마음의 평온을 갑작스럽게 발견했을 때처럼 더욱 구체적인 표지를 나타낸다.

이는 마치 그 영역을 뒤덮고 있던 구름이 때때로 약간 틈이 벌어지듯 걷히게 되어서 가까이 다가오는 나그네에게 깊숙한 곳에서 자리 잡은 모습처럼 따스한 느낌을 준다. 산기슭에는 평화스러운 영원의 목장이 큰 벌판처럼 느껴질 테고, 목장에는 양 떼가 한가롭게 풀 뜯고 목동들은 피리 불며 춤을 추고 있는 광경을 보는 것과 같은 감각이다. 따스한 온도를 유지하는 것이 삶의 기분에 따라 흐르게 되는 것이라고 묘사할 것이다.

그렇다면 우리 내면에 변화하지 않는 것이 있어서 모든 심적 감각과 상태를 분류하고 있다는 점을 덧붙이지 않을 수 없다. 누구든 내면에 지니고 있는 따스한 감각이 있으면, 이 의식에 순응적으로서 때로는 그 사람을 조물주와 동일시하고 때로는 그 사람의 육체와 동일시하기도 한다. 그러니까 삶 위에 삶이 있듯이 무한한 의식을 비롯된 정감, 즉 촉감은 모든 행위의 존엄성으로 결정하고, 언제나 문제가 되는 것은 무엇을 행했으며, 참아야 하는 것이 아니라, 뇌에서 전달되는 명령으로 온도 감각 차이는 확실히 다르다. 이 새로운 삶의 명세서에는 사회의 다양한 신앙뿐 아니라 잡다한 불신부터 하나의 시초가 되기 때문에 새로운 긍정적인 의사 표시가 중요하다.

긍정적인 존재가 있다는 것을 우리가 발견한 감각은 대단히 중요하고 직접적이 아니라 간접적인 수단으로 의문을 품은 것도 사실이다. 이렇게 여러 대인관계의 감각은 스트레스와 과로로 인한 피곤함이 어느 정도 느껴지지 않을까 하는 생각에 악수하면 손을 잡는 것과 동시에 얼굴색과 표정부터 읽게 된다는 것을 알 수가 있다.

여기서 주의할 점은 촉각 방어를 가진 사람은 다른 사람들이 민감하게 반응하지 않는 반응에도 민감하게 반응하고 이 증상을 겪는 사람들은 다른 사람의 접촉을 피하거나 공공장소에 사람들이 많은 장소를 싫어하고 머리를 감거나 특정한 옷을 싫어하는 반응을 보이는 경우가 많다는 것이다. 아울러 촉감은 사랑으로 믿음을 주어야 비로소 느낄 수 있는 감각이기 때문에 상당히 예민한 반응이 온다.

한국 현대 시의 흐름
― 육당 최남선과 신시의 태동 ―

이 땅에 현대 시가 출발한 지도 1세기에 가깝다. 오랜 세월이 흘렀다. 인생으로 치면 100수라고 해도 과언이 아니다. 현대 시는 성장 발전해 가는 중이다. 물론 21세기에 와서 시詩도 많이 변했다. 최남선의 일인시인一人詩人 시대에서 시작되어 지금 2000년대에도 새로운 신성新星들이 계속 시의 하늘을 찬란하게 수놓으며 빛을 발하고, 각종 시지詩紙를 통해서 매달 수백 편의 시가 계속 발표되고 있다. 지금쯤 현대 시사를 한번 돌이켜보고 생각해 본 것은 큰 의미를 두고 싶다.

여기서 무엇보다도 육당 최남선 선생의 대표 시 「해海에게서 소년에게」를 살펴보도록 하자.

일반적으로 한국 신시(신체시)는 육당六堂 최남선의 「해에게서 소년에게」에서 비롯된다고 한다. 최남선은 붕괴해 가는 고전 문화의 전통을 일면 고수하고 회복하면서 한편으로는 신문화의 유입에 적극적인 자세를 보여 주었는바, 이 시에서 그와 같은 특징을 선명하게 드러내고 있다. 주지하다시피 「해에게서 소년에게」는 『소년』지 창간호 권두시일 뿐만 아니라 그의 소년기期 작품을 대표하고 있다.

우선 「해에게서 소년에게」는 그 이전의 작품과 형태상의 비교를 시도할 때 구속된 형식으로부터 자유로워졌다는 것을 우리에게 인식시킨다. 그 이전의 시는 대체로 고정된 형식을 벗어나지 못하고 그것에 구속되어 구속을 위한 절제의 방법을 추구했더라면 이 작품은 구속을 위한 절제, 혹은 형식을 위한 절제로부터 어느 정도 자유로워졌다고 볼 수 있다. 비교적 장시에 해당하는 이 작품은 총 6연으로 이루어져 있으며, 각 연은 7행으로 형성되어 있다. 그리고 각 행은 자유로운 형식을 취하고 있는바, 하나의 연을 하나의 독립된 작품으로 취급한다면, 조금도 흠이 없는 자유시라 불릴 수 있다. 자유시란 고정된 기본 구조 혹은 기저 구조를 지니고 있는 것이 아니라, 각 행이 진행됨에 따라 구조상의 변조가 일어나며, 각 행마다 상이한 구조가 유기적으로 결합함으로써 전체 구조를 형성하는 것이기 때문이다. 이전까지의 창작자들이 중시했던 율격이라는 하나의 추상追想이 말끔히 사라지고 구체적인 자유 리듬의 구조를 취하고 있다. 율격을 중시하는 자들은 소리의 반복을 수량적으로 혹은 기계적으로 취급하고 있어 그러한 형식적 틀로부터 자유로움을 확보하지 못하고 있다. 그런데 최남선은 각 연을 하나의 독립된 작품으로 취급하는 것이 가능하다면, 그와 같은 형식적 틀에서 벗어나 자유시를 창조하고 있는 것으로 파악된다.

海에게서 少年에게

1
처……ㄹ썩, 처……ㄹ썩, 척, 쏴……아.
때린다, 부순다, 무너버린다.
태산 같은 높은 뫼, 집채 같은 바윗돌이나,
요것이 무어야, 요게 무어야.
나의 큰 힘, 아느냐 모르느냐, 호통까지 하면서

때린다, 부순다, 무너버린다,
처……ㄹ썩, 처……ㄹ썩, 척, 튜르릉, 콱.

2
처……ㄹ썩, 처……ㄹ썩, 척, 쏴……아.
내게는, 아무 것, 두려움 없어.
육상에서, 아무런, 힘과 권權을 부리던 자라도,
내 앞에 와서는 꼼짝 못하고,
아무리 큰 물건도 내게는 행세하지 못하네.
내게는 내게는 나의 앞에는
처……ㄹ썩, 처……ㄹ썩, 척, 튜르릉, 콱.

3
처……ㄹ썩, 처……ㄹ썩, 척, 쏴……아.
나에게 절하지, 아니한 자가,
지금까지 있거든 통기하고 나서 보아라.
진시황, 나파륜拿破崙, 너희들이냐,
누구 누구 누구냐 너희 역시 내게는 굽히도다.
나하고 겨룰 이 있건 오너라.
처……ㄹ썩, 처……ㄹ썩, 척, 튜르릉, 콱.

4
처……ㄹ썩, 처……ㄹ썩, 척, 쏴……아.
조그만 산모를 의지하거나,
좁쌀 같은 작은 섬 손바닥만 한 땅을 가지고,
고 속에 있어서 영악한 체를,
부리면서, 나 혼자 거룩하다 하는 자,
이리 좀 오너라, 나를 보아라

처……ㄹ썩, 처……ㄹ썩, 척, 튜르릉, 콱.

5
처……ㄹ썩, 처……ㄹ썩, 척, 쏴……아
나의 짝 될 이는 하나 있도다.
크고 길고, 넓게 뒤덮은바 저 푸른 하늘.
저것은 우리와 틀림이 없어,
작은 시비, 작은 쌈, 온갖 모든 더러운 것 없도다.
조 따위 세상에 조 사람처럼.
처……ㄹ썩, 처……ㄹ썩, 척, 튜르릉, 콱.

6
처……ㄹ썩, 처……ㄹ썩, 척, 쏴……아
저 세상 저 사람 모두 미우나,
그중에서 똑 하나 사랑하는 일이 있으니,
담 크고 순진한 소년배들이,
재롱처럼, 귀엽게 나의 품에 와서 안김이로다.
오너라, 소년배 입 맞춰 주마.
처……ㄹ썩, 처……ㄹ썩, 튜르릉, 콱.

신시인 「해에게서 소년에게」가 형태상 지니고 있는 새로운 요인은 정형적인 율격의 파괴보다 구어체의 채용에서 찾아볼 수 있다. 시어나 시적인 표현이 따로 존재하는 것처럼 생각했던 이전의 창작자와 달리 육당은 구어체나 시 문체를 그대로 작품 속에 도입하고 있다. 각 연의 앞뒤에 있는 의성어나 몇몇 비유적인 표현을 제외하고 모든 표현이 구어체 혹은 시 문체로 되어 있으면서 행의 구분을 시도한 것이다. 그러나 여기서는 '바다'와 '소년'이 일종의 상징적 차원에서 머물고 있으므로 구어체나 시 문체가 시작 효과를 그렇게 감소하지 않는다. 시적 주제를 형상화면서 일차적으로 '바다'와 '소년'이라는 상징적 두 존재가 제시될 뿐 아니라 '처……ㄹ썩, 처……ㄹ썩, 척, 쏴…… 아' 하는 대담한 의성어를 시의 도입부에서부터 사용함으로써 시의 공간적 배경을 암시하는 동시에 감각적인 심상을 형성하고 있다.

또한 종래의 고전 시가 지닌 수법과는 달리 대담한 의성어의 감각적 도입뿐만 아니라 '때린다, 부순다, 무너버린다'와 같은 과격한 점층적 표현, '태산 같은 높은 뫼' '집채 같은 바윗돌' '좁쌀 같은 작은 섬' '손바닥만 한 땅' 등 직유적 과장법을 사용하고 있으며, '누구누구 누구냐' '요것이 무어야' '요게 무어야'와 같은 경박한 설의법, '오너라 소년배 입 맞춰 주마'와 같은 극적 화법을 사용하고 있다. 이들은 고시조나 가사 등에서는 찾아보기 힘든 조사적 종합성을 보여 주는 것이 되는바,「해에게서 소년에게」는 이전의 시가詩歌와 비교할 때 그 시적 표현에 있어서 상당히 독특하고 새롭다 할 것이다.

형태상 구조에 있어서 비록 완전한 자유로움을 획득하지 못한 채 부분적인 자유로움과 형식의 파괴를 보여 주었지만, 이러한 형식의 파괴와 더불어 주제의 형상화에서도 이번 시가들의 진부한 표현과 수법을 파괴하고 나름대로 자유 시적 표현과 수법을 시도한 것으로 판단된다.

지금까지 우리는 육당의 대표작「해에게서 소년에게」를 몇 가지 각도에서 조명해 보았다. 그 결과 우리는 다음과 같은 결론을 도출할 수 있을 것이다.

개화는 세계를 향해 눈뜨기도 전에 침략자의 군림 아래 신음하지 않을 수 없게 된 것이 우리 근대사의 출발이었다. 침략자에 대한 적극적 항쟁도 있었으나 그러한 항쟁이 불가항력적 패배로 끝나고 망국의 비운이 결정적인 것이 되자 '교육입국'을 내걸고 소극적인 계몽기로 접어들었다. 육당의 시가는 바로 이러한 시기에 탄생한 것이었고, 따라서 근대적인 자아에 눈을 뜨기보다는 민족적인 자아에 먼저 눈을 뜨고 이를 성취시키는 것이 급선무였다.

시가에서도 이러한 선행 과제가 목적의식으로 나타났다. 「해에게서 소년에게」도 이러한 예에서 제외되지 않는다. 육당의 시가 일반이 그렇듯이 이 작품도 부정적인 평가와 긍정적인 평가를 동시에 부여받을 수 있다. 물론 시대적 상황이 육당의 시를 그처럼 특징지었음을 부인할 수 없지만, 문학적인 견지에서 본다면 이 작품은 목적의식 또는 계몽의식이 선행한 관계로 작자의 시 의식 또는 시적 미학의 결여 상태를 노정露呈하고, 시 이전의 다른 목적을 철저히 배제하여 시적 형상화를 구체적으로 이루어야 한다는 것이다.

이러한 부정적인 면을 간과할 수 없으나 이것은 오히려 시대적 지상과제의 소치로 보아야 할 것이고, 「해에게서 소년에게」는 몇 가지 긍정적인 평가를 받을 수 있다. 우선 완전히 자유시 형태를 이루지 못했지만 이건 시가의 고정형식을 탈피하여 어느 정도 형태상의 자유로움을 이루었다. 또한 긍정적인 평가를 받을 수 있는 것은 용어 문제인데, 그는 생활의 용어를 그대로 시어로써 살려내고 있다. 마치 요즘의 산문시처럼 말이다. 이 작품의 목적의식 선행으로 인해 부정적인 평가를 받고 있지만 21세기 시의 형식으로 바꾸어 놓은 것처럼, 시적 내용의 강건성, 남성적 토운─韻은 우리 시가에서 드문 일이다. 요컨대 이 작품은 근대적 자아의식·미의식의 측면에서는 부정적인 평가를 받을지 몰라도 그 형태 면에서 용어 면에서 정신 면에서 긍정적인 평가를 받을 수 있다고 필자는 생각된다. 특히 형태나 용어 면에서 근대시로의 출발점을 마련해 준 데서 시사적 의의를 부여받을 수 있을 것이다.

적반하장이 도를 넘는 세상

　세상에는 기분의 힘이 있으나 모두 그 기분에 따라 사실과 신념 이외에 아무것도 아니라고 무시해 버리기 때문에 신념과 불신은 그 사람의 체질에 의해서 생각되기 때문이다. 누구라도 자기의 전체적 기능을 활동시킬 수 있는 균형과 활력을 갖게 되면, 그 사람은 극단적으로 흐를 필요가 없겠으나 자신의 삶에 깃든 온갖 생각을 번갈아 가면서 행동하기 때문에 우리의 삶이라는 것은 변덕스러운 날씨와 같다. 자신의 아름다운 삶을 위해서라도 자주 뒤돌아보는 일은 없어야겠다.
　요즘 같은 더위가 기승을 부리고 한낮 온도에는 불쾌지수가 높지만, 밤에는 열대야가 아닌 이상 선선한 바람을 안고 아침저녁으로 운동이라야 자전거 타는 일 외에는 하지 않는다. 자전거를 타다 보면 눈살을 찌푸리기 일쑤이고 어디다 하소연할 때가 마땅치 않다.
　며칠 전 아침 일찍 운동차 자전거 타고 공원 주변과 개천길 자전거 전용도로가 정돈이 잘되어 있어 편리함과 깨끗함에 기분 좋게 달렸다. 그것도 잠시, 유수지 주변 길을 달리는 순간 여러 군데에 강아지 오물이 여기저기 흩어져 있고 파리, 벌레들이 날아다니고 있어 그 길을 포기하고 다른 곳으로 선택하여 가야 했다. 달리는 순간 그 오물들을 치우고 다니면 얼마나 좋을까, 하는 생각을 해본다. 무더운 여름밤에 강아지 끌고 나오면 주인이 치워야 하는 것이 정상 아닌가. 강아지를 좋아하는 사람도 있지만, 그 반대되는 사람도 있다는 것을 명심해야 한다. 거듭 말하지만, 이 글을 읽는 독자분 중에 혹시 이런 상황에 놓여 있으면 반드시 비닐봉지를 갖고 오물 처리를 하셨으면 좋겠다.

호수공원을 돌아 자전거 전용도로를 힘껏 내달렸다. 신선한 공기와 아침 풀 향기가 나의 코를 자극한다. 휴게소 정자에 앉아 땀을 식히고 있는데, 지나가는 견주는 목줄이 길어 몇몇 사람들이 앉아 꺼림직한 모습을 지켜보던 중 순간 개 한 마리가 순식간에 달려들어 신발을 물어 순간 놀라 그 자리에서 사람들이 모두 놀라 이건 강아지가 아니고 커다란 어미 개가 달려드니 속수무책이었다.

물고 있는 개를 발길질로 방어하고 있는데, 젊은 청년이 소리치며 뛰어온다.

"개는 왜 발로 차요."

"이봐요, 이 개 주인이 당신이오? 이 큰 개를 목줄과 입마개하고 다녀야지, 이렇게 풀어 놓으면 어떻게 해요."

"개도 내 마음대로 못 데리고 놀아요? 그리고 물면 내가 책임지면 되잖아요."

"뭐야? 뭘 책임진다는 거야, 이 사람 보게, 정말 안 되겠네."

"얼마면 돼요? 병원에 입원한 것도 아닌데."

"이 친구 정말 안 되겠네. 경찰 불러야겠어."

주변 사람들이 경찰에 신고하는 소리를 듣더니 그제야 언성을 낮추고 사람들이 웅성웅성 정자 주변에 몰려들어 발목에 상처가 난 모습을 보고 옥신각신하는 사이 뒤따라오신 분들이 이구동성으로 젊은이가 사과하라고 몇 번을 타일렀지만, 외면으로 버티었다. 몇몇 어르신은 그 청년을 붙잡고 타이르고 하니 마음이 누그러졌는지 사과로 끝나 그날은 놀란 가슴을 쓸어 안았다.

우리가 양심과 배려가 일상화된다면 우리는 사회적으로 성숙하고 끝내는 성공할 것이다. 우리의 삶에 빛이 될 수 있는 희망과 통찰력을 마음에 품기까지는 지극히 짧은 시간이면 족하다. 인간은 언제나 되돌아가게 돼 있는 고독 속에서 맑은 정신을 갖게 되고, 자기의 인생길을 따라 그 자신이 다음에 새로운 가치관을 가지고 갈 제시받게 된다. 아울러 새로운 세계를 실현하기 위해서는 존재하는 낭만은 천부적인 힘을 받게 된다.

우리가 살아가는 세상에서 무엇이 잘못인지를 깨닫지 못한 사람들 때문에 질서 잘 지키고 배려하면서 사는 사람들까지 혐오하게 만든다. 물론 개 사건으로 인하여 언쟁해야 했던 일들이 참 서글프다. 그렇지만 불가항력으로 방어해야 하는 것이, 정당방위 아닌가 한다.

그러다가 어린아이한테도 달려들면 얼마나 놀랐을지 싶다. 이런 상황이라면 '정말 죄송합니다.' 이렇게라도 하고 헤어졌으면 더 좋았을 텐데 아쉬움이 남는다.

요즘 연일 보도되는 매스컴에서 참지 못하고 온갖 욕설이 난무하고 묻지 마! 폭행으로 얼룩진 장면을 떠올리며 이런 생각을 해봤다. 순간 참을 줄 몰라서 우발적으로 행동한 것이라고 하지만, 이것은 뭔가 잘못돼가고 있다. 무엇보다 인성교육이 바닥을 치는 것 같아 마음이 아프다. 여러 사람이 공동으로 쓰는 공공장소에 다녀 보면 강아지를 끌고 나오는 사람들을 심심찮게 본다. 주변을 잘 살펴서 어린아이가 다닐 때는 목줄을 짧게 해서 다녔으면 좋겠고, 또한 오물은 자신이 꼭 치우기를 바란다. 그리고 앞서가면서 흡연하는 사람들 그 뒤를 따라가는 사람들은 정말 죽을 맛이라는 것, 누구나 다 겪었을 것이다. 또한 요즘은 아파트 아래층에서 이른 새벽부터 담배 연기가 올라오면 온 가족이 고역이다. 관리실에 연락하여 방송을 반복적으로 해도 아랑곳하지 않고 계속 피워 댄다. 정말 죽을 지경이다. 공원휴게실에서 흡연하고 꽁초는 여기저기 버리고 음료수 마시고 주변에 그대로 버리는 사람, 이런 사람으로 하여금 피해를 보는 사람이 있다는 것을 우리는 알아야 한다.

운동하고 돌아와 향긋한 커피로 달래 보려고 했지만, 그날따라 쓰디쓴 블랙커피처럼 쓰다. 요즘처럼 장마철에는 습기와 중구난방으로 부는 바람 때문에 필자가 거주하는 아파트가 3층이다 보니 거실 베란다 밖에 정면으로 정자 휴게실이 있다. 삼삼오오 모여 담배를 경기장에 나온 분들처럼 앞다투어 피워 재낀다. 거기에다 송아지만 한 반려견을 데리고 와서 빗질해 대는 모습은 정말, 꼴불견이다. 털이 바람에 날려 방충망에 다닥다닥 붙어 떼어내기도 참 어렵다.

상식을 잊고 사는 사람들 때문에 무더운 날씨에 관리실에서 연신 안내 방송에도 마이동풍馬耳東風 스트레스받는다. 또한 횡단보도 우회전 차량이 이젠 도를 넘어서 무법자다. 관할 경찰서에 민원도 넣어 보았지만, 별 뾰족한 대책이 없는 것 같다. 특히 사거리 횡단보도 우회전 차량은 신호 위반을 대수롭지 않게 여기는 것이기 때문이다. 2년 전 경찰서로 우회전 차량 고발하고 사고 다발, 지역을 사진 찍어 보내도 봤지만, 경찰서로서는 횡단보도 우회전 차량 단속하기 위해 신호등에다 카메라를 설치하고 법 위반으로 단속하면 어떨까? 하는 생각을 제시해 면담해 봐도 불가하다고 연락이 왔던 것이 드디어 2023년에는 우회전 차량도 일반 신호와 동일하게 법규 위반으로 적발되었다는 교통법규가 시행되어 다행이기도 하다. 그 결과 사거리 횡단보도 사건이 현저히 줄었다는 언론 보도를 보고 안심하였다. 이 글을 읽는 독자 중에 우선 복잡하고 신호 위반이 종종 발생하는 곳에 설치하면 경각심을 주기 위해서라도 필요할 것 같다. 사람들이 다 지나가고 조금 기다렸다 가면 얼마나 좋을까? 벌써 시행했어야 했던 것이 그나마 시작이 반이라고 편하게 이용하리라 믿는다.
 아울러 우리가 기본적으로 지켜야 할 도리는 삶의 미덕이며 더불어 아름다운 세상을 만들어가는 초석이라는 것을 알아야 한다. 우리는 우리가 볼 수 있는 것 속에서만 살고 있다. 지금은 모든 사물을 흡수하려고 새로운 힘이나 탐욕이 우리를 속박하고 있다고 해도 과언이 아니다. 자연, 예술, 문학, 종교, 그리고 그 대상들이 잇달아 뒤죽박죽되고 있으며, 이러한 이념 가운데 하나일 뿐이다. 모든 것이 주관적인 현상이고 모든 악과 선은 우리들 자신이 드리운 그림자에 지나지 않는다. 오만한 사람에게는 거리가 비굴함으로 가득 차 있고, 실속 없는 사람도 마찬가지로 자신의 행동을 책임을 지지 않는 것이 특징이다.

제3부

詩는 움직이는 상상의 언어 예술이다 : 현충원 동작문인협회 시화전

21세기 정책과 조선조 정책의 비교분석

21세기의 정책과 현실에 대한 지금의 매스컴이나 언론 등에 의해서 다양한 지식을 얻는 것이 많다. 즉 귀동냥이 많다는 거다. 그러면서도 요즘은 높은 문화 수준이랄까? 아니면 접한 것이 많아서 그럴까, 인터뷰 요청을 하면 어른이나 아이 할 것 없이 말을 잘한다. 당황하지 않고 자연스럽게 하는 것을 보면 재미있기도 하고 부럽기도 하다. 전문 서적이나 학교 시절 배운 역사 공부와 인성교육은 매스컴을 통해 접한 지식과 비교하면서 어떤 때는 갈등을 느낄 때도 많다. 특히 드라마의 역사 인물을 조명하는 사극의 경우를 봐도 물론 시청자의 시청률에 의해 성공이 좌우된다는 것에 대하여 더할 말은 없지만, 한 시대를 호령했던 인물을 현재에 와서 재조명하면서 이건 옳고 저건 그릇된 것이라고 단정하는 것은 적절치 않다. 한 예로, 정도전은 조선을 창건하는 데 일등 공신이지만, 고려의 정몽주나 최영 장군 진영에서는 역적이다. 그 시대의 배경에 대해서는 이것을 어떻게 풀어야 하는가는 시청자 판단의 몫이다.

과거 정권에서 집행한 법을 어겨 징역형 선고받고 처벌받았다고 해서 현 정부에서 그때의 판결은 위헌이라고 대법원에서 무죄로 판결과 동시에 손해배상도 해야 한다는 뉴스를 접했을 때, 대다수 국민은 이런 뉴스를 보면 아이러니할 때가 있다. 그때의 대상자가 법을 만들고 집행하는 분들의 대부분이다. 일반 국민은 해당 사항이 없다는 것인가. 가령 삼청교육대에 끌려가서 억울한 누명을 쓰고 옥살이한 분들은 과연 누구한테 하소연하겠는가? 그러므로 역사가 전해 내려오면서 선조들의 잘잘못을 짚는 것은 현재에 와서는 환경과 문화도 많이 바뀌었기 때문에, 그때는 그렇게밖에 할 수가 없다는 과정부터 조명하는 데 관점을 둬야 한다.

가령 고려의 경우 나라를 이끌어 가는 시대적 요인을 잘 파악해서 연구도 하고 신뢰와 소통도 쌓고 그 시대에 알맞은 정치를 했더라면 역사의 치욕적인 멸망까지는 가지 않았을 것이다. 정책을 집행하는 집행자들의 서로 간 의견 충돌과 야망과 야욕이 함께하면서 벌어지는 현상이 대부분이다. 고려 건국을 봐도 그렇다. 태조 왕건이 나라를 세운 지 34왕 425년 만에 이성계의 쿠데타로 멸망함으로써, 이성계와 정도전 등이 합세하여 조선을 1392년에 창건하였지만, 그 후 이성계의 다섯째 아들인 태종이 된 이방원은 조선 창업에 일등 공신인 정도전과 남은, 심효생 등을 하륜이 이숙번을 시켜 형제의 왕권싸움으로 번진 이복형제 동생 방석, 방번과 함께 죽이는 경우를 봐도 정권싸움은 무섭고 냉정하다. 그래도 선량한 백성들은 묵묵히 나라에서 정한 그 법과 질서에 따라 세상을 살아왔고 지금까지도 그렇게 살고 있다.

우리나라가 초대 이승만 대통령부터 오늘날의 윤석열 대통령까지 나라의 국가 통지권자로서 국민과 더불어 온갖 역경을 다 헤치고 오늘날의 OECD 국가 중에 눈부시게 성장한 나라로 발전한 것을 보면 자랑스럽다. 하지만 현재 정치에 참여하신 분들은 어떤 때는 짜증도 나고 울화통도 치민다. 아침에 눈을 뜨면 언론과 신문에 연일 뉴스 속보로 가득 메운다. 대부분 사건이 터지면 반드시 그 사건에는 법을 만들고 집행하시는 분들이 꼭 연루되어 사회에 많은 악영향을 초래한다는 것은 누구나 잘 알고 있을 것이다. 자유당 시절의 정치인부터 지금 정치인들의 대다수가 나라에 헌신하고 국민을 편하게 생활할 수 있도록 법안을 만들어서 집행하는 데 일조하신 분이다. 그중 몇 명 안 되는 정치인들 때문에 지금에 국민한테 원망 아닌 원성을 사고 있다고 해도 과언이 아니다. 그것은 정치인들의 신뢰가 국민 기대만큼은 떨어지는 것도 사실일 것이다. 그분들도 노력하고 연구도 한다는 것은 인정한다. 그런데도 국민은 사사건건 발목 잡고 민생을 외면하는 것처럼 보이는 것은 그동안 국민의 눈에 보이고 보여왔기 때문이다.

이것을 회복하려면 상당히 많은 시간과 각성이 필요로 하는 정치인들의 뼈를 깎는 고통의 심정으로 반성해야 한다. 아울러 국회의원 의석을 가지고 모든 민생 안건을 볼모로 잡고 내 편이 아니면 결사반대로 일관하고 내 편이면 넓은 아량을 베풀고 단체로 이건 안 되고 저건 저래서 안 된다고 의사봉을 빼앗아 방해하기 일쑤고 이런 고질적인 형태야말로 꼭 고쳐야만 하는 것 중 제일 먼저 해야 할 일이다.

지금 현실을 보자. 수많은 민생 법안을 만들어 놓고 처리 기간이 만료되어 폐기한다는 소리가 언론에 심심찮게 흘러나온다. 국회의원 선거 때만 되면 마구잡이 공약을 남발하여 국민의 귀를 솔깃하게 만들어 놓고 당선되면 이런 핑계 저런 사유를 답습하는 방법을 선배 국회의원들의 나쁜 습관만 답습하고 있는 것이 요즘 국회의 현실이다.

그리고 민생 법안을 본인 스스로 만들어 놓고 그 민생 법안을 베개 삼아 낮잠 자는 모습이야말로 매우 안타깝다. 전 정권에서 막대한 비용을 들여 만들어 놓는 사업을 지금은 틀렸으니 없애는 것을 보면 참 한심스럽다. 엄청난 돈을 들여 만들었는데 없애버리면 낭비가 아닌가. 이왕 돈이 들어갔으니, 잘 보완해서 쓸 수 있도록 해야 할 것이 아닌가. 옛날처럼 솔깃한 공약에 표를 던지는 유권자는 요즘 없다. 국민은 이제 여당이든 야당이든 꼭 지켜보고 있다. 국민을 무서워하는 그런 정치인이 되길 바랄 뿐이다.

지난 2022년 6월 1일 지방 선거를 봐도 이번 계기로 모든 민생 법안을 잘 처리하고 열심히 하라는 충고인데도 얼마나 지났다고 서로 간의 말싸움으로 세월을 보내는 것을 보면 참 한심하다. 싸움 소재거리가 먼 의견을 가지고 상식 이하 질문이나 답변하는 모습을 뉴스를 통해 지켜본 국민을 짜증만 나게 만들고 있다.

엊그제 2024년 국회의원 선거에서 야당 압승으로 끝났다. 이번 당선된 국회의원께서는 여야를 떠나 민생법을 위주로 서로 상생하는 국회가 되기를 지켜보겠다. 이번 선거에서 통계를 보면 낙선한 출마자와 당선된 국회의원 투표 비율은 대부분 5~8% 차이로 당락이 결정된 곳이 너무 많다는 결과다. 이것은 지난 국회를 답습하지 말라는 증거라는 것을 잊지 말아야 한다. 아울러 좀 더 성숙하고 매너 있는 정치인으로 거듭나기를 소망해 본다.

그럼 우리 조선조 임금들은 어떤 정책으로 나라를 운영했는지 알아보자. 조선조 임금들은 정책을 한 가지 펴내면 어려운 상황이라고 하여 집행하는 정책을 없애는 것이 아니고 그다음 꼭 마무리를 짓는 것을 알 수가 있다. 먼저 조선 임금 27대까지 내려오면서 조선조 왕들의 정책을 몇 가지 살펴보면 수많은 갈등과 사리사욕으로 측근들의 욕심과 이기심이 무엇보다도 충만해서 난을 일으키고 어려운 시기가 있는데도 불구하고, 임금들은 역경을 이기고 다스려 왔다.

먼저 조선 태조 이성계는 1392년에 조선을 개국하면서 한양으로 천도하고 경복궁, 종묘를 조성하여 새로운 개혁 정치를 주도했다.

아버지에 비해 약한 정종도 1399년 경복궁을 축조하였으며, 또한 집현전을 설치하여 정서와 경전의 각론을 맡게 하였다. 그리고 『향약제생집성방』을 간행하고 조례상정도감도 설치하였다.

3대 태종 이방원도 사병私兵을 혁파하고 1401년 문하부를 폐지하였으며, 의정부議政府를 설치하였다. 1405년에는 육조 기능을 강화해서 좌·우정승이 장악했던 문무관 인사권을 이조·병조로 이관해서 효율성을 높였고, 1413년에는 지방제도도 대대적으로 개편하여 백성의 안정을 도모했다. 그해에 지방제도 개편에 유도부 6부, 5대 도호부, 20목을 74도 호부, 73군, 154현으로 재정비하여 오늘날 시·도·구·읍·면으로 구성된 행정의 기초를 만들었다고 해도 과언이 아니다. 그리고 『대학연의』, 『속육전』을 편찬하였으며, 제1차 왕자의 난 때 잠시 개경으로 옮겨간 수도를 다시 한양으로 옮겨 이때부터 호패법號牌法으로 인구조사·호구조사에 힘을 썼으며, 창덕궁을 경복궁의 이궁離宮으로 창건하고 경회루와 청계천을 조성하여 다음 임금인 세종이 안정되게 정책을 이끌도록 나라의 기반을 조성하였다.
　4대 세종에 와서는 더욱더 백성에 다가갈 수 있는 여러 정책 중 하나는 전 백성이 문맹이 없는 나라를 만들기 위한 정책이 훈민정음 창제이다. 누구라도 글을 읽어 보다 편리하고 문맹에서 벗어난 것은 참으로 대단한 것이다. 이것이 초석이 되어 오늘날 세계에서 선진국 못지않게 훌륭한 언어와 잘살 수 있는 것이 훈민정음이라고 해도 과언이 아니다. 그밖에 나라의 국경을 확실하게 만든 장본인이며, 1419년 심지어 일본의 대마도까지 정벌도 하였다. 오늘날 독도를 자기 땅이라고 우기는 일본은 참으로 어처구니없다. 아마 세종이 지금 지하에서 땅을 치고 통곡할 것이다. 대마도는 우리 땅이라고 할 수도 있을 것이다. 아울러 집현전 확대 설치, 1421년 종묘 영녕전 창건, 1433년 북방 4군 6진 개척, 1434년 해시계·물시계를 발명했다.
　이 외에 문종은 1451년 『고려사』를 완성하였으며, 어린 단종 임금은 숙부인 수양대군과 한명회와 결탁하여 일어난 계유정난은 익히 많은 사람의 심금을 울렸던 사건 중에서 사건이다. 그러는 와중에도

1453년 창덕궁을 중수하였다.

　세조에 와서는 1460년 『경국대전』을 편찬하였으며, 1463년 홍문관 설치, 단종 때 미완성이었던 경복궁을 완성하였다.

　성종 때는 1470년 『경국대전』 완성, 창경궁을 건축하였으며, 포악하기로 이름난 연산군 때는 1496년 종묘제도 제정, 창경궁 수문당, 화정당 건립, 『국조보감』을 편찬하였다. 물론 무오사화와 갑자사화를 일으켜 많은 선비를 죽이고, 전국에서 미녀 300여 명을 뽑아 '흥청興淸'이라는 이름으로 궁중에서 살게 하고 궁중 연회를 즐겨서 '흥청망청興淸亡淸'이라는 말을 만들어 내기도 한 폭군이었지만.

　중종은 1516년 주자도감鑄字都監을 설치하였으며, 선조는 임진왜란으로 말미암아 소실된 궁궐을 중건했는데, 1607년에 이르러 먼저 창덕궁을 중건하였다. 1593년 임진왜란 때 행주산성의 권율 장군은 왜적을 물리치기 위해서 아낙네들의 치마로 돌을 날라 왜적을 물리쳤다. 이 전쟁에 이용했던 치마가 행주에서 나온 유래가 '행주치마'라고 한다.

　광해군 때는 1608년 대동법 실시, 1613년 허준의 『동의보감東醫寶鑑』 간행, 1620년 경희궁을 창건하였다.

　인조에 와서는 유명한 반란 중에 1623년 인조반정, 1636년 병자호란이 일어났는데도 창덕궁 육류 천과 주변 청자 조성을 하였다.

　효종은 1654년 나선을 정벌하였으며, 1656년 창덕궁 만수전·충의당을 건축하였고, 또한 연산군 때의 『국조보감』을 마무리 편찬하였다. 시헌력을 사용 오늘날 역법의 발전을 도모, 즉 태양인과 태음인을 결합한 학문연구에 사용했다. 특히 나라의 경제적인 안정을 위해 충청도와 전라도 근해지역에 대동법을 실시하여 백성의 부담을 덜어 주었다.

　18대 현종은 1667년 창덕궁 집상천 군축했고, 숙종 때는 1707년 창덕궁 부용정 건축, 1712년 백두산정계비 설치하여 국경을 확실히 표시하였다.

1662년에는 효종이 못다 한 대동법을 호남지방에 확대 실시하였으며, 1668년에는 동철 활자 10만 자를 주조하였고, 혼천의를 만들어 천문관측과 역법 연구에 사용했다. 그리고 1669년에는 훈련 별대를 설치하여 유료 군사들을 줄여 나라의 예산 절약에 힘을 썼다.

19대 숙종에 와서는 호서와 호남지방에 시행했던 대동법을 영남으로 확대 실시하였으며, 이때 상평통보常平通寶라는 동전을 주조하였다. 숙종 38년에는 백두산 분수령에 정계비를 세웠다.

21대 영조는 1742년 황평비 건립, 균역법 설치, 『동국문헌비고』를 완성하였으며, 특히 영조 38년 1762년 대리청정하던 사도세자를 뒤주에 가두어 죽게 만든 사건이 일어났다. 이때 사형수에 대해 삼복법을 엄격히 시행하여 신문고 제도를 부활시켜 백성의 억울함을 왕에게 직접 알리도록 하였으며, 1760년에는 청계천을 준설하였고, 경제 정책 중 가장 중요한 균역법을 만들었으며, 1729년에는 오가 작동 및 이정법을 만들어 탈세 방지에 힘을 썼다. 그리고 『감란록』 『숙묘보감肅廟寶鑑』 『퇴도선생언행유편退陶先生言行遺編』을 편찬하였다.

22대 정조는 사도세자의 아들로 1776년 규장각을 설치해서 문화정치를 표방하였고, 규장각을 통해 인재를 모아 1779년에는 규장각을 중심으로 임진자, 정유자, 한구자, 생상자 등의 활자를 만들어 『속오례의』 『증보 동국문헌비고』 『국조보감』 『대전통편』 『동문회고』 『오륜행실』 등을 편찬하였다. 특히 정조 13년 1789년에는 사도세자가 묻힌 현릉원은 수원부 읍내인데, 이곳에 사는 백성들을 수원 팔달산 아래로 이주시키고 그 후에 새로운 도시를 만들기 위해 1794년부터 34개월 동안 공사를 벌여 1794년 10월 16일 낙성식을 가져 조선 최초의 신도시 건설이 이루어졌다. 지금의 신도시 건설도 조선조 임금의 정책이 있었던 것으로 보아 유능한 정조 임금을 볼 수가 있다. 그리고 영조 때 시행했던 탕평책을 계승하여 올바른 정치문화에 힘을 썼다.

23대 순조 때는 그 유명한 1811년 12월 홍경래 난이 일어났지만, 정주성을 함락시켜 4개월 만에 진압했다. 『양현전심록』『사부수권』『대학유의』등이 간행되었다.

24대 헌종은 『삼조보감』을 완성, 1847년 창덕궁 낙선재 준공하였으며, 1836년에는 기해사옥이라는 천주교 박해가 일어났다. 이것은 풍양조씨 세도 정권이 민심의 동요를 막기 위해 천주교를 탄압했던 것이고, 이때 프랑스인인 선교사였던 알베르 신부 모방과 샤스탕이 학살되었다. 그리고 1846년에는 최초의 한국인 신부 김대건 신부가 처형당했고, 그 혼란한 정국임에도 불구하고 『동국사략』『문원보물』『동국헌비고』『삼조보감』을 편찬하였다.

철종 때는 1857년 창덕궁 인정전을 개수하고 1861년 김정호에 의해 「대동여지도」가 간행되었다.

26대 고종은 흥선군 이하응의 둘째 아들이다. 1886년 경복궁을 중건하면서 우리나라의 고비를 맞게 한 여러 사건이 일어난다. 그 유명한 명성황후 시해 사건을 포함하여 1882년 임오군란, 1884년 갑신정변, 1894년 갑오개혁·동학혁명 등이 있고, 1897년에 대한제국을 수립하여 1905년 치욕의 을사보호조약이 체결되고 실질적으로 조선의 막을 내렸다. 1907년 6월 네덜란드 헤이그에서 개최되는 만국평화회의에 특사 이상설, 이준, 이위종 등을 파견하였는데, 일본과 영국의 방해로 실패하고 고종은 일제 강요로 7월 20일 물러났다.

마지막 임금인 27대 순종이 있지만, 1910년 7월 매국노 이완용이 앞장서서 일진회와 도모하여 한일합방韓日合邦, 즉 국권 침탈을 성사시켰다. 8월 11일 이완용의 사주를 받은 순종효황후의 숙부인 윤덕영이

옥새를 훔쳐 날인하고 조선 내에는 8월 29일 공표하였다. 이로써 조선은 27대 519년 만인 1909년 조선은 영원히 막을 내렸다.

　이렇게 조선이 망하고, 일본의 잔악성 앞에도 우리 선조들의 높은 독립정신으로 꿋꿋하게 이겨 나왔던 것은 높은 인내심과 도전정신이 한몫해 왔다. 1945년 8월 15일 광복 이후 여러 번의 과도기를 거쳐 지금에 왔는데, 조선조 임금들은 백성을 위한 정책을 만들면 그다음 임금은 그 정책을 보완하고 계승하려고 하는 의지가 강했다.

　이처럼 현재의 정치사에서 선조들의 정신을 이어받아 국민으로부터 칭송받는 정책이 되기를 온 국민은 바랄 것이다.

한국문학의 변천사와 그 배경

한글판의 최초 여류문학을 조명하기에 앞서 우리가 한국 문학사에서 근대문학까지 내려오면서 아래 두 가지 항목이 이해하는 데 큰 도움이 되리라 생각되며 독자분들도 다소 어렵지만 한 번쯤은 읽어 보는 것도 우리 문학의 변천사에 대한 궁금증이 풀릴 것이다. 우리가 살면서 우리 문학사에 대한 관심이 점차 감소하여 가는 것은 오늘날 인터넷이 활성화되면서 여러모로 바뀐 것도 사실이다. 그 옛날 원고청탁이 오면 제출 기한이 임박해도 과제가 풀리지 않는 경우가 있을 때는 학교 도서관이나 관공서 도서관까지 가서 자료를 찾아야 했고, 심지어는 청계천 헌책방을 뒤져 자료를 찾아야 했던 기억들, 이 모든 것이 우리 문학의 글쓰기를 위해 노력하며 지금까지 버텨 왔던 우리 선배 문인과 우리 세대 문인들의 아픔과 고통이 있었기에 지금의 근대문학이 유지되었다고 해도 과언이 아니다. 우리 문학에서 근대문학이란 무엇이며 언제 시작되었는지에 대하여 논의하는 것은 매우 중요한 일인데, 그것은 다음과 같은 이유 때문이라 할 수 있다.

첫째, 고대, 중세, 근대의 구분 없이 문학사 기술은 불가능하다. 즉 문학사 기술의 전제조건으로서 근대라는 시기 설정은 필수적이라는 사실이다.

둘째, 오늘의 우리 문학과 조선조 이전의 우리 문학이 단절된 것으로 보느냐 혹은 연속된 것으로 보느냐 하는 문제가 여기와 관련되어 있다. 그것은 오늘의 우리 문학을 서구 문학의 이식으로 보느냐 혹은 주체적 계승으로 보느냐 하는 문제가 연구되어 있다.

셋째, 오늘의 우리 문학에 대한 가치평가 역시 여기와 관련되어 있다. 즉 바람직한 오늘의 우리 문학이란 무엇인가 하는 것이 이 문제에 포함되어 있다는 점이다. 17~18세기 기론점을 주장하는 논자들은 우리 문학의 연속성에 강한 신념을 가진 사람들이며, 개화기 기론점을 주장하는 논자들은 비록 부분적 시점이든 전체적 시점이든 정도의 차이는 있으나 대체로 서구 문학 이식론을 수용하는 사람들이며, 아직도 근대문학이 성립되지 않았다고 보는 논자들은 근대를 역사적 개념으로 받아들이지 않고 가치 개념으로 받아들이는 사람이라 말할 수 있다.

근대문학이란 문학사적 용어인 까닭에 이에 대한 학계의 논의 역시 문학사 기술에서 비롯되었다고 한다. 그 첫 시도는 안곽의 조선 문학사인바, 여기서 안곽은 조선 시대의 문학을 근세문학, 갑오경장 이후의 문학을 최근의 문학이라고 하여 그것을 근대문학과 유사한 뜻으로 사용하였다. 그 후 김태준, 조윤제, 김제철, 임화, 백철, 박영희, 조연현 등의 문학사와 김일근의 논문에서 때로는 논의를 통해 구체적인 시대 구분과 배경이 근대문학 혹은 신문학 혹은 현대문학이란 용어로서 이 문제가 거론되어 왔다.

그러나 근대문학의 기점론이 학계의 주목을 받아 쟁점으로 부각된 것은 아무래도 70년대 들어서 대학신문이 개최한 좌담회(1971)와 김윤식·김현이 간행한 『한국문학사』에서 비롯되었다고 보아야 할 것이다. 특히 김윤식·김현이 제기한 18세기 기점설은 학계에 파문을 일으켜 이를 서평하거나 비판하는 형식의 논의를 전개했는데, 김주인·염무웅의 업적이 대표적이라 할 수 있다. 이후 근대문학의 기점에 관한 문제는 1982년 고전문학연구회의 세미나 주제로 채택되어 몇 차례의 논의를 거친 다음 근대문학의 성형 과정이라는 논저로 묶여 나오게 되었다. 그 용어를 근대, 현대, 신문학 등 어떤 편법으로 사용하던 우리에게 근대문학이라고 불릴 수 있는 것의 기점에 대해서는 이제까지 몇 가지의 견해가 제시되어 왔다.

(1) 근대를 근세와 최근 혹은 최근세로 나누어 전자는 조선의 건국, 후자는 갑오경장 이후라는 설(안곽·조윤제)
(2) 조선조 후기라는 설(김태준)
(3) 1860년 개화기 이후라는 설(황폐강·장덕순)
(4) 갑오경장 이후, 즉 신문학과 동일한 개념이라는 설과 임화·백철이 현대문학이라는 용어로 사용했다.
(5) 18세기라는 설(김일군·김윤식·김현·오세영)

그 외 정병욱은 문학만 아닌 음악예술까지 고찰하여 18세기 이후에 신흥예술 혹은 신흥문학이 등장했으며, 이 신흥예술의 근대적 성격이 인정된다면 근대문학의 기점을 18세기까지 거슬러 올라가 잡을 수 있다고 했다. 백영청·강무웅·김명호 등은 각각 근대문학의 개념을 혹은 시민문학 혹은 민중문학이라 정의하여 아직 진정한 의미의 근대문학은 성립되지 않았다고 했다.

그러나 정병두의 가설은 18세기 기점설에 포함되어야 할 것으로 보이며, 백락청·강무웅의 견해는 문학사 기술이 아니라 이념형의 제시에 있다고 보이는 까닭에 결국 지금까지 논의된 바는 앞서 언급한 다섯 가지 견해로 정리될 수 있을 것이라 사료된다.

(1) 근대를 '근세'와 '최근' 혹은 '최근세'로 나누어 전자를 조선의 건국, 후자를 갑오경장 이후로 보는 설

안곽의 경우 조선조 문학, 특히 임진왜란 이후의 문학에서 신불사상의 부흥이 규명하여 근대성과 관련시키지 못하였고 오히려 갑오경장 이후 소위 최근 문학에서 신문명의 획기적인 표현이 있다고 말했으며, 조윤제 역시 조선조 문학을 근세, 최근, 최근세로 나누긴 했으나 그의 문학 사관인 민족정신의 전개에 따르는 근대성을 소위 근세 문학 작품을 통해서 구체적으로 파악하지 못했을 뿐만 아니라 오히려 후기 저작에서는 최근세의 문학이 지닌 과학 문명성을 근대성이라고 단정지었기 때문이다.

(2) 조선조 후기라는 설

김태준은 임진왜란의 상흔이 치유된 이후의 문예 부흥과 창조의 고증학 수입, 그리고 신흥 민중의 대두로 인해 근대소설이 조선조 후기에 등장했다고 보아 그 대표적인 예로 당시 사회의 모순을 비판한 박지원의 소설들이나 춘향전을 들었다. 그는 근대소설의 이념에 대해서 확실한 설명을 하지 않았고 또 순조 이후의 신흥하는 시민이 그들 자신의 소설과 연극을 요구했다고 보았으면서도 소설은 침체해서 특색 있는 작품 몇 편만 나타났을 뿐이라고 서로 어긋난 서술을 했다. 이와 같은 김태준의 입장은 그 자신은 조선 후기라는 막연한 시기를 들고 있으나 18세기 기점설에 가까운 것이라 할 수 있다. 왜냐하면, 신흥 민중의 대두나 문예 부흥 실학의 성립들은 18세기의 특징이라 보는 것이 보편적이기 때문이다.

(3) 1860년을 기점으로 보는 설

황패강은 근대정신을 사회의 모든 면에서 추구되는 자아 각성으로

정의하고 이를 시대적으로 고찰한 뒤 1860년을 근대와 전근대의 갈림길로 보았다. 그에 의하면, 생산에 있어서 근대란 산업 자본이 재화의 생산과정에서 사회적 가치를 증식시켜 새로운 사용 가치를 형성하여 전체적으로 사회적 부를 늘려가는 시대이다. 경제에서는 대량생산과 이에 대응한 금융업이 발달한 시대이며. 사회에 있어서는 봉건적 폐쇄성에서 탈피하여 사회의 모든 면에서 개방체제로 옮겨가는 시대라고 생각할 수가 있다. 가족에 있어서는 산업사회 구조에 적응할 수 있는 소단위의 가족이 형성된 시대이며 정치에서는 절대 왕권이 붕괴되고 입헌 대의제가 성립된 시대이다. 황패강은 이와 같은 시대정신이 우리나라에서 1860년대에 일어나게 된 것은 이해 북경이 영국과 프랑스군에게 함락되어 동양의 문호가 개방되었고, 우리나라에서도 동학운동이 시작되고 1866년에 일어났던 새남터 천주교도 순교 사건이 양심과 신앙에 대한 민권운동으로 비화飛火했기 때문이라고 한다.

이러한 역사적 사건은 문학적 사실과도 부합되어 최제우의 동학 가사(용담 유사) 창작 유포(1860-1863), 천주교 가사(1850-1860) 17편(최양업)의 창작, 신재효에 의한 판소리 가사의 정리 방각본, 국문소설의 본격적인 유행 등이 있게 되는데 이로써 우리의 근대문학이 성립된다는 것이다. 황패강의 견해는 근대성을 주체적 전개로 파악했다는 점, 실증적으로 증명코자 했다는 점 등에서 의의가 크다.

그러나 그것은 넓은 의미에서 개화기, 즉 갑오경장 기점설에 포함될 수 있으리라고 생각한다. 왜냐하면, 시대구분에 있어서 30여 년이란 시차는 크게 문제될 것이 없으며, 갑오경장 기점설 가운데에도 황패강이 주장하는 것처럼 자생적인 요인으로서 우리 근대성을 옹호하는 논자들도 있기 때문이다. 요컨대 황패강의 1860년대 기점설은 갑오경장 기점설 가운데서 우리의 근대화가 자생적으로 태동하였다는 전통 승계설을 변형한 견해라고 생각된다.

(4) 갑오경장 기점설

　이 학설에는 정도의 차이가 있으나 기본적으로 우리 근대문학의 형성에 서구의 영향이 크게 작용했다는 인식이 전제되어 있다. 서구의 영향을 어느 정도로 평가하느냐의 정도 차이에 따라 다시 이 견해는 두 가지의 입장으로 구분된다.

　첫째, 우리의 근대문학은 그 이전의 것과 완전히 단절된 것으로 서구 문학의 의식이 불가하다는 입장이 있는데, 임화·백철·박영희·조인현 등이 여기에 속한다. 임화는 최초로 근대문학의 기원을 사회 경제사적 입장에서 밝히고, 이 문제를 더욱 명확하게 체계를 세우려 했으나 유물사관과 식민지 사관의 도식에 빠지는 우를 범하였다. 그에 의하면 근대란 봉건 사회가 지양 발전하는 데서 성립하는 것인데 우리의 경우는 역사 발전의 정체성으로 말미암아 선행 봉건 사회가 충분히 성숙하지 못하여 근대 사회를 이룩할 수 없었으므로 따라서 우리의 근대 사회는 서구 근대 사회의 이식과 모방을 통해서 출발할 수밖에 없는 운명에 놓여 있는 까닭에 우리의 근대문학 역시 갑오경장 이후 서구의 그것을 모방 의식한 것에 지나지 않는다고 했다.

　이러한 문학관은 백철·박영희에게 그대로 답습된다. 백철은 조선의 원시사회 이래로 정체성이 축적되어 봉건 사회가 충분히 발달하지 못한 관계로 서구의 근세 세력이 그 장벽을 깨고 조선에 유입되었으며 조선의 신문학 운동을 또한 조선에 밀려들어 온 그 근대사상의 지반 위에서 성장하였다고 보았으며, 박영희는 근대문학인 이후에 시작되었다고 하고 스스로 전통을 물려받지 못하고 서구 문학을 모방한 것으로 규정했다. 한편 권선징악을 비판하고 개성과 자유를 추구하고 민중해방을 위한 혁명 의식을 고취하는 등 시대적 사명을 충실하게 수행하려 한 것은 높이 평가해야 한다고 보았다. 박영희가 갑오경장 기점론의 한 변형으로서 1900년 기점설을 들고 나온 것은 이때 비로소 한문 문학이 청산되어 문학운동이 국문으로 전승되었고 일제 침략에 대한 민족적 자각이 싹텄기 때문이라 한다.

둘째는 자생적인 우리 문학의 근대성을 부분적으로 인정하기는 하되 서구 문학의 결정적인 영향 아래서 우리 근대문학이 성립되었다는 입장이다. 김용직·이자순·이재선 등이 그들이다. 김용직 먼저 한 논문에서 근대의식을 자아 각성으로 볼 경우 그 기점은 『홍길동전』까지 거슬러 갈 수 있고, 서구적인 개념이 부분적으로 나타난 것으로 볼 경우 1900년, 서구 문학의 개념으로 볼 경우는 이광수의 『무정』이 발표된 1917년이라고 했다.

그러나 다른 논문에선 우리의 근대는 19세기 말에 시작된다고 하여 그 논거로서 이때 갑신정변에서 표출된 개화 의지, 동학운동, 우리 국가에 대한 관심 갑오개혁(비록 일제에 의해 사주된 것이라 하더라도) 등이 자생적으로 일어났고, 또 한국 근대화에 중요한 역할을 담당한 서구의 효과적 수용, 즉 서구의 충격도 이때 일어난 것 등을 들었다. 한편 이자순은 비교문학적 관점에서 서구, 중국의 경우를 살펴본 뒤 우리 근대문학의 출발은 외세의 충격으로 앞 세기에 싹텄던 자아의 각성과 민족적 정신이 문학작품 안에 실제로 크게 반영되기 시작하던 19세기 후반까지 기다려야 할 것으로 보인다고 했다. 그가 앞 세기의 싹텄던 자아각성이라고 진단했던 것은 17~18세기의 여러 변동, 즉 양반 관료 지배체제의 동요, 농민의 신분 분해, 화폐경제의 출현, 사설시조, 판소리, 평민 가사, 표현 매체가 국문으로 된 국문학의 발간, 민중 문학의 대두 등을 가리킨다. 그리하여 19세기 후반에 우리 근대문학의 길잡이가 될 수 있는 요인으로 최제우의 『용담유사龍潭遺詞』(1862) 발표, 신채호의 소설 창작, 신소설·신파극의 등장, 한문학의 소멸과 한글 문학의 융성 등을 들었다. 이재선은 근대문학의 기점은 서민층의 성장이라는 외부적 요인과 그것에 관련된 내적 요인을 고찰하여 설정해야 한다고 전제하고 먼저 근대소설이란 영웅적 형상의 약화, 단선적 서술구조의 약화, 전진적 서술자의 후퇴, 공간화의 경향을 들어 그것이 19세기 말 이후임을 주장하였다.

(5) 18세기 설

이 주장은 과거 19세기 말 설(갑오경장설)이 우리 근대문학을 서구 문학의 의식으로 보는 관점을 비판하고 자생적인 우리의 근대성을 탐구하는 입장에서 제기되었는데, 이는 물론 식민지 사관을 극복하고자 노력했던 국사학계가 70년대에 들어 거두었던 결실에 크게 힘입은 것이었다. 가령 한국 경제사학회 편 『한국사 시대 구분론』(을유문화사, 1970), 역사학회 편 『한국사의 반성』(신구문화사, 1969), 강만길 『조선 후기 상업자본의 발달』(고려대출판부, 1978), 김용섭 『조선 후기 농업사 연구』(일조각, 1970) 등 막연히 임진왜란 이후나 조선 후기에서 근세 혹은 근대의 출발을 언급한 학자는 있었지만, 그것을 구체적으로 18세기라고 주장하였던 최초의 사람은 김일근이다. 그는 18세기에서 갑오경장까지는 근대의 전기로, 갑오경장에서부터 3·1운동까지는 근대의 후기로 보았는데 그가 뜻하는 근대정신은 과학사상과 인권 존중 사상이었다. 그는 이와 같은 근대정신을 박지원의 소설에서 찾고자 하였으나 박지원의 소설에 구형된 실학사상의 분석이 산만했고 훈 학과 시대의 관계를 유기적으로 밝히는 데까지 나아가지 못하였다.

18세기 기점설을 보다 체계 있게 제시한 사람은 김윤식이다. 그는 그와 같은 주장의 논리로서 사회의 신분제도 혼란 및 경영 부농의 대두, 화폐경제의 확립, 실사구시파의 성립, 시장경제의 형성 가능성, 시조·가사 등의 재래적 문학 장르의 집대성과 판소리·가면극·소설 등 서민문학 장르의 융성, 시민계급의 성장 등을 들었다.

이와 같은 시대정신이 반영된 구체적 문학적 증거로는 이후 후기의 단편소설들과 박지원의 소설들, 그리고 봉건 가족제도의 붕괴를 보여준 『한중록』, 그리고 김립의 풍자시, 판소리 등과 시조의 붕괴를 예로 들 수 있다고 했다.

한편 오세영은 김윤식과 같은 관점에서 그 논거를 한층 더 보강했다. 그는 근대정신을 한마디로 자본주의 정신으로 보고, 18세기에 있어서 자본주의 빙 후로 전기 자본의 원시 축적이라 할 상업자본과 고리대자본의 형성, 부상富商·대가大家의 출현, 시전市廛의 몰락과 난전亂廛의 번창, 미미하나마 확대 재생산의 실현, 도시의 성장, 합법적 귀인의 등장으로 인한 본 건 경제의 해체 가능성들을 들었다. 그에 의하면 이러한 시대 변화는 문학에서 장르 상으로 시민 대중문학의 출현 및 융성(판소리·사설시조 등과 고대소설·잡가의 융성), 민족 언어에 대한 인식, 봉건 도덕에 관한 비판의식, 『홍길동전』·『사씨남정기』·『한중록』 등 문학작품에 나타난 상공업 정신, 박지원 『허생전』의 중상주의重商主義 정신과 이익사회의 가치관, 사회 비판의식 및 인문정신, 김립의 풍자소설, 문학에 있어서 표현상의 자유 지향, 방각본 국문소설의 보급 등으로 반영되었다고 한다.

이상 김윤식·오세영 등이 주장한 18세기 설에 대해서는 여러 가지 논란이 있을 수 있고 실제로 비판된 바도 있지만, 적어도 18세기에 자생적인 근대화가 싹텄다는 사실만큼은 부정할 수 없으리라고 본다. 다만 이러한 제 특징이 우리 문학사에서 근대의 기점이 될 수 있느냐 없느냐의 문제인데, 이는 시대 구분을 하는 기본적 관점에 달려 있다. 그것은 시작을 시기 설정의 기점으로 보느냐, 성립을 기점으로 보느냐 하는 태도이다. 자본주의의 성립 혹은 근대정신의 확립을 기점으로 본다면 분명 18세기 기점 설정은 불가능하다. 그러나 그 같은 관점에서라면 1980년대인 오늘날 경우에도 근대가 성립되었다고 할 순 없지 않을까 생각한다.

詩는 움직이는 상상의 언어 예술이다

　취미를 판정하는 사람으로 알려진 사람들은 종종 잘 알려진 그림과 조각에 대하여 어느 정도 지식을 갖추고 있으며, 또 우아한 것이라면 좋아하는 사람들이 많다. 그러나 그들이 아름다운 영혼을 가졌는지, 또는 그들의 행동이 아름다운 그림과 같은지 의문을 가지고 보면 그들이 이기적이거나 관능적이라는 것을 잘 알 수 있다.
　내가 젊었을 때 일을 아직도 생생하게 기억하는데, 어느 날 아침이었다. 카페에서 창가에 앉아 있던 어떤 젊은이가 천재성을 발휘했다는 말을 듣고 퍽 감동했던 경험을 한 것이다.
　그는 자기가 하던 일을 그만두고 무작정 서울로 왔다고 한다. 대학을 졸업하고 지방 중소기업에 입사했는데, 매출액도 없는데다 회사 자금사정이 여의찮아 이곳으로 떠나왔다는 것이다. 그는 직업신문을 뒤척이며 전혀 모르는 곳을 이리저리 방황하면서 갈 곳이 없어 잠시 다방에 앉아 있었는데, 정면 벽에 붙은 어느 작가의 사인에 이런 말이 적혀 있었다고 했다.
　"글을 즐기기 위해서는 생각나는 대로 낙서하듯 메모하면 훌륭한 글이 나올 수 있으니, 낙서를 즐겨라."

그 낙서를 보고 임시 거처를 마련한 다음 노트북에 한글파일을 깔고 생각나는 대로 부모님, 친구가 보고프면 낙서하듯 푸념도 하고 지방에서 겪었던 에피소드도 쓰고 하였다. 서울로 올라와 3개월이 흘러 일간지 신춘문예에 응모하여 며칠 전 최우수상을 받았다며 자기가 천재성을 발휘했다고 자랑삼아 이야기하는 것을 보고 청년은 참 좋은 길을 택했다고 덕담을 한 적이 있다.

그러면서 그의 내면에 깃들어 있는 사상이 신춘문예 당선작인 그 시 속에 들어 있는지 자기로서는 알 수가 없었을 것이다. 사람은 누구나 할 것 없이 시인의 출현에 어떤 관심을 보고 있지만, 시인의 출현은 그 자신에게 얼마만큼 관계가 있는지 아는 사람은 없다. 물론 국문학이나 문예창작학을 전공한 사람은 그렇다 치더라도 일반 학과를 나와 작가의 길로 들어선다는 것은 무척 힘들다. 우리는 시인으로부터 그가 본 새로운 것들을 전해 들을 수 있을 것이 지금까지 언급한 말 가운데 가장 진실한 말이며, 시어는 가장 적절하고 운율적인 말이 되어서 그 당시의 가장 정확하게 들을 수 있었다.

시는 문학의 한 장르로서 자연이나 인생에 대하여 일어나는 감흥과 사상 등을 함축적이고 운율적인 언어로 표현한 글이며, 형식에 따라 정형시·자유시·산문시로, 내용에 따라 서정시·서사시·극시로 나눈다.

1) 시의 특징은 다음과 같이 6가지로 표현할 수 있다.

① 산문에 비해 짧은 글이다. ② 산문의 문단이 시에서는 연으로 이루어진다. ③ 연은 몇 개의 행으로 이루어진다. ④ 같은 말, 같은 글이 되풀이되기도 한다. ⑤ 글 속에 흐르는 가락이나 장단이 있다. ⑥ 말에 감동과 느낌을 담기 위해 비유적인 표현을 많이 쓴다.

2) 시의 요소는 형식적 요소와 내용적 요소를 담고 있다.

- 형식적 요소

① 시어 : 시에 사용된 말 ② 시행 : 시에서의 한 줄 한 줄 ③ 연 : 여

러 시행이 모여서 이루어진 한 묶음의 글. 연과 연 사이는 띄어 놓아진다. ④ 운율 : 말이 이어질 때 느껴지는 가락

- 내용적 요소

① 소재 : 시의 내용을 이루고 있는 글감 ② 주제 : 시인이 시를 통해 나타내고 싶은 중심 생각 ③ 심상 : 시를 읽을 때 떠오르는 소리, 모양, 냄새 등의 여러 가지 느낌

3) 시의 표현 방법 수사법은 크게 비유법·강조법·변화법으로 나뉘며, 각각은 또다시 여러 갈래로 나뉜다.

① 비유법 : 표현하려는 대상을 사물에 빗대서 표현하는 방법 … 직유법, 은유법, 의인법, 활유법, 의성법, 의태법, 풍유법, 대유법, 중의법, 상징법

② 강조법 : 문장에 힘을 주어 강조함으로써 짙은 인상을 주는 방법 … 과장법, 반복법, 열거법, 점층법, 점감법, 비교법, 대조법, 억양법, 예증법, 미화법, 연쇄법, 영탄법, 현재법

③ 변화법 : 단조로움과 지루함을 피하기 위해 변화를 적절히 주는 방법 … 도치법, 대구법, 설의법, 인용법, 반어법, 역설법, 생략법, 문답법, 경구법, 명령법, 돈호법

4) 시의 감상 방법은 4가지로 설명할 수 있다.

① 시의 제목은 그 작품의 반이라 생각하고 행이 바뀔 때마다 연관지어 생각해 보라. ② 일상적 언어가 아닌 시어(색다른 언어)를 찾아 밑줄을 긋고 그 단어들의 색깔 냄새 등의 이미지를 연관지어 보라. 뭔가 작가가 일관되게 주장 내지는 보여 주고자 하는 것이 보인다. ③ 대부분 작품은 시의 종결부에 작자의 전달 의지를 강하게 드러낸다. 화자의 결정적 심정은 시의 중후반이나 끝부분에 드러난다. ④ 단어 하나 하나에 집착하지 말고 말의 느낌이나 이미지를 산책하듯 작가의 심경이 되어 시를 편안하게 둘러보라. 메시지가 한결 잘 와닿을 것이다.

그러면 시는 어떻게 쓸 것인가.

첫째, 장식 없는 시를 써라. 설명하지 않아도 되는 것, 시적 공간만으로 전해지는 것, 그것이 시의 매력이다. 시를 쓸 때는 기성 시인의 풍을 따르지 말고 남이 하지 않는 얘기를 해라. 주위의 모든 것이 소재가 될 수 있으며 시의 자료가 되는 느낌을 많이 가지고 있게 되면 시를 쓰는 어느 날 그것이 튀어나온다. 하지만 시는 관념만으로 되는 것이 아니라 관념이 구체화하고 형상화되었을 때 주제가 될 수 있다. 그러므로 묘사하는 연습을 많이 하라.

둘째, 시는 감상이 아니라 경험임을 기억하라. 시는 경험의 밑바탕에 있는 단단한 생각에서 나오는 것이다. 이때의 경험은 구체적 언어를 끌어내 준다. 단지 감상만으로는 시가 될 수 없으며 좋은 시는 감상을 넘어서야 나올 수 있다.

많은 시인이 인생관과 문학관을 가지고 정서와 질서를 나름대로 표현하고 언어의 질서를 바로잡도록 노력하는데도 불구하고 시인들의 숫자만큼이나 다양할 수밖에 없다. 우선, 시는 운율적 언어와 내포적 언어로 되어 있는 최초 문학의 형태를 말하고 즉 대표적인 표현적 언어 예술을 상생하려면 상상의 언어 예술도 함께한다. 시는 원시적인 축제나 무속인들의 가사에서도 볼 수 있듯이 가슴에 와닿는 일종의 마음을 움직이는 능동적 언어의 예술이다. 인간이 스스로 보고 느끼는 생각을 서술한 시의 형식을 질긴 토기 그릇에 담아 위에 뜨는 불필요한 언어는 따라 버리고 아주 아래에 가라앉은 앙금이 즉 농축된 언어의 예술이 탄생한다. 또한 시는 소설과 같은 산문 문학과는 달라 시의 성격에 따라 반드시 형식을 갖추어야 시라 할 수가 있다.

① 조화 ② 대조 ③ 균형 ④ 음률 ⑤ 통일 ⑥ 리듬

독자들은 이 여섯 가지를 지켜야 시를 읽거나 쓰는 데 재미와 묘미를 즐길 수가 있다.

조화는 이 구절과 저 구절이 서로 고르게 잘 어울려야 하고, 대조는 둘 이상의 문장을 서로 비교하여야 하며, 균형은 어느 한쪽으로 치우치지 않고 고르게 평형을 이루어야 한다. 음률은 문장의 낱말이 리듬을 타야 한다. 아울러 통일은 서로 연관된 낱말은 떨어지면 안 되고 리듬은 낱말의 선線, 형形, 색色의 비슷한 요소를 되풀이하여 이루는 통일된 율동이라고 한다. 어떻게 보면 어렵고 복잡하게 느껴질 수 있다. 그래서 현재까지의 시인들이 고충이 이만저만이 아니다. 오죽하면 시인들의 원고를 옥고라고 하겠는가? 이것을 꼭 지켜서 쓰기란 상당히 어렵기 때문에 지금도 계속 노력 중이고 현재 진행형이다.

이렇게 현대 시에 있어서 산문시의 득세로 음률의 중요성이 점차 감소하여 가는 경향이 있어, 본질적으로 시는 리듬을 잘 타야 음률적 언어의 문학임을 잊어서는 안 된다. 즉 시는 정서와 감수성이 잘 이루어져야 독자에게 더욱더 어필할 수가 있다. 아울러 현대 시는 산문적이고 화학적이어야 하며 가슴에 와닿는 애정시는 추상적이고 낭만적이어야 독자들에게 공감을 준다. 즉 산문시는 글자의 수나 운율을 제한받지 않고 자유롭게 쓰기 때문에 다소 지루할 수가 있으나 상상의 언어를 질서 있게 잘 유도한다면 그것 또한 재미를 느끼고 공감할 수가 있다.

현대 시는 과거의 지각 또는 감각적인 체험의 재생적인 이미지가 담고 있는 의미를 말한다. 좋은 시는 이미지가 주는 시의 주제가 하나로 융해되어 조화를 이루어야 하고, 그 이미지가 전체의 시 속에 어떤 구실을 하며 표현과 효과를 극대화하느냐에 따라 얻고자 하는 바를 터득해야 한다. 그리고 시적 표현에 있어서 기교와 비교가 상징적으로 표현되고 그 기교가 시적으로 만들어져 가기 위해서는 시인의 직감과 내면적 체험이 형상화되어야 한다. 시 속에 숨겨져 있는 비유와 상징을 뜻대로 올바르게 이해하는 데 상당한 도움이 된다.

시를 이해하기 위해서는 시인의 작의를 알아야 하고 그에 따른 내포적 의미를 같이 공감하고 같이 공유해야 작가와 같은 동반자가 된다. 시를 읽고 이것은 옳고 저것은 아니라는 불신이 지향된다면 같이 공감할 수가 없다. 왜냐하면 시는 자연과학처럼 공식이 있어 대입한다고 답이 주어지는 것이 아니다. 각 작가가 쓰고자 하는 방향이 읽는 독자마다 성격과 성향이 다르기 때문에, 주어진 시적 언어와 자신의 영감을 잘 대입하여 내 것으로 만들어서 이해하는 수밖에 없다. 즉, 결론은 무엇보다 많이 읽고 많이 생각하는 습관이 되어야 시를 재미있고 시 속에 숨겨져 있는 보물을 찾는 것이다. 그 보물을 위해 어떻게 내 가슴속에 담아야 하느냐는 독자 스스로 그 문장의 의미를 단순하게 단정짓지 말고 내포된 비유학적 언어의 기술에 의미를 두고 시인의 마음을 헤아려서 더욱더 감동적으로 읽기를 바란다.

물론 시는 읽고 또 읽어도 이해하기가 어렵다. 그 어려움을 극복해야 비로소 그 표현의 의미가 조금씩 조금씩 다가온다.

백운을 탄 신선과 같다는 도봉산

　서울에서 의정부 방향으로 가다 보면 돈암동을 지나 미아리 고개를 넘으면 정릉동과 길음동이 보인다. 그 뒤쪽에 웅장하게 서 있는 북한산 줄기가 눈앞을 가로막는다. 산이 한눈에 들어오는 경치와 공기는 얼마나 좋은지 답답함을 느꼈던 마음이 금세 바뀌며, 잠시나마 후련함을 느낀다. 자연과 공기가 얼마나 소중한가를 느끼게 하는 순간인데 이 길을 지나는 사람이라면 필자뿐 아니라 같은 생각을 할 것이다.
　가던 길을 계속 수유리 방향으로 지나면 왼쪽에 보이는 산세가 북쪽을 완전히 장막을 치듯 우람하게 가로막고 우뚝 솟아오른 북한산의 끝과 시작되는 산으로 우리나라에서 하나밖에 없는 인수봉과 백운대를 뒤로하고 수유리 쌍문동을 지나면 같은 방향으로 의정부까지 하나의 장관이 펼쳐지는 바위산이 우리가 잘 아는 도봉산이다. 산이 얼마나 높고 웅장한지 처음 지나며 보는 사람들은 마치 금강산이나 설악산 또는 별세계에서 온 느낌을 주는 것 같다. 그래서 옛날 세종 때 서거정徐居正은 도봉산 아래를 지날 때면 산의 아름다움에 반해 멈췄다가 가기를 반복하며 시가 절로 나왔다고 한다.
　서울 북쪽에 위치한 도봉산은 북한산 다음으로 서울시민의 사랑을 받는 산이지만, 이 산도 한국전쟁을 치르면서 서울에서도 땔감을 구하느라 벌거숭이로 수난을 겪었던 때도 있었다. 그것은 5, 60년대 어려운 시절이었기에 인근 주민은 물론 멀리 서울에서까지 나무해 가는 통에 삼림 감시원이 매일 단속해도 워낙 많은 사람이 땔감나무로 여지없이 배어버리는 바람에 한동안은 죽은 산이나 다름이 없었다.

그렇게 바위와 골육만 남아 있던 산이 푸르름을 되찾기 시작한 것은 박정희 대통령 정권 초기로, 전국의 모든 산을 사방사업과 녹화사업을 하면서 각 학교와 기업체에서 나무 심고 가꾸면서부터다. 늦게나마 도봉산의 중요성을 깨달은 정부에서 1983년 국립공원 지정을 하여 숲과 삼림을 보호한 것도 이 산이 푸르름을 되찾는 데 한몫하였다. 그러나 봄가을로 등산객이 얼마나 몰리는지 영靈이 깃든 산이 고래고래 소리 지르는 사람들과 무참히 짓밟은 등산화에 견디지 못하는 것을 안 도봉산 관리공단에서 휴식년제로 관리하여 나무와 풀이 살아날 수 있었다고 한다. 그 결과 모두 숲으로 울창하여 다시 산을 사랑하는 사람들의 도봉산이 되었다고 한다.

대부분의 사람들은 도봉산을 서울 땅이라고 아는데 사실은 경기도 땅인 양주와 의정부시, 서울시의 경계로 이루어져 있고 북으로는 불곡산과 서쪽으론 개명산, 동으로는 수락산과 불암산이 주위를 보호하듯 감싸고 있다. 특히 도봉산에는 명바위가 많아 옛날에는 바위가 얼마나 많은지 십 리 밖에서 보거나 가까운 곳에서 봐도 산세가 웅장 수려함과 장관을 이루고 만 봉이 신비스러움을 자아내는 이들의 경탄을 금치 못하게 한다. 특히 봄이나 가을 구름이 낮게 드리운 날에 정상에 오르면 중턱을 맴도는 구름이야말로 백운白雲을 탄 신선과 같다는 느낌을 받을 정도이다. 그뿐만 아니라 명산의 바위는 기상천외하여 보는 사람으로 하여금 감탄을 자아내게 한다.

수탉 벼슬의 금계형金鷄形 바위

용이 승천하는 비룡飛龍 승천형昇天形 바위
　신선 승려 소귀를 닮은 우이암牛耳岩 바위
　스님이 불공드리는 도승道僧 예불형禮佛形 바위
　거북이 산에 오르는 영구靈龜 산상형山上形 바위
　신령스런 거북이 산에 올라 햇볕을 쬐는 영구 쇄일형曬日形 바위
두꺼비바위, 감투바위, 매바위, 곰·토끼·호랑이바위 등 이름과 표현을 붙일 수 없을 정도로 수많은 바위가 조각 공원과 동물 농장을 보는 느낌과도 같다.

　이렇게 큰 산에 전설과 절이 없을 리 없다. 우선 조선을 창건한 태조 이성계가 어느 날 꿈을 꾸었는데, 마른하늘에 별안간 뇌성벽력이 울리더니 앞에 있는 거대한 산이 반으로 갈라지면서 그 속에서 귀가 10자나 되는 거대한 미륵 돌부처가 불쑥 솟아오르는 것을 보았다고 한다. 하늘이 무너지는 것도 아니면서 장엄한 광경에 놀란 이성계는 얼른 엎드리고 그동안 살아오면서 잘못이 있건 없건 빌며 기도하였는데 한참 빌고 나서 머리를 들어 보니 돌부처는 사라지고 그 자리엔 큰 바위만 남았는데 이 바위가 현재 남아 있는 오백나한을 모신 나한상의 바위이고 그 바위 덕에 훗날 임금이 되었다는 전설이다.

　그리고 도봉산에는 유명한 사찰 4곳이 있는데 천축사, 망월사, 원통사, 회룡사 이렇게 4곳이며, 그중 회룡사는 도봉산의 북부인 호원동에 있고 여기에는 또 다른 전설이 있다. 이성계와 무학대사가 얽힌 회룡사란 절 이름의 이야기가 있으며, 신라 문무왕 원년(681)에 의상대사가 창건한 절로 처음에는 법성사라고 지었다고 한다. 고려를 거치는 동안 서너 번의 중·개창을 하였는데, 1383년 무학대사가 절의 주지로 있으면서 네 번째로 중창하였다. 이때는 조선 창업 전으로 이성계와 무학은 고려국의 신하와 승려였는데, 이성계를 본 무학은 그의 앞날을 예지하여 그의 포부와 경국대업經國大業을 위해 열심히 기도

하였으며, 후에 조선을 창업한 이성계가 법성사로 찾아오자 무학대사는 한양, 즉 지금의 서울과 도봉산 바위를 가리키며 "저기 도봉산의 바위봉들이 공公이 임금 되는 발상지이고 저 산 끝 줄기가 멎고 산천이 다다른 곳이 도읍지가 될 것이다."라고 했다고 한다. 이때는 아직 한양으로 천도를 하기 전인데 무학은 궁궐터가 들어설 자리까지 미리 이야기하였으며, 도봉산의 날카로운 창검바위를 보고 무력으로 정권을 잡을 것으로 예측하였다고 한다.

그리고 법성사가 회룡사로 개명이 된 전설은 다음과 같다. 태종 이방원이 왕자의 난을 일으켜 정권을 잡자, 태조는 그를 임금으로 인정하지 않고 보기도 싫어 함흥으로 돌아갔다. 그러자 태종은 자식의 도리로서 신하들과 함께 태조가 한양으로 환궁할 것을 간곡하게 권했다. 태조는 마지못해 마음을 움직여 수레(연)를 타고 오는데 의정부까지 온 수레가 멈추더니 꼼짝도 하지 않았다. 며칠을 두고 수레가 움직이지 않자 한양에 미리 와 있던 대신들이 상왕인 태조에게 결재를 받으러 오게 되었는데, 이를 보고 안타까이 여긴 무학대사가 어서 수레를 움직이라는 뜻으로 회란용가回鸞龍駕를 지어 기원하니 수레가 움직였다는 것이다. 그러나 태조는 한양으로 가지 않고 다시 함흥으로 되돌아갔다. 그래서 왕이, 즉 용이 되돌아갔다 하여 회룡사回龍寺로 개칭하였다는 것이다. 수많은 전설을 다 소개할 수는 없어 중요한 것만 소개하였다.

이렇게 한양 도읍지가 정해진 후 우리가 사는 지금까지 많은 고비를 겪었으면서도 무너지거나 다른 나라에 영구히 점령당하지 않고 수천의 인구가 모여 살고 있는데, 이것은 도봉산이 밀어주는 강한 지기 지력 때문이라고 전해 내려오는 전설이 있다. 신라 선덕여왕 8년에 혜호조사가 창건한 망월사, 문무왕 때 의상대사 창건한 천축사와 회룡사, 그리고 도선국사가 창건한 원통사가 있으며, 도봉산의 높이는

739.5m라는 기록도 있고 717m라는 기록과 729m라는 기록이 있다. 어느 것이 정확한지는 모르지만, 독자들의 판단에 맡긴다. 이렇게 도봉산 자락에는 제일 높고 잘생긴 바위 봉은 자운봉을 비롯하여 만장봉, 선인봉이 있으며, 계곡으로는 도봉산계곡, 안골계곡, 무수계곡, 원도봉계곡, 송추계곡, 회룡골 계곡이 있다.

우리는 등산과 휴식만을 위한 산으로 알고 그 외 아무렇게나 생긴 산으로만 보던 도봉산이 옛날 풍수학적으로 본 도봉산의 가치가 얼마나 큰지를 알게 되었으며, 도봉산을 보거나 근처를 지나가는 사람들은 어디서 보든지, 도봉산이 보이면 저 산이 있으므로 나라와 우리가 있고 우리에게 베푸는 혜택과 고마움을 자연 앞에서 다시 한번 경건한 마음이 든다.

글 쓰기 위한 마음과 자세

얼마 전 아파트 작은 도서관에서 어떻게 하면 글을 쓸 수 있는가를 주제로 강의를 한 적이 있었다. 아동 학부모를 대상으로 '글 쓰는 마음과 자세' 주제를 가지고 토론과 문답 형식으로 진행하였다. 여기서 학부모들은 작가를 특별한 사람으로 인식하고 있었다. 강의를 토대로 독자들도 대체로 비슷한 상황이라 간단하게 살펴보기로 하자.

글이란 말을 할 줄 알고 글자를 아는 독자이면 누구나 쓸 수 있는 것으로서, 글을 쓰는 사람이 따로 있는 것이 아니다. 아직도 글 쓰는 일을 직업으로 삼고 있는 사람을 문인文人이라고 특별히 일컫기도 하지만, 그들만이 글을 쓰는 것은 아니다. 현대와 같이 모든 지식과 정보가 전문성을 띠게 되고, 대중매체가 고도로 발달한 시대에 있어서는 각계각층의 사람들이 좋은 글을 쓸 수 있는 기본적인 소양을 갖추도록 요구되고 있다. 특히 모든 분야에 있어서 지도자적 위치에 서게 되는 지식인들은 좋은 글을 쓰고 읽을 의무를 갖기 마련이다.

좋은 글이란 만인의 심금을 울리고 감동을 주면서 새로운 지식과 정보를 전달하는 글이다. 이러한 훌륭한 글을 쓰는 사람은 천부적인 재능을 타고나야 한다는 사람들이 있으나, 그것은 어느 분야에서나 존재하는 소질이 많고 적음을 말하는 것일 뿐이다. 음악, 미술, 운동 등의 분야에서도 소질이 많고 적음을 문제로 삼고 있지만, 소질만이 전부가 아니라는 것도 부인할 수 없는 사실이다.

어느 분야에 있어서나 뛰어난 재능이란 기적이 아니라 훈련에 의하여 연마되는 것이다. 글 쓰는 일도 훈련에 의해서 얼마든지 그 능력을 향상시킬 수 있는 하나의 과학이라고 할 수 있다. 좋은 글을 쓰려면 우선 언어에 대해, 특히 많은 어휘에 대해 알고 있어야 한다. 그러나 연령과 지식 정도가 같은 사람들은 대체로 자기 국어에 대해 비슷한 어휘력을 갖고 있게 마련이어서 크게 걱정할 일은 아니다. 다만 제아무리 국어에 익숙한 사람도 글을 쓸 때는 항상 사전을 비치하여 제때제때 꺼내서 참고로 하고 있다는 점은 본받을 만하다. 이어 다음에는 하나의 생각을 논리적으로 이끌어 나가서 결론을 맺는 사고 방법의 훈련이 필요하다.

① 잡념이 많으면 좋은 글을 쓸 수가 없다. ② 생각을 한 줄기로 모으는 습관을 들여야 한다. ③ 사소한 사건의 전말顚末이라도 논리적으로 생각하는 습관을 가져야 한다. ④ 사회적인 경험을 폭넓게 쌓는 일이 중요하다.

이 4가지만 상기시키면 좋은 글을 얼마든지 쉽게 쓸 수 있다. 견문이 넓으면 넓을수록 보다 많은 어휘가 그 생명력을 얻게 되는 것이며, 자기가 알고 있는 어휘들을 자신 있게 운용해 갈 터전이 더욱더 든든해지는 것이다.

이상과 같이 작문作文의 전체 조건이란 가장 기본적이고 보편적이기 때문에 새삼스럽거나 특수한 것이 못 된다. 어느 정도 차이는 있겠지만, 글 쓰는 일에 관심을 가진 사람이면 누구나 알고 있고 또 갖추고 있는 조건들이라 할 수 있다. 따라서 좋은 글을 어떻게 쓸 것인가? 하는 문제는 이러한 기본적인 요건보다는 그 절차와 표현의 방법이 있다고 보아야겠다. 그렇다고 작문의 절차에 일정한 규범이 있는 것이 아니기에 대체로 다음과 같은 다섯 단계로 나누어 보는 것이 편리하다.

① 주제의 설정 ② 취재와 그 정리 ③ 구상 ④ 집필 ⑤ 퇴고

1) 주제의 설정 : 주제란 무엇인가?
주제는 문장의 중심적인 내용, 혹은 필자가 말하고자 하는 참된 의도를 뜻하는 것이 보통이다.

― 이 글은 민주주의에, 대하여 쓴 글이다.

이것을 우리나라의 남북 통일에 대하여 쓴 글이다, 라고 말할 경우 '민주주의'나 '우리나라의 남북 통일'이 주제가 된다는 말이다.

즉, 주제는 '무엇에 대하여' 이에 합당한 것으로 흔히 중심사상이라는 말을 쓰기도 한다. 그런데 이 주제는 제재와는 별개 것이며, 주제가 문장의 중심사상이라면 제재는 문장의 소재, 즉 자료이다. '사랑'에 대하여 글을 쓸 때 '사랑'은 주제요, 청춘 남녀라든가 이성이라든가, 감정이라든가, 혹은 예수나 석가, 채털리 부인이나, 성춘향의 얘기가 나올 수 있겠는데 이런 것들은 모두가 제재에 속하는 것이다. 하나의 의사소통이 성립되려면 누가, 무엇을, 어떤 방법으로, 어떤 분위기나 조건 속에서, 어떤 효과를 얻으려고 일하였느냐는 몇 개의 요소가 필요한 법인데, 그중에서 가장 핵심을 이루는 것은 '무엇을'이라고 하는 의사소통 대상이며, 바로 이것이 그 작문의 주제를 이루는 부분이다.

2) 주제의 선택
주제가 결정되지 않으면 글을 쓸 수가 없다. 주제가 결정되지 않았다는 말은 필자가 무엇을 써야 할지 모르고 있다는 뜻이다. 그러므로

주제 선택이 좋은 글을 쓰는 단서가 되며, 그러면 주제를 어떻게 거를 것인가? 그 수준은 실로 평범한 것이다. 될 수 있는 대로 첫째, 작고, 둘째 쉽고, 셋째, 재미있는 것을 찾아야 한다. 이 말을 요약해서 설명하면 다음과 같다.

① 주제는 되도록 한정한다.
② 필자가 관심을 갖고 또 잘 알고 있는 것을 고른다.
③ 독자들도 관심과 흥미를 느낄 수 있는 것을 고른다.
④ 주제가 막연하거나 광범위하면 붓을 들고 글을 시작하여야 할지 모르게 되는 수가 많다.

3) 참주제의 완성

이제 하나의 주제를 결정하였다면, '학문'을 주제로 하는 경우 '생활수단인 직업으로서의 학문' 혹은 '학문과 사회 참여'를 주제로 하는 경우를 비교해 보자

전자를 그냥 주제라고 한다면 후자는 주제의 주제라고 할 만하다. 글 속의 주제는 언제까지나 이러한 '주제의 주제'라고 할 만한 것이 주제가 되도록 주의해야 할 것이다. 전자를 감정적 주제 혹은 가주제라고 한다면, 후자는 한정된 주제 혹은 참주제라 하겠다. 따라서 참주제는 늘 상대적인 입장에 놓이는 것임을 알 수가 있다. 참주제를 만들기 위해서는 가주제를 보는 관점, 태도 등을 자기 나름대로 한정해 나가야 될 것이다. 주제의 선택 기준을 응용하는 것은 어느 경우나 불가피한 것이고, 때로는 분량이 제한된 글을 써야 할 경우가 있는데, 이럴 경우 그 분량에 맞게 주제를 한정시켜야 함은 더 말할 것도 없다.

4) 주제문

이렇게 하여 참주제가 완성되면 거기에 맞는 주제문을 써 봐야 한

다. 주제는 단순히 명명된 사물임에 반하여, 주제문은 참주제를 반영해야 하므로 명명된 사물에 서술된 말이 결합되어야 한다. 즉 주제문은 주제를 두고 서술된 하나인 명제인 것이다.

가령 '현실과 인생관'이라는 참주제를 놓고 '현실이 구안자具眼者에게 있어서는 항상 긍정적으로 존재한다.'라는 주제문을 생각해 봄 직하다. 이렇게 주제문을 써 본 후에라야 필자는 자기의 주제를 명확히 자각하게 되고 펜이 부드럽게 움직여지는 것이다. 그래서 일단 결정된 주제문을 앞에 놓고 글을 쓸 때는 문장의 통일성과 긴밀성과 강조성이 주제문의 중심으로 유지될 수 있도록 하여야 한다. 이런 주제문은 문학작품에서 문장의 표면에 잘 나타나지 않으나 그렇다고 없는 것은 아니며 논설, 보고 등의 문장에서 잘 나타날 뿐 아니라 또 나타내는 것이 좋다.

5) 취재와 그 정리

주제가 확립된 다음에는 그 주제를 살리기 위한 '얘깃거리'가 있어야 한다. 이것을 제재 또는 화제라고 부르는데, 흔히 자료라고 표현하는 사람도 있다. 제재는 무엇보다 주제를 정확하고도 효율적으로 쉽게 독자에게 전달할 수 있어야 한다.

① 제재가 풍부하고 다양하면 그만큼 문장이 다채로워질 것은 말할 나위도 없다. 그러나 다양과 풍부로 해서 주제의 통일성을 헤치지 않도록 주의해야 할 것이며, 자료 수집의 원천으로는 체험, 관찰, 조사, 독서, 청취, 사유 등을 열거할 수 있지만. 무엇보다도 다양한 생활과 사색이 바탕을 이루고 있어야 취재를 위하여 평소에 메모를 해두는 습관을 지니는 것도 필요하다.

② 확실한 취재를 위하여는 출처가 명백한 제재, 사실과 추론이 분명하게 구별된 제재, 합리적이고 공평하게 해석된 제재, 주제에 어울

리는 제재가 선택되도록 노력해야 한다.

③ 주제를 뒷받침할 취재를 하려면 논설문의 경우에는 논전을 보완하는 여러 가지 예증의 방법이 있는데 설명한다든가, 유추와 비교한다든지, 실례나 예화를 들든지, 통계 숫자를 제시하는 등 여러 가지 있을 수 있다. 인용이나 반복도 논점을 강조하는 좋은 방법이다.

④ 관심거리란 필자나 독자가 다 같이 흥미를 느낄 수 있는 제재를 취한다는 것이다. 대체로 독창성, 신기성, 구체성, 필요성, 친근감, 긴장감, 극적 요소, 해학성, 기지 따위가 드러날 때 관심도가 높아진다.

아울러 정리란 이 네 가지 요건을 갖춘 제재가 모였으면, 그다음으로 그것을 기술해 나갈 때 편하도록 정리해 놓아야 한다. 그 내용과 중요성의 정도에 따라 각각 다르게 구분한다.

첫째는 내용이 동일한 사항, 동일한 논점에 관한 것이냐 그렇지 않은 것이냐에 따라 구분해 놓는다. 둘째는 주요 사항, 주요 논점에 관한 것과 후속 사항, 후속 논점에 관한 것으로 분류해 두어야 한다. 기행문이나 보고문 혹은 조사 기록 등에서 소재가 먼저 생기고 문장 전체의 구성에 대한 계획은 나중에 생기게 마련이지만, 논설문 등에 있어서는 계획이 먼저 서고, 그 계획에 따라 자료를 정리하는 수가 있으니까 이런 경우에는 그 계획 자체가 자료 정리 상자 내지는 분류자가 되도록 감안하여 정리해야 할 것이다.

6) 구상

구상은 주제와 제재에 통일적인 맥락을 부여하는 일이다. 다시 말해서 쓰고 싶은 제재를 어떻게 배열할 것인가를 결정하는 구조안, 곧 문장의 설계도를 말한다.

구상할 때에 주의해야 할 세 가지가 있다. 하나는 '중' 둘은 '요' 셋은 '관'이라 하겠다. '중'은 중심이 없는 산만한 글이 되지 않도록 한다. '요'는 씨가 먹히지 않는 지루한 글이 안 되게 한다는 것이고, '관'은 처음 쓰고자 했던 바를 글 쓰는 중도에서 변경시키는 일이 없도록 일관한다는 것이다.

7) 집필

현대를 살아가는 지성인들은 대개 자유시간에 지정된 제목의 글을 쓰도록 강요받으며 산다. 신문이나 잡지사로부터 항간에 논의되고 있는 정치적·경제적·사회적 제반 현상이 두드러지게 변화할 때마다 그 느낌을 묻는 앙케트 같은 질문서로부터 단서가 까다롭게 붙은 수필이나 논설문 등에 이르기까지 다양한 종류의 글을 요구 조건대로 집필해 줄 것을 요청받는다. 글 쓰는 일을 업으로 삼는 사람이 아니더라도 이때에는 어쩔 수 없이 글을 써야 한다. 작문 활동의 기본에서 필자와 독자와의 관계를 이미 언급하였거니와 이런 경우에는 독자를 염두에 두고 시대성 내지는 상황에 알맞은 글을 쓰도록 해야 한다. 앙케트 유사한 글이라면 구상하지 않고 즉흥적으로 써도 무방하겠으나, 그렇지 않은 글이라면 설득력이 강한 글이 되도록 짜임새 있게 써야 한다. 즉 학교에서 숙제로 받는 리포터나 작문 과제가 지정된 제목의 글을 쓰는 경우라고 하겠다.

7) 퇴고

'작문'이란 말과 '퇴고'란 말은 항상 붙어 다닌다. 작문하면 반드시 퇴고하는 것을 포함하는 말로 쓰이며, 퇴고야말로 작문을 완성하는 최후의 작업이다. 이 퇴고를 통하여 애초에 설정하였던 주제와 실제 작성된 원고 사이의 극차를 발견하여 그것을 보완함으로써 최초의 주제가 일관되고도 명확하게 드러난 글로 만드는 것이다. 퇴고의 원칙으로는 흔히 세 가지를 든다.

① 부가의 원칙

쓰고자 하는 바를 만족하게 썼는가? 다시 말하면 요구 조건이 충족되었는가를 살핀다. 그러면서 불비不備한 부분, 빠뜨린 부분을 첨가, 보충하면서 표현을 상세하게 한다.

② 삭제의 원칙

글 쓰는 사람의 솔직한 심정이 나타났는가? 가식이나 허식이 없는가 살핀다. 그리하여 불필요한 부분, 지나친 부분, 조잡하고 과장이 심한 부분 등을 삭제하면서 표현을 긴장시킨다.

③ 구상의 원칙

글의 순서를 바꾸어 효과를 더 높일 수 없는가? 즉 문장의 구성을 변경하여 주제 전개의 부분적 양상을 고쳐 나간다.

이상의 세 가지 원칙으로써 퇴고하는 것이 주제를 살리고 작문 전체의 다양성을 확보하는 길이다.

1980년대 후반의 시단 풍경과
문학 연구의 활성화

　1980년대 후반 이후 우리 시단에서는 점차 시의 서정성에 대한 관심이 고조되는 것 같다. 처음엔 소위 몇몇 민중 시인들이 이제부터는 서정시를 쓰겠다고 공언하더니, 최근에 이르러서는 시단의 경향도 서정성의 회복으로 그 진로를 바꾼 듯하다. 가령 고은도 그중 한 사람이다. 그는 1987년 전후 「전원시편」을 발표하면서 한 신문과의 인터뷰를 통해 앞으로는 서정시를 쓰겠다는 뜻의 문학 태도를 밝힌 것 같다. 그와 비슷하게 신경림 역시 민중 서정시를 쓰겠다는 의사를 표명하였고, 김지하 또한 시집 「애린」을 간행하면서 그 부제로 '서정시'라는 용어를 달았다. 그리고 우리 시단에는 마치 없었던 것이 별안간 새롭게 부활이나 한 듯 갑자기 서정시가 하나의 이슈가 되기 시작했다.
　1980년대 후반에 이르러 서정시에 대한 관심이 고조되고 서정성 짙은 작품들이 많이 쓰이게 된 이유는 문학 외적인 측면과 내적인 측면을 통해 설명할 수 있다. 문학 외적인 측면에서 특별히 지적될 수 있는 것은 무엇보다도 정치 상황이다. 1970년대 이후부터는 거의 20년 가깝도록 지속한 군사독재는 민주화를 열망한 민중의 거센 항쟁을 불러일으켰고, 문학 역시 역사 발전의 방향에 맞추어 정치투쟁의 기능을 떠맡을 수밖에 없었다. 따라서 그것을 민중문학이라고 하든 참여문학이라 하든 이 같은 정치투쟁의 수단으로서의 문학이란 개인의식보다는 집단의식을, 감성보다는 이념을, 미학적인 문제보다는 공동체적 삶의 문제를 반영할 수밖에 없으므로 미적 자족성을 지향하는 서정시와 질적으로 거리가 멀었다.

따라서 이 시기에 대부분 문학 매체나 문학 관리자들은 서정시 창작에 대해 일반적으로 냉대하는 태도를 취했거나 비판적이었다. 가령 민중이 압제에 시달리고 있는데 어찌하여 시인은 음풍농월吟風弄月로 세월을 보낼 수 있느냐 하는 식의 비난은 서정시를 공격하는 이들의 상투적 발언이었다. 이 같은 주장은 서정시 혹은 서정성 짙은 문학에서는 정치투쟁에 기여할 수 있는 부분이 거의 없다, 오히려 서정시가 지닌 개인의식과 그 탐구하는바 미적 자족감이 민중의 투쟁의식을 순화시키거나 희석한다는 생각에서 비롯됐다. 그러므로 지난 7, 80년대의 두 세대 동안 정치투쟁의 문학 혹은 정치투쟁의 기능을 옹호하는 것으로서의 문학이 강조되면 될수록 그와 반비례해서 서정성을 드러내는 문학, 혹은 서정성을 지향하는 문학은 매도 대상이 되었던 것이 사실이다. 그것은 정치투쟁의 문학 단결과 조직을 위한 대타적 속죄양의 필요성과 서정시가 제도권의 세계관을 대변한다는 인식 때문에 더욱 증폭된 것이긴 하다.

또한 이 시기 우리의 시는 또 하나의 흐름이라 할 모더니즘 역시 같은 태도를 지니고 있었다. 여기서 '모더니즘'이란 우리 학계가 편법으로 호칭하는바 영미 모더니즘에서 아방가르드까지 포함된 넓은 의미다. 그것은 아마 두 가지 관점으로 나뉜다.

첫째는 모더니즘 시 역시 넓은 의미에서 서정시의 한 파생임에도 불구하고 가능한 한 그들은 자신들의 시를 '서정시'로 차별화했다. 그것은 그들이 추구하는 바 시의 전위성과 실험성이 될 수 있으면 크게 부각하려는 의도에서 기인하는 것이라 할 수 있다. 모더니즘 시에 비해 전통적 서정시들은 일반적으로 정통성 혹은 규범성에 토대해서 쓰인 시들이기 때문이다. 이러한 특징은 가령 김소월의 「진달래꽃」이나 김영랑의 「모란이 피기까지는」과 같은 작품을 이상의 「오감도」 황지우의 「벽」 같은 것과 대비시킬 때 잘 드러난다.

둘째로 모더니즘이 지닌 세계관이다. 다 아는 바와 같이 모더니즘은 현대문명의 종말 의식과 산업사회의 물화物化된 삶을 미학적으로 반영하려는 예술사조이다. 따라서 그들 역시 미학적 차원이라 하더라도 이와 같은 현실을 배태한 정치·사회 구조를 근본적으로 문제 삼는다. 이에 비해서 전통 서정시는 삶의 보편적인 문제들이나 인생론적 의미를 추구하려는 경향이 더 강하므로 여기서 전통 서정시에 대한 모더니즘의 불만이 싹트게 된 것이다. 따라서 1980년대 후반에 서정시 창작이 활발하게 일어나게 된 것은 첫째 문학의 암시장에서 거래된 서정시가 공개시장으로 이끌려 나와 새삼 문학 관리자들의 조명을 받았기 때문이며, 둘째는 종래 민중 시인들과 모더니스트들이 그 문학적 태도를 바꾸어 서정시의 가치를 인정하고 스스로 서정시 창작을 실천했기 때문이며, 셋째는 문단 저널리즘에 민감한 다수의 신인을 포함한 문인들이 이러한 상황변화에 맞추어 카멜레온적 변신을 꾀했기 때문이다.

그러나 이러한 지적들이 1980년대 후반의 사단에서 서정성 회복 운동의 근본 원인이 될 수 없음을 물론이다. 문제는 왜 이 시기에 이러한 변화가 있게 되었느냐 하는 것인데, 이는 본질적으로 정치 상황의 변화에서 구해질 수밖에 없다. 그것은 우리 사회의 민주화로 인해 정치투쟁을 위한 문학의 당위성이 이 시기에 이르러 점차 사라지고 있다. 즉 1980년 후반부터 우리 문단에서는 문학의 정치적 기능보다 문학주의적 기능이 요청되기 시작하였고, 이러한 분위기가 현실적인 행동의 시 혹은 투쟁의 시가 아닌 문학적인 시 혹은 서정적인 시의 창작을 요구하게 되었다. 따라서 서정시를 쓰겠다는 민중 시인들의 공언은 이제 더 이상 문학이 행동적 정치투쟁만 위해서 창작해야 할 시대는 벗어났다는 사실을 간접적으로 선언한 것이기도 하다.

지금까지 이 글에서 '서정시'를 모더니즘 시나 민중시와 마치 다른 용어인 것처럼 사용하였다. 그러나 모더니즘 시나 민중시는 서정시와 별개가 아니다. 장르적으로 볼 때 이들 역시 서정시의 범주 안에 들어 있기 때문이다.

원래 서정시(lyric)는 두 가지 의미를 지니고 있다. 하나는 소위 고대 그리스·로마 시대 장르의 서정시, 서사시, 극시 가운데 하나를 가리키는 말이며, 다른 하나는 현대 장르의 소설, 드라마, 시 가운데서 시의 하위 장르의 하나를 부르는 명칭이다. 만일 우리가 '서정시'를 고대 장르의 의미로 사용한다면, 오늘날의 시는 모두 서정시이다. 문학사적으로 오늘의 시는 고대 서정시의 현대적 변용이기 때문이다. 그것은 고대 서사시가 오늘날의 소설로, 고대 극시가 오늘날의 드라마로 굳어진 것과 마찬가지이다.

그러나 이와 같은 유형들의 시는 비록 시대 변화에 따른 소재, 혹은 감수성의 변화를 수용하는 것일지 몰라도 근본적으로 새로운 것이 아니며, 그것은 우리 문학사에서 항상 그래 왔듯 자주 되풀이된 과거 회귀 현상의 하나일 뿐이기 때문이다. 도시적 서정시가 주요한의 「상해 풍경」을, 민중적 서정시가 이상화의 「빼앗긴 들에도 봄은 오는가」를, 지적 서정시가 김현승의 시들을, 전통적 서정시가 김소월·유치환·서정주·박목월 시들을, 모더니즘적 서정시가 김광균·정지용·이상의 시들을 뛰어넘지 못하는 것이 그 단적인 증거다.

그러므로 최근 소장 시인들을 중심으로 번지고 있는 서정시 창작 혹은 시의 서정성 회복 운동은 새로운 시 세계의 개척이라기보다 문학성 회복 혹은 형식의 완결성이라는 점에서 더 큰 의의를 찾아야 하리라고 생각한다.

그리고 문학 연구의 활성화에는 한국 현대 시 연구가 앞으로 전문가 중심, 학계 중심에서 벗어나 문자 그대로 일반 대중까지 파급되어야 한다는 것을 알아야 한다. 여기에는 분명히 해두어야 할 사항이 있다. 대중화의 대상이 무엇이냐? 즉 연구자를 대중화할 것인가, 연구 내용을 대중화할 것인가 하는 문제이다. 가령 김소월에 대한 연구를 예로 들 때 이 분야 전공학자가 아닌 일반 대중들이 참여한다면 전자의 경우가 될 것이며, 그 연구 업적이 전문 학자가 아닌 일반독자도 두루 읽게 되는 것을 뜻하는 것이라면 후자의 경우가 될 것이다. 이렇듯 현대 시 연구의 대중화란 첫째, 학자만이 아닌 일반 대중들도 현대 시 연구에 널리 참여시킨다는 뜻과 둘째, 연구 내용을 전문 독자가 아닌 일반독자들이 마치 소설의 독자들처럼 많이 읽어 무엇인가 실생활에 활용케 한다는 두 가지 뜻을 지니고 있다.

그리고 '대중화'란 문자 그대로 대중의 것으로 만든다는 뜻이다. 그렇다면 대중이란 무엇인가. 사전적 풀이에 따르면 '대중'이란 '수많은 여러 사람' 혹은 특수층을 제외한 사회의 대다수를 점하고 있는 근로계급이다. 그러나 이와 유사한 말로는 군중, 민중, 공중, 인민, 시민 등이 있으므로 우리가 굳이 이와 구분하여 '대중'이라는 용어를 사용한다면 그 사용 값하는 특별한 뜻이 있어야 함이 물론이다. 아울러 이와 같은 대중적 현상이 원래부터 대중들의 취향에 맞는 문학 연구의 어떤 특정한 영역에만 국한되어 나타나기 때문이다.

그렇다고 해서 더욱 중요하고 보다 전문적인 다른 많은 영역의 연구를 포기한 채 오로지 대중들이 좋아하는 전기 연구에만 몰두한다면 그 또한 진정한 문학 연구라고 말할 수 없다. 또 문학 연구의 대중화는 그 성과를 일반 대중에게 향유시키는 차원에서만 가능성을 모색할 수 있다. 그러나 이 경우 역시 우리는 문학의 학과 '문학 비평'을 구분해야 하리라고 생각한다. 왜냐하면 문학의 학에서 얻어진 내용은 더 전문적이고 특수한 것이어서 일반 대중과는 거리가 멀지만, 비평은 본질적으로 독자와 작품을 매개하는 데 그 임무가 순수 독자의 '문학 작품'의 취향과 맞아떨어지는 영역이 많기 때문이다. 즉 비평의 내용 역시 항상 많은 독자(비평의 대상이 된 작품의 독자)들을 대상으로 한다.

그러나 '문학의 학'은 그 독지가 정통한 독자로 한정되어 있어 원래 그 수가 적으므로 대중화의 가능성 역시 상대적으로 독자가 많은 비평의 경우가 그만큼 크다고 할 수 있다. 어떤 분야의 학문이든 가능한 많은 연구자가 참여한다는 것은 물론 바람직스럽다. 그것은 한국 현대 시 연구에서도 마찬가지일 터이다.

그러나 아무리 많은 연구자가 필요하고 또 많은 연구자가 있다고 할지라도 그 수가 많다 하여 그들을 일반 대중이라고 부를 수는 없는 노릇이다. 학자는 일반 대중이 아니며, 기본적으로 학문은 '학자'라고 부르는 특수한 집단에서 이루어지고 있기 때문이다. 일반 대중은 학문을 할 수 없는 것이며, 설령 학문을 한다 해도 일종의 딜레탕티슴에서 벗어날 수 없다. 또 일반 대중이 어떤 특정한 분야의 학문에서만 모두 종사한다는 것 역시 바람직스러운 일이 아니다. 그러므로 현대 시 연구자가 일반 대중으로 확산해야 한다는 명제는 가능한 것도 필요한 것도 아니다. 물론 전문 연구이든 딜레탕티슴의 연구이든 일차적으로 많은 연구자를 확보하면 그만큼 그 분야의 연구는 활발해질 것이다. 학문 연구의 기초는 무엇보다도 인적 자산이 풍부한 데서 다져지기 때문이다. 아무리 연구자 수가 많다 하더라도 그들을 가리켜 대중 연구자라 부를 수 없다.

물론 이외에도 대중 취향에 맞추어 화제적인 내용, 일상 삶과 관련된 내용, 독자들의 호기심을 유발하는 내용의 비평이라면 이 역시 문학 비평의 대중화라는 측면에서 큰 도움이 될 것이다. 그러나 그것은 어떤 특정한 경우에 한정되는 것이지 모든 문학 비평에서 일반화될 수 있는 것은 아니다. 그러므로 여기서 다시 문학 비평을 두 가지 유형으로 나누어 생각해 보고자 한다.

하나는 '선도 비평'이라 부르는 것이다. 선도 비평이란 일반 대중의 취향에 영합하여 그들의 관심을 끌어들이는 것을 일차 목표로 삼는 비평이다. 말하자면 비평의 대중화에 앞장서는 비평이다. 앞서 언급한 화제적이거나 일상 삶과 관련되거나 혹은 독자의 호기심을 유발하는 내용의 비평들이 이 영역에 속하리라고 본다.

이에 비해서 본격 비평이란 일반 대중의 취향과 관계없이 본격적으로 문학작품을 분석하여 가치평가를 내리는 비평이다. 본격 비평은 물론 선도 비평에 의해서 이차적으로 대중적 관심을 끌 수 있을 것이다. 가령 이상의 남해 시에 대한 비평이 독자들에게 쉽게 친숙할 수 없을 때 비평가들은 우선 「날개」와 같은 작품을 그의 사생활과 관련지어 탐구함으로써 독자의 관심을 환기할 수 있다. 이 경우 우리는 전자를 본격 비평, 후자를 선도 비평이라고 말할 만하다.

『논어』이야기
— 『논어』의 仁과 孝와 禮 —

예禮란 천리天理에 의하여 성인이 제작한 것이요, 예절禮節이란 예의 절차다. 우리가 바르게 살려면 먼저 예절이 무엇인가를 알아야 한다. 무리 지어 사는 사람들이 서로 질서를 지키며 행복하게 살아갈 수 있도록 규범을 정해 놓은 생활방식이 바로 예절이다. 따라서 예절을 행하지 않는 것은 규범을 지키지 않는 것이다. 예절이란 관행성 사회 계약적 생활 규범이다. 생활 예절은 생활하는 방식을 약속해 놓은 것이고, 가정의례는 가정에서 행하는 의식절차를 약속해 놓은 것이다. 사람은 남과 더불어 산다. 대인관계를 원만히 하려면 서로 약속해 놓은 방식으로 하지 않으면 안 된다.

대인관계란 사람과 사람의 관계이다. 때문에 자기가 먼저 바른 사람이 되어야 한다. 스스로 사람다워지려는 노력을 자기관리, 자기수양이라고 한다. 예절은 인간으로서의 자기관리와 사회인으로서의 대인관계를 원만히 영위하기 위해 필요한 것이다. 사람이 되고, 사람 노릇을 해서 사람대접을 받으며 사람과 더불어 살려면, 사람끼리 약속해 놓은 생활방식인 예절을 알아서 실천해야 한다. 따라서 예절을 실천하지 않는 것은 바른 사람이 되기를 포기하는 것과 마찬가지이다.

_{비례물시} _{비례물청} _{비례물언} _{비례물동}
非禮勿視하며 **非禮勿聽**하며 **非禮勿言**하며 **非禮勿動**하라.

예가 아니면 보지 말며, 예가 아니면 듣지 말며, 예가 아니면 말하지 말며, 예가 아니면 움직이지 말라.

— 『논어』

   스스로 사람다워지려는 자기관리는 수기修己라 하고, 남과 어울려 함께 사는 대인관계를 치인治人이라 한다. 수기하는 예절은 자기 안에 있으면서 자기 자신에게 작용하는 기능을 가지는데 그때의 본질은 정성스러운 것이고, 치인하는 예절은 자기 밖으로 나아가 남에게 활용하는 기능을 가지는데, 그때의 본질은 공경敬하고 사랑愛하는 것이다. 자기관리 요령은 홀로 있을 때 삼가는 신독愼獨이고, 대인관계 요령은 남을 편안하게 하는 안인安人이다. 정성이란 자기를 속임이 없는 양심이고, 공경과 사랑이란 어른을 공경하고 아랫사람을 사랑한다. 안에 있는 예절의 마음과 밖에 나타내는 예절의 언동이 일치해야 참예절이라고 할 것이다.

_{부례자} _{소이정친소} _{결혐의} _{별동이} _{명시비야}
夫禮者는 **所以定親疏**하고 **決嫌疑**하며 **別同異**하고 **明是非也**니라

무릇 禮란 친함과 친하지 않음을 정하고, 의심스러운 것은 끊어 내며, 같음과 다름을 분별하고, 옳고 그른 것을 밝히는 것이니라.

— 『예기禮記』

   예절은 마음만 있어도 안 되고, 반드시 그 마음을 상대편에게 인식시키는 말과 행동이 따라야 한다. 서로가 자기의 마음을 상대편에게 인식시키는 것을 의사소통이라 하는데, 수단인 말과 행동은 미리 정해 놓은 방식으로 하지 않으면 안 된다. 정해 놓은 말이 언어의 격식이고, 정해 놓은 몸놀림이 행동하는 격식이다. 남에게 내 의사를 인식

시키는 의사소통의 수단이다.

법 없이도 살 사람

어떤 사람은 말한다. '현대는 법치사회이기 때문에 법만 잘 지키면 되는 것이지, 예절이 무슨 소용인가?' 그러나 우리는 착하고 좋은 사람을 '법을 잘 지키는 사람'이라 하지 않고 '법 없이도 살 사람'이라고 말한다. 이것은 법보다 더 중요한 것이 있다는 말이다.

법을 어기면 벌을 받는다. 그래서 법은 강제성을 띠는 타율기능他律機能을 가졌다고 하는데, 사람은 타율을 싫어하고 자율自律을 좋아한다. 그러면서도 자율적이지 못하고 타율적이다. 자율적이지 못한 것은 부끄러워하는 염치심廉恥心이 없어서이고, 염치심이 없는 사람은 스스로를 꾸짖는 자책지심自責之心이 없어서이고, 자책하지 못하는 까닭은 자신이 하는 일에 대해 잘잘못을 가리는 시비 판단을 하지 못해서이고, 시비를 가리지 못하는 것은 예절을 몰라서이다. 예절은 우리가 약속해 놓은 잘잘못의 기준이기 때문이다. 그러므로 법은 예절을 실천하지 못하는 사람을 강제로 바르게 하려는 최후의 수단이다. 때문에 예절을 실천하는 사람에게는 법이 필요 없는 것이다. 따라서 법 없이도 살지만, 부끄러워할 줄 모르는 사람은 가혹한 법으로도 다스리기 어려운 것이다.

道之以政하고 濟之以刑하면 民免以無恥이며, 道之以德하고 濟之以禮면 有恥且格이니라

법으로써만 인도하고 형벌로 다스리면 백성들은 모면하기만 하고 부끄러워할 줄 모르게 된다.

덕으로써 인도하고 예로 다스리면 부끄러움을 알게 되고 또한 바르게 될 것이다.

천하의 세계관은 원래 혁명도 불사한다. 정치사상이다. 천자天子는 천하의 정치에 절대적인 책임을 진다. 좋은 정치를 하지 않는 천자일 수 없다. 그러므로 천자는 정치를 하는 기능, 즉 德을 지닌 사람이다. 천자의 정치를 분담하는 사람도 당연히 이 德을 나누어 갖는다. 그것이 군자君子이다. 경卿, 대부大夫, 사士는 그 책임이 대소大小에 의해서 구별된다. 천하적 세계관에 선 공자孔子는 당연히 정치에 종사할 것을 지망한다. 정사政事를 묻는다.

이것은 공자에게 있어서 가장 중요한 문제이다. 바로 그 때문에 『논어』에 종종 언급되고 있다. '나라를 다스리는 법을 물었다.' '임금 섬기는 법을 물었다.' 그 밖에 정치상의 각종 사항이 토의되고 있다.

질문자는 공자의 제자뿐만 아니다. 노魯의 임금도, 3환三桓의 사람도, 그리고 여러 나라의 군주도 질문하고 있다. 인물을 말할 때는 종종 정치의 능력을 바탕삼아 평가하고 있다. 『논어』는 정치를 말하는 책으로서의 성격을 다분히 지니고 있다. 공자는 30세도 되기 전에 노魯의 소공昭公을 섬겨 위리委吏(회계 출납직) 승전乘田(목축계)이 된다. 그러나 그의 벼슬길은 소공이 3환에 쫓겨 제齊로 망명함으로써 중단된다. 정공定公 즉위 후에 중도中都의 수령이 되어 뛰어난 업적을 올린다. 사공司空으로 승진하고 대사구大司寇에 오른 뒤, 정공 10년에 제齊나라의 경공景公과 협곡夾谷에서 회맹會盟한다.

이때 공자는 예에 역행하는 자를 참하여 대국 제齊의 임금을 부들부들 떨게 하였다. 정치에 대한 기력은 대단하며, 의욕이 약동하고 있다. 그의 체구가 얼마나 우러러보였을까? 그러나 그의 이 협곡 회맹의 행위가 정치에 종사하는 고자에게 허용된 극한이었다. 그들도 역시 3환의 벽에 부딪쳐 그것을 타파할 수가 없었다. 3환의 잘못을 몹시 꾸짖는 것도 역시 『논어』의 중요한 부분을 이루고 있다.

천하적 세계관을 돌이켜보았을 때 공자는 근본적이고 보편적인 원리를 도道라는 말에서 찾아냈다. 그리고 세상에 나가지 않고 사람들이 알아주지 않더라도 이 도에 살고 속상해하지 않는 사람을 "또한 군자가 아니겠는가." 하고 높이 평가한다.

여기서 德의 개념도 역시 위정자의 덕으로부터 백성의 德으로 확대된다. 혹은 심화한다. 이와 같이 새로이 도달하는 가치를 공자는 仁이라는 말에서 찾아낸다. 仁이란 사람을 사랑하는 것이다.

번지樊遲가 仁에 대해 묻자 공자가 말했다.

"사람을 사랑하는 것이다."

중궁仲弓이 仁에 대해 묻자,

"자기가 바라지 않는 일을 남에게 하지 않는 것이다. 제후의 나라에 있더라도 원망받을 일이 없고, 경대부의 집에 있더라도 원망을 사는 일이 없다."

그러자 자공子貢이 말했다.

"만일 은혜를 백성에게 널리 베풀 수 있고 환난에 민중을 구제할 수 있다면, 어떻겠습니까? 仁이라 하여도 되겠습니까?"

그러자 공자가 말했다.

"어찌 仁에 그치랴, 그야말로 성聖일 것이다. 요순堯舜도 그것에는 애를 태웠을 것이다. 仁이란 자기가 서고자 하면 남을 세우며, 자기가 이루고 싶은 것을 남으로 하여 이루게 한다. 자기가 미루어 남을 이해할 수 있다면 가히 仁의 방법이라 하겠다."

이렇게 『논어』에는 仁에 관한 문답이 되풀이하여 이루어지고 있다. 공자는 그것을 묻는 사람의 소양과 환경에 따라 다양하게, 순수히 타이른다. 이에 이르러 천하의 세계관에 있어서 德은 사람을 사랑한다는 인간관계의 기본에 있어서 다시 문제가 되고, 다시 파악되었다.

德은 원래 위정자의 도였지만, 仁은 만인의 도이다. 『논어』에서 仁은 최대의 주제이다. 공자야말로 仁을 구하여 仁을 얻은 사람이라 하겠다.

仁 자는 은殷의 갑골문甲骨文에도 주周의 동기명銅器銘에도 없다. 仁이란 말을 발견했을 때 공자는 주공을 추월하였다. 인류의 스승으로서 시간을 초월하여 영원한 생명을 지닌 것이다.

『논어』를 읽는 사람을 위하여 또 하나 孝, 또는 효제孝悌 문제를 언급해 두어야만 한다. 효제란 부모와 윗사람을 공경하고 사랑하는 것과 그로써 유지되는 가정의 질서를 말한다. 그것은 인간의 사랑을 말하는 仁과도 당연히 깊은 관계가 있다. 공자의 제자 유자는 이렇게 말했다.

"그 사람됨이 효성스럽고 형제간에 우애하면서 윗사람에게 거스르기를 좋아하는 자는 거의 없다. 윗사람에게 거스르는 것을 좋아하지 않으면서 난을 일으키는 것을 좋아하는 자는 있은 적이 없다. 군자는 근본에 힘쓰거니와 근본이 확립되어야 道가 생긴다. 효와 제는 바로 仁을 이루는 근본이리라."

유자有子는 공자의 제자 유약有若이다. 『논어』의 효제를 유자는 仁을 실천하는 근본이라고 한다.

필자는 이 마지막 한 구절을 중요시한다. 인간의 사랑을 말하는 仁으로 공자의 사유를 이끈 것은 도대체 무엇이었을까? 그는 仁이라는 말을 발견하기 전에, 즉 이 말로 사유가 종합되기 전에 육친의 사랑으로 되돌아가 있었던 것이 아닐까. 정치 이상理想의 좌절과 권회眷懷의 생활은 어머니의 품을 그리는 사모의 정을 높이고 있었던 것이 분명하다. 어머니에 대한 사랑, 어머니의 사랑, 젊은 시절의 그의 체험이 인간 사랑의 근원으로 그를 이끌고, 거기서 생각을 仁에 이르게 한 것이 아닐까 하는 필자의 생각이다.

孝와 悌는 바로 仁을 이루는 근본이리라. 仁의 근본이 효제임을 감개무량하게 만든다. "가족이 된 사람을 공경하고 사랑하여 질서가 유지되는 것, 仁이라는 최고의 도덕 실천의 기본을 이룬다."라고 하는 것이다.

　결국, 공자는 말의 관념에 만족하는 일이 없는 사람들은 仁이 현실 사회에서 어떤 모양을 이루고 그것은 가족 사랑에서 시작되었고 가족의 사랑을 기초로 하였으며, 그가 죽은 뒤에도 가족 사랑을 기초로 하였다.

아버지 여린 마음은 늘 그 가슴속에

우리는 꼭 순서를 가리지도 않았는데도 할머니 할아버지 그리고 어머니 아버지라고 흔히들 이렇게 부른다. 그냥 할아버지 할머니 아버지 어머니라고 부르면 안 되는 걸까? 눈 딱 감고 한 번 중얼거려 봐도 똑같이 나온다.

순서가 바뀌면 어떠냐? 하지만 논리를 펼치자면 차이는 있다. 어머니 아버지나 아버지 어머니나 똑같다. 그러나 굳이 서열을 매긴다면 자식 입장에서 이등보단 일등이 우선이라는 것이다. 예를 들자면 자식들이 선물에도 어머니 것 아버지 것 이렇게 말이다. 하물며 군대 생활할 때 꼭 고향 방향을 바라보며 "어머니 보고 싶습니다."라고 예나 지금이나 이렇게 외치는 것을 보면 아이러니하다. 어머니 배 속에서 이 세상에 나와 많은 풍파가 도사리고 있는 세상을 무서움과 두려움을 접고 어머니의 품 안으로 돌아오곤 한다. 이것이 모성 본능이다. 즉 여성이 어머니로서 가지는 정신적·육체적 특성, 자연의 법칙인 것 같다. 아마 귀소본능歸巢本能과 동일하게 생각하면 될 것이다. 사람은 해가 지고 땅거미가 들면 집으로 서둘러 돌아오는 것도 이 때문이기도 하다.

옛날 아버지는 왜 그렇게 엄하고 어려운 존재로 부각되었을까? 그리고 지금의 아버지는 왜 그렇게 체면이 땅에 떨어졌을까?

아버지는 늘 밖에서 나를 지켜보고 있다는 생각만 하고 살았던 것이 지금의 아버지나 그 옛날 아버지들도 늘 외롭고 힘들었던 것 같다. 필자가 어렸을 때의 아버지는 무섭고 엄하고 어려웠다. 그렇다고 특히 배운 것이 없다. 배운 것이라면 아버지가 밖에 나가 늦게 들어오시면 아이들은 꽁보리밥을 먹어도 아버지는 쌀이 섞인 밥 한 그릇을 식기에 담아 이불 속에 식지 말라고, 아랫목에 푹 묻어 아버지가 들어오시면 작은 밥상을 차려 드시곤 했는데 우리는 아버지 드시는 것을 보고 침을 꼴깍 삼키면서 지켜봤던 기억들. 하지만 아버지는 다 드셔도 모자랄 것 같은데 반쯤 남겨 상을 물리면 우리는 그 밥을 맛있게 먹었던 그때 그 시절이 전부다.

어머니께서는 하루도 빼놓지 않고 할머니 할아버지께 아침에 일어나면 문안을 꼭 드리는 것을 어렸을 적에 늘 봐왔던 필자는 지금도 어머니의 모습이 눈에 선하다. 그렇다고 어머니께서는 아이들한테 인사 드리라고 말씀 한번 하신 적이 없다. 학교 끝나고 집에 올 때쯤 학교 거리가 시오리쯤 족히 되는데 어둑어둑 어둠이 짙게 드리울 때, 마을 수호신 둥근 느티나무 아래에서 기다리시는 할머니, 할아버지는 눈깔사탕 한 알 입에 넣어 주신 모습이 지금도 그 둥근 느티나무와 동네 어귀 언덕 위에 '천하대장군, 지하여장군' 흔적만이 아늑하게 자리 잡고 서 있다. 세월이 흐른 오늘날에도 어른을 공경하고 잘 돌보는 미덕이 조금이나마 남은 것 같다. 그래서 그런지 지금까지도 구순이 훨씬 넘으신 어머님을 모시고 사는 것도 그 시절 직접 체험적으로 부대끼며 사람 사는 모습이 자신도 모르게 익혀진 것이 아닌가 싶다. 할아버지나 아버지는 아이들이 밖에서 잘못을 저지르고 못된 행동을 했을 때는 그만큼 벌을 주고 회초리도 감수해야 했다.

옛날 전해 내려오는 미담美談에 어느 날 병을 잘 고치는 의원이 멀리 있는 아픈 환자를 위해 먼 곳으로 왕진하러 갔을 때, 그만 집에 일이 벌어지고 말았다. 벽장 속 깊이 넣어두었던 독약을 아이 세 명이 모두 마신 것이다. 왕진을 마치고 급히 돌아온 남편을 붙들고 그의 아내가 파랗게 질린 얼굴로 울음을 터트렸다.

"여보, 큰일났어요! 당신이 없는 사이 아이들이 벽장에 넣어 둔 약을 꿀단진 줄 알고 먹고서 지금 죽는다고 아파해요."

세 아이는 방 안을 굴러다니며 배가 아프다고 소리치고 난리가 아니었다.

의원이 큰아이한테 무슨 약을 먹었냐고 물어 보니, 파란 단지라는 말을 듣고 안도의 한숨을 쉬었다. 벽장 속에는 빨간 단지와 파란 단지가 있었는데, 물론 그 두 단지 다 독약이었다. 빨간 단지에 든 약을 먹게 되면 금방 목숨을 잃게 되지만, 파란 단지에 든 약은 독약이면서도 금방 죽지 않는 약이었다. 의원은 안심할 수 있었고, 급히 하얀 단지에 있는 해독약을 먹였다. 큰아이와 둘째 아이는 아버지 지시를 잘 따랐지만, 막내 아이는 워낙 놀랐던 탓에 아픈 배를 움켜쥐면서도 아버지가 내민 약을 도통 먹으려 하지 않았다.

의원은 곰곰이 생각하다가 아이들을 모아 놓고 말했다.

"얘들아, 나는 이제 다시 왕진 가야 하니 내가 없을 때 무슨 일이 생기면 벽장 속의 하얀 단지 약을 먹이도록 해라."

그렇게 아이들한테 당부하고 집을 나온 의원은 급히 편지를 써서 집으로 보냈다. 편지 내용은 아버지가 왕진 가다가 변을 당해서 목숨을 잃었다는 내용이었다.

형들에게서 얘기를 들은 막내 아이는 아버지가 살아 계실 때 막내라 무척 귀여워해 주셨는데, 나는 아버지가 주신 약을 먹지도 않고 고집만 부렸으니, 나 같은 불효자는 없을 거라면서 비록 아버지는 안 계셔도 하얀 단지 해독제를 먹었다. 이것만이 아버지에 대한 불효를 갚는 일이라는 막내의 뉘우침이었다. 의원은 막내 아이가 건강을 찾았다는 아내의 말을 듣고 집으로 달려와 가정의 활기를 찾았다.

이 이야기는 좋은 글에서 봤던 미담이다. 어떻게 보면 간단한 일화 같지만, 아버지가 생존해 있을 때는 그 뜻을 살피고 부친이 세상을 떠나면 그 행적을 살피라는 효란 단어를 깊이 새기게 된다는 뜻이며, 즉 '효'가 얼마나 어려운지를 극명하게 설명해 준다.

조선조 21대 임금인 영조는 38년(1762) 윤오월에 자신의 아들인 동궁 사도세자가 세자의 장인인 홍봉한과 영의정 김상로, 판부사 조재호의 계략에 뒤주 속에 가두고 죽음을 이르게 한 사건이 발생했다. 영조는 세자에게 자결하라는 어명을 내리고 살려 달라는 세자에게 연달아 왜 자결하지 않느냐고 독촉했다. 이에 세자가 용포를 찢어 목을 매니 세자시강원의 강관들이 풀어주었다. 세자 옆에서 말리던 시강원의 강관들이 울면서 만류하여도 영조는 영조는 분을 참지 못하고 진노하였다. 사도세자는 평소 울적할 때 뒤주에 들어가 마음을 다스리고 낮잠도 자곤 했었는데, 그 뒤주는 토굴 속에 있었다. 영조에게 그 뒤주를 이용하라고 귀띔을 해준 사람은 놀랍게도 사도세자의 장인 홍봉한이었다. 이 사건은 훗날 정조가 즉위한 후 홍봉한의 반대파들이 사도세자를 죽인 범인으로 홍봉한을 지목하는 결정적 증거가 된다. 영조는 뒤주를 토굴에서 뜰 가운데로 끌어내서 그 뒤주에 들어가라는 어명을 내렸다. 세자는 뒤주에 들어가기 전에 살려 달라며 통곡한다.

"무슨 소리냐! 네 죄를 알면 진작 자결할 것이 아니냐?"

"아버님, 소자를 살려주시오! 소자 죄 죽어 마땅하나 살려 주시오."

사도세자는 뒤주에 들어가지 않으려고 발버둥 치며 영조에게 애원하였다. 그럼에도 영조는 빨리 들어가라고 닦달하였다. 사도세자는 아버지가 설마 자기를 죽이겠는가, 얼마간 고생시키다 내놓을 줄 알고 뒤주 속으로 들어갔다. 그러나 영조는 뒤주에다 큰 못도 박고 풀도 덮고 그것도 모자라 큰 돌도 올려놓았다. 아버지로서 가혹한 형벌이 었다. 8일 후에 갇힌 뚜껑을 열어보니 사도세자의 죽은 모습이 참혹했다. 얼마나 가슴을 쥐어뜯었는지 살갗이 헐어 유혈이 낭자했다.

이 모습을 본 세자빈 홍씨는 그 자리에서 기절했다. 홍씨는 나중에 남편의 비통하고 애절한 죽음과 자신의 일생을 썼다(1795). 이것이 모두가 잘 알고 있는 『한중록』이다. 이는 오늘날 『인현왕후전』과 함께 궁중문학의 효시라 할 수 있다.

훗날 사도세자의 아들(정조)이 즉위하여 사도세자의 장인, 즉 혜경궁 홍씨의 친정아버지 홍봉한과 김상로·조재호의 역모로 자기 아버지 사도세자를 죽인 것이 밝혀지자, 죽음을 부채질한 김상로는 파직시켜 귀양 보냈고, 우의정 조재호를 사사하였으며, 외할아버지 홍봉한은 전라 고금도로 유배되었다가 1776년 처형되었다.

영조는 세자를 죽인 것을 후회하고 사도라는 시호를 내렸다. 세자빈 홍씨는 세자가 죽은 뒤 혜빈이 되었다가 정조 즉위년에 궁호가 혜경궁으로 올랐다. 혜경궁은 『한중록』을 쓸 당시 사랑하는 남편의 비참한 죽음에 오열하는 20대 청상과부가 아니었다. 당시 혜경궁은 궁중 깊숙한 곳에서 영조, 정조, 순조의 세 임금, 치세 60~70여 년을 지켜본 70대의 노회한 정객이었다.

궁중에서는 아버지를 아버지라 부르지 못하고 대왕마마니 부왕전하라고 부르는 것이 법도였는데, 사도세자는 아버지라고 부르짖다가 죽어갔다. 영조는 특히 밤마다 아버지로서 귀에 쟁쟁하게 들렸다. 영조는 좋은 날을 잡아 자식 묘 앞에 향을 올리고 아들의 명복을 빌며, "너를 죽게 한 것은 역대의 종묘사직을 위하여 한 일이고, 내가 여기에 온 것은 네가 아버지라 부른 그 마음에 보답하기 위해서이다."

말 없는 세자 묘에는 새로 입힌 잔디만이 바람에 흔들리고 있었다.

영조도 자기 아들인 사도세자 앞에서 역시 오늘날의 아버지와 똑같은 마음이라는 것을 알 수가 있다.

또한 현재에도 아버지를 아버지라 부르지 못한 사건이 있다. 그것은 위에 언급한 왕조시대와는 다른 성격이지만, 제주4·3사건 희생자의 실제 자녀이지만, 친척 등의 호적에 입적돼 아버지를 아버지라고 부르지 못하는 아픔을 품고 살았던 '사실상 자녀'가 법적으로 인정받을 수 있는 길이 열리게 됐다. 2023년 7월부터 뒤틀린 슬픈 가족사를 바로잡을 수 있게 기회가 열렸다. 제주특별자치도는 '제주4·3사건 진상규명 및 희생자 명예회복에 관한 특별법(이하 4·3사건법) 시행령 개정안'이 7일 국무회의에서 의결됨에 따라 가족관계 정정 범위 확대와 관련한 후속 조치에 최선을 다할 방침이라고 밝혔다고 한다. 사실조사 요원 채용을 비롯해 행정안전부 실무지침이 마련되면 행정 시·읍·면·동 담당 직원 교육, 사전 홍보 등 가족관계등록부 작성·정정 범위를 확대하기 위한 접수를 진행할 계획이라고 밝혔다.

지난 2021년 6월 제주4·3사건 관련 가족관계의 불일치를 해소하기 위해 4·3위원회 결정을 통한 가족관계등록부 작성·정정 특례가 도입됐으나, 가족관계등록부 작성·정정 범위를 희생자의 가족관계등록부 작성, 사망일자 정정으로만 한정해 왔다. 이에 4·3 희생자 유족회 등은 친생자관계존부 확인과 같은 방식으로 희생자와 유족 간의 관계 정정이 가능하도록 특례 범위 확대를 요구해 왔다. 2022년 7월 '제주4·3사건 진상규명 및 희생자 명예 회복에 관한 특별법에 의한 가족관계 등록 사무 처리규칙' 개정에 이어 4·3사건법 시행령 개정안 의결에 따라 4·3위원회의 결정으로 희생자의 실제 자녀이지만 희생자의 호적이 아닌 친척 등의 호적에 입적돼 희생자의 조카, 형제 등으로 지내왔던 사실상의 자녀들이 희생자의 법적 자녀로 인정받게 된다. 접수는 제주도, 행정시, 읍·면사무소, 동주민센터에서 지난 7월부터 시작하고 있다고 한다. 아울러 "제주 4·3 사건으로 인해 지난 70여 년간 서류로는 서로를 부, 모, 자녀로 부르지 못했던 희생자들과 유족들에게 가족의 울타리를 찾을 수 있는 길을 열어 준 정부에 깊은 감사를 드린다."며 "가족관계 불일치로 고통받아 온 희생자와 유족의 아픔을 보듬을 수 있도록 신청·접수와 사실조사에 차질이 없도록 노력하겠다."고 말했다.

이렇듯 아버지와 자식 간이 끊긴 사람들 마음은 얼마나 아픈지 우리는 관심과 애정 어린 마음으로 지켜봐야 한다. 지금도 아버지들은 속으로 울고 속으로 삼키면서 한 가정의 가장으로서 항상 그 자리에서 비바람 맞아가며 가족의 안정과 보호를 위해 열심히 노력하고 있으며 옛날 아버지보다 현대 아버지는 체면이 구겨지긴 했어도 꺾이지는 않았다는 것을 알리고 싶다.

어느 시인은 우리들의 아버지를 이렇게 노래한다. 아버지의 눈에는 눈물이 보이지 않으나 아버지가 마시는 술에는 눈물이 절반이다. 내 아버지, 그리고 아버지로서 나는, 그리고 당신은 어디 계시는가. 이렇게 아버지와 아들이 서로 고슴도치 같은 관계가 있다. 효자인 아들도 있고 돌아온 탕자 같은 아들을 따뜻하게 품어주는 성경 속의 아버지도 있다는 것을 알아야 한다. 이처럼 영조는 물론 정치하고 다르겠지만, 『영조실록』에 따르면 영조는 화평, 화협 두 옹주가 있었는데, 영빈이씨의 첫 소생인 화평옹주를 화협옹주보다 더 사랑한 것은 사실이다. 영조는 화평옹주에게 인조의 동생 능원대군의 옛집인 이현궁梨峴宮을 주면서 경복궁의 소나무를 베어 수리해서 보냈기 때문에 더 많이 사랑한 것처럼 보이나, 사실은 두 딸인 화평옹주와 화협옹주를 편견 없이 끔찍이 사랑했고, 자상한 아버지였다. 이처럼 아버지의 자식에 대한 여린 마음은 늘 가슴속에 간직하고 있기 때문에 지금도 모든 아버지는 각박한 세상을 짊어지고 무겁고 힘들어도 가정에 행복을 위해

희생하며 살아간다,

　이 이야기는 '아이들이 크면, 나중에, 다음에, 앞으로, 언젠가' 이런 말을 하지 말고 지금이 특별한 날이라고 생각하길 바란다는 미담이지만, 아버지의 고독함이 그려지는 것 같다.

　아버지, 아버지 사랑합니다. 아낌없이 해 주십시오. 그러면 아버지들은 힘이 날 겁니다.

　물론 이 순간이 허무하고 고독함이 몰려올 때 어딘가에 머물고 좀처럼 밖으로 나가지 않고 메아리만 칠 때는 어느 트롯 오디션 프로에서 「막걸리 한 잔」이란 가요 가사처럼 아이들과 막걸리 한 잔으로 달래는 정情이 그립지만, 이런 날에는 얼큰한 김치찌개에 탁주 한 잔으로 마음을 달래는 것이 유일한 낙이고, 그것마저도 물가 인상으로 힘들어지는 것이 안타깝다. 하지만 목석같고 엄한 것 같지만, 늘 말없이 은은한 사랑의 향기로 격려를 보내는 아버지의 여린 마음은 늘 그 자리를 지키고 있다는 것을 자녀들은 잊지 말아야 한다.

좋은 인덕에
인복 있는 삶과 동행하면 행복하다

우리가 살면서 가장 우선시 생각하고 더불어 산다는 이 말은 익히 들어서 잘 알지만, 자신도 모르는 사이 욕심으로 가득 찬 이기심으로 빠져드는 경우가 다반사이다.

100세 시대의 은퇴 설계를 노후가 되면 누구나 하기 마련이지만, 쉽지 않은 것만은 틀림없다. 노후 마련으로 실버타운에 입주한 분도 요양원에 있는 사람도 똑같이 겪는 것 중 외로움이 으뜸이다. 외로움 중 가장 중요한 것이 대화다. 대화가 단절된 경우가 제일 많아서 우울증에 시달리는 사람들이 의외로 많다. 고심 끝에,

'남은 인생은 어떻게 살면 좋을까. 고향에 작은 집 하나 마련해 책 읽고 텃밭 가꾸며 조용히 살까, 아니면 북적북적한 도시에서 사람들과 부대끼면서 지낼까. 어디서 살든 자식들 고생 안 시키고 우아하게 마무리하고 싶은데 어떤 선택을 해야 후회하지 않을까.'

60대가 되면 누구나 한 번쯤 해보는 질문들이다.

물론 100세 시대의 은퇴 설계라고 하면, 아직까진 많은 사람들이 재정적인 준비부터 떠올린다.

하지만 '마지막 거처'에 대한 결정이야말로 최우선 순위에 놓고 준

비해야 할 부분이다. 평균수명이 길어지면서 퇴직한 이후에도 살아야 할 시간이 길어졌기 때문이다.

은퇴한 노인들은 어디에서 살기를 원할까. 2024년 3월 2일 경희대 디지털 뉴에이징 연구소가 보건복지부·보건사회연구원의 노인실태조사(2020)를 토대로 분석해 봤더니, 대다수 노인들은 '살던 집'에서 우아하게 늙어가기를 희망하고 있었다. 건강한 노인은 86%, 기력이 떨어진 노쇠한 노인조차도 75%가 '현재 집에서 계속 살고 싶다.'고 답했다. 노인 83%가 내 집에서 늙고 싶다고.

조선일보 기사에 따르면, '거동이 불편하게 되었을 때는 어떻게 하고 싶으냐?'는 질문에서도 전체 응답자의 55%가 '돌봄 서비스를 받으면서 현재 살고 있는 집에서 계속 살고 싶다.'고 답했다. 아무리 건강이 나빠져도 이미 오래 살아서 익숙해진 동네에서 벗어나는 건 원치 않는 것이다.

아울러 '돌봄, 식사 등 서비스가 제공되는 노인요양시설에 들어가겠다.'는 응답자 비중은 32%로 두 번째로 많았다. 다만 건강 상태에 따라 온도 차는 있었다. 노쇠한 노인의 경우엔 '요양시설에 들어가겠다.'는 응답자 비중이 36%로, 건강한 노인(31%)보다는 높았다.

신혜리 경희대 노인학과 교수는,

"지역 사회에 계속 거주하는 이른바 에이징 인 플레이스(Aging in Place)는 한국뿐만 아니라 전 세계적인 공통 트렌드이다. 노인들은 대부분 살던 집에서 계속 살기 원하며, 건강이 좋지 않아 원래 집에서 살기 어려워졌다면 그때 일상생활 지원 서비스가 제공되는 주택 입주를 고려한다."

고 말했다. 시설에 들어가게 되면, 그동안 맺어 왔던 지역 사회 혹은 이웃 관계망과 단절되기 때문에 불편해도 살던 집에서 계속 살고 싶어 한다는 설명이다.

물론 여기에는 현실을 부정하면 진영논리陣營論理에 빠지기 쉽다. 어느 황혼에 별거한 70대 남자가 고른 새 보금자리는 지금 사는 집보다는 식사·청소 등 각종 서비스가 제공되는 '초호화 실버타운'에서의 삶을 동경하는 사람들도 적지 않아 과연 고급 실버타운은 시니어들의 낙원일까? 하는 생각을 해보았다고 한다.

최근 일본 언론에서 뜨거운 화제를 모았던 77세 남성의 실버타운 2년살이 경험담을 소개한다. 바다 조망 수영장, 노천 욕탕, 체력 단련장, 가라오케, 극장, 마사지 룸, 도서관, 마작 룸, 당구장이 갖춰진 실버타운을 찾은 도쿄 토박이인 77세 히라노 유우平野悠 씨는 3년 전 치바현 카모가와시에 새로 생긴 초호화 이 실버타운(유료 노인요양시설)에 갔다가 한눈에 반했다. 태평양 바다 바로 앞에 위치한 근사한 22층짜리 신축 건물이었다. 1년 내내 기후도 온화해 도쿄보다 살기 좋을 것 같았다. 아내와는 1년 가까이 말 한마디 안 하고 지내던 중이었기에 결정도 빨랐다.

"집사람과 사이도 안 좋은데, 이러다 내가 치매라도 걸리면 누가 나를 돌봐주겠나. 경치가 좋고 의료 서비스도 잘되어 있는 여기서 여생을 보내야겠다."

마음을 먹고 히라노 씨가 선택한 이 실버타운은 만 60세 이상만 입주할 수 있는 노인 전용 거주 시설이었다. 그는 방 2개, 화장실 1개, 거실로 이뤄진 20평형을 골랐다. 처음 입주할 때 일시금으로 6,000만 엔(약 5억 3,400만 원)을 지불했고, 매달 식사와 관리비 등으로 19만 엔(약 169만 원)씩 냈다. 바다로 산으로. 첫 1년은 마치 천국에 온 기분이었다. 하지만 점점 일상의 무게에 짓눌리기 시작했다. 입주자들의 평균 나이는 75세. 그런데 전체 입주자의 3분의 1은 침대에 누워 일어나지 못하는 노쇠한 환자들이었고, 3분의 1은 지팡이나 휠체어에 의지해야만 움직일 수 있는 노인들이었다. 히라노 씨처럼 70대이면서 건강한 노인은 많지 않았다. 부_富와 연륜을 쌓으며 성공한 인생을 일군 엘리트들과의 지적인 대화를 기대했지만, 허무한 착각으로 끝나 버렸다.

히라노 씨는 도쿄 신주쿠에 있는 유명 라이브하우스인 '로프트(ロフト)'를 설립한 록 음악 전문가다.

"록 음악, 들어 보셨어요?"

라고 물으면서 공통 화제나 관심사를 찾았지만,

"엔카(한국의 트로트) 듣는데요."

라는 대답만 돌아왔다.

"내가 왕년에 해외법인 사장이었는데 직원만 5만 명이었어."

"아들이 둘인데, 도쿄대 의대랑 법대를 보냈지."

끝없는 전직, 재산, 자식 자랑에 스트레스만 쌓여 갔다.

유명 셰프가 만든 삼시 세끼가 제공됐지만, 진수성찬도 하루 이틀이지 질려서 매일 먹긴 힘들었다. 부엌에서 직접 요리해 간단히 먹는 날이 많아졌다. 태평양이 내다보이는 노천 욕탕에서 만난 한 80대 남성은,

"1억 3천만 엔(약 11억 6,000만 원)이나 내고 입주했는데, 집사람은 '도시에서 살겠다'며 혼자 가버렸네."

라며 쓴웃음을 지었다.

결국 '감옥살이'에 우울해져 2년 만에 퇴소, 실버타운 생활에 적응하지 못한 히라노 씨는 지역 커뮤니티에 눈을 돌려보기도 했다.

실버타운이 위치한 카모가와시는 인구 3만 명의 소도시다. 하지만 현지 커뮤니티에 진입하는 것은 생각처럼 쉬운 일이 아니었다. 당연한 일인지도 모르지만, 지역 주민들은 고급 실버타운에서 사는 돈 많은 외지인에게 배타적이었다. 방에 틀어박혀 지내는 날이 늘었고, 우울증이 찾아오기 시작했다.

"도쿄로 돌아가고 싶다."

언제 죽을지 모르지만, 만약 100세까지 산다고 하면 2억 엔이 드는데, 이런 감옥살이를 하면서 시간과 돈을 낭비하긴 싫었다. 여기에는 존중이라는 사명이 있다는 것은 진작 모르고 있는 것 같았다.

나이가 들면 현역 시절처럼 외출을 자주 하지 않다 보니 집에 오래 머물게 되며, 힘이 들어서 이사도 쉽게 다니지 못한다. '은퇴 후 주거지'는 처음부터 심사숙고해서 골라야 한다는 얘기를 하며, 제일 중요한 것은 대화와 소통이라 것을 깨달았다는 것이다.

그래서일까. 우리보다 앞서 고령화를 겪은 선진국에선 '노후 준비는 집에서 시작해서 집에서 끝난다.'고 말할 정도다. 사람은 부자는 부자대로 가난한 사람은 가난한 대로 그 위치에서 벗어나지 말고 중심을 잡고 있으면 되는 것이다.

가족 간의 의견 소통은 두 번째이고 주변에서는 하나둘씩 곁을 떠나면서 공허함이 느껴지고 가장 사랑하는 아내마저 떠나 버릴까, 서서히 공포에 이르기까지 한다는 것이다. 한적한 전원주택에 가든 요양원을 가든 나 외적인 사람과의 소통이 중요하고 노후 생활이 더 편하지 않겠는가?

필자가 소속되어 있는 단체에서도 서로 의견 충돌이 일어나 두 번 다시 안 볼 것 같은 얼굴로 심한 언쟁으로 이어질 때는 시간이 흐르면 교통정리가 잘되어 마무리되는 현상을 자주 봐왔다. 사람이 살아가면서 현실을 부정하면 진영논리에 쉽게 빠진다. 서두에서 이야기했듯이, 자본주의가 낳은 최대의 적은 서로 간의 소통이 원활하게 이루어지지 못하는 것은 한 걸음 뒤로 물러서는 아량이 있어야 한다는 결론은 이것을 바라보는 대다수 국민은 좋은 시선으로 보는 사람은 없을 것이다. 물론 돈이 많은 사람도 없는 사람도 피나는 노력했을 것이며, 열심히 노력하는데 불구하고 돈이란 피나는 노력만 해서 돈이 들어온다는 보장은 없다. 세상사 모든 사람이 살아가면서 다 같이 노력과 인내를 가지고 열심히 살아가는데, 이런 불미스러운 일들이 일어난다는 자체가 서글프다. 이것이 자본주의가 낳은 사회적 모순이 아니겠나 싶다.

단순히 이것뿐 아니다. 전반적으로 세상에는 모순투성이 많은 것 또한 부인할 수가 없다. 분명한 것은 삶의 테두리 안에서 행복과 기쁨을 추구할 수가 있는 권리와 세상의 이치는 여러 분야가 함께 공동체를 가지고 움직여야 완성체가 되는 것이다. 그중 한 분야만 없어도 완성체가 되지 않기 때문에 굳이 행복과 기쁨을 얻을 수 없는 곳에서 찾으려고 무한히 애를 쓴다. 남을 시기하고, 모두가 내 탓이 아니라 남의 탓으로 돌리는 현대야말로 우리가 깊이 반성해야 한다.

인생은 길게 보면 길지만 짧게 보면 짧은 것 또한 인생이다. 짧게 보는 사람은 행복 자체를 부정하고 자신만 불행하다고 스스로 자신을 학대하는 것이다. 반대로 길게 보는 사람은 희망과 소망을 조화롭게 잘 조절하여 스스로 행복을 찾아 최종적으로 목적을 이룬다.

아울러 자본주의에서 흔히 일어나는 갈등의 고리부터 끊어야 더불어 산다는 의미를 부여하고 싶다. 세월이 어느 정도 흐르면 모든 것 자체가 신기루처럼 보이게 마련이다. 멀리서 보면 아지랑이처럼 모락모락 피어나지만 가까워질수록 신기하게도 깨끗하게 없어지는 것 또한 이 현상이 부메랑처럼 빙빙 돌다 제자리로 돌아오고 다시 출발지로 날아간다는 것을 깨닫게 된다.

만약 자신의 마음을 깨닫지 못하고 현실을 부정하는 일이 반복되면 자신은 크나큰 불행을 갖고 세상을 사는 것 자체가 얼마나 괴로운 일이겠는가. 타인에게 받은 은혜는 절대 잊지 말고 꼭 갚을 수 있도록 최대한 노력을 해야 하고, 그렇게 했을 경우 상대방도 그 고마움을 발판으로 삼아 더불어 사는 사회를 윤택하게 하는 윤활유 같은 역할을 기대해도 무방할 것이다.

　우리가 살아가면서 어떤 중요한 일이나 문제를 두고 이것을 해야 할 것인지 망설일 때가 적지 않다. 눈앞에 두 갈래 길이 있는데 어느 쪽으로 갈 것인지 난감할 때가 있다. 판단이 어려워 갈피를 못 잡고 아무리 생각해도 결론이 나지 않을 때 어떻게 할까? 이것을 두고 조언을 해준다면 만약에 길을 선택해 주면 훗날 성공했다면 문제가 없을 것이고 성공하지 못했다면 선택해 준 사람을 원망할 것이다. 그것은 과감하게 자신이 옳다고 판단되면 최대한 빠르게 실행해야 한다. 중간에 가서 어떤 일이 일어나도 자신이 선택한 모든 일에 책임이 따르게 마련이다.

　아울러 여기에는 은근과 끈기가 동시에 부딪치는 결과에서 승부가 나기 때문에 반드시 제2인자가 판단해 주어서는 안 되며, 잘된다는 신념을 불어넣어 줘야 더불어 사는 사회가 평온할 것이다. 갈등이 오래가면 불신이 깊어지고 불신이 깊어지면 회복하기 어려운 사회적인 구조로 변하는 것이기에 비록 돈이 많은 사람은 권력이나 명예를 살지 몰라도 배려와 겸손은 돈으로 살 수가 없다.

　우리는 언젠가는 삶을 다하는 날이 반드시 온다. 기간이 정해지지 않았을 뿐이지, 그때를 생각해서 주변이나 가족이나 친구한테도 '당신'을 행하며 사는 것은 재미나고 신나는데 '저'를 행하며 사는 것이 아주 힘든 것을 보면 아직 많은 수행이 필요한 것 같다.

　아웅다웅 서로 잘났다 다투며 살지 말고 우리 서로 져주며 살아요. 져주는 것이 이기는 것이고 '행복한 삶의 지름길이다' 생각하며 살아요.

　우리 아름답게요! 항상 행복하게 즐겁게 대화하며 살아요. 그러면 복 받고 살 것입니다. 사람은 德이나 福은 많은 사람에게서 도움을 많이 받습니다. 내가 별로 잘난 것이 없는데도 주변에 도와주는 사람이 많아 잘되는 것이 바로 '인복人福'입니다. 반면에 자기 스스로가 이미 언행에 덕이 갖추어져 있어 남들의 도움을 받을 만하여 받는 것이 바로 '인덕人德'입니다. 福은 받는 것이고 德은 쌓는 것이니, 당연히 '복'보다 '덕'이 더 소중하고 더 강한 것입니다. 그러나 나를 포함한 많은 사람이 '인복'을 원하면서도 '인덕'을 쌓는 일에는 인색합니다.

우리 모두 '인덕' 쌓는 일에 최선을 다하는 아름다운 삶이 되었으면 합니다. 좋은 '인덕'에 '인복' 있는 삶과 함께 동행하면 행복합니다.

자녀는 자신도 모르게 부모를 닮아간다

자신의 본성에 역행하는 일을 하면서 행복함을 얻으려고 생각한다면 그것은 불가능한 일이다. 물고기는 물속에서 헤엄치고 있을 때 가장 행복하다. 그것이 물고기의 본성에 어울리기 때문에 물새가 아닌 새를 물속에서 헤엄치게 한들 행복감을 얻을 리 없다. 그것은 새의 본성에 어긋나기 때문이다.

사람은 자신의 본성이 절실하게 바라는 것을 생활에 실현시켰을 때 가장 행복감을 느낄 수 있을 것이다. 아버지 직업의 후계자로 아들을 강요해서는 안 된다. 아들에게는 다른 친분이 있으며, 반드시 아버지 직업에 그 친분이 있다고 할 수가 없다. 진정한 사랑은 상대를 구속하는 것이 아니라 해방시키는 것이다. 신은 모든 인간에게 각각 개성과 천분天分을 부여하였으며, 모든 인간은 각각 다른 개성과 천분을 부여받고 있는 것이다. 그러므로 부모는 자기 아들이 부모가 바라는 직업을 강제로 떠맡지 않도록 해야 한다. 부모는 자녀에게 위세를 부릴 필요가 없다. 부모는 어릴 때부터 어린이들이 도저히 할 수 없는 일과 자신이 끌어온 삶의 체험이 있으므로, 잠재의식 속에서는 자신이 어린이보다 훌륭하다는 생각을 늘 하고 있는 것이다.

그런데도 새삼스럽게 위세를 부리거나 하면 자녀들이 반감을 갖게 되고 부모의 결점을 발견하게 된다. 그래서 부모의 위신에 맞서려고 하는 것이다. 부모는 보다 평등한 입장에서 그들을 접하고 친근한 태도로 대화한다면 존경하고 있는 부모로부터 사랑으로 감격할 것이며, 자녀들은 더욱 부모를 사랑하게 되는 것이다. 사랑을 받고 싶고 인정을 받고 싶고 부모에게 도움이 되고 싶어 하는 것이 그들의 본성이다. 자녀들을 존중하였을 때 부모는 그들로부터 존경을 받게 된다. 이후 독립기의 아이에게 너무 간섭하면 좋지 않으며, 또한 방치하여도 좋지 않다. 방치할 경우 아이는 부모에게서 애정을 잃어버린 것이 아닌가 하고 불안해하며 부족한 애정을 밖에서 구하려는 생각을 갖게 되는 빌미를 제공한다. 너무 간섭하게 되면, 부모는 나를 언제까지나 어린애 취급할 것인가 하는 생각으로 반항할지 모른다.

지나치게 귀여워서 하나에서 열까지 그들의 비위를 맞추다 보면 독립정신이 부족한 응석받이가 될 가능성이 다분하다. 자주독립 정신을 길러 주면서 자연스럽게 인도할 필요가 있다. 그리고 아이가 성장해서 성인이 될 때 자신의 연상인 선배들과 교우하게 되면 아이들은 그가 유년기, 또는 소년기에 가정에서 함께 자랐던 형이나 누나에 대해 가졌던 감정과 일치되는 행동을 하는 것이다. 예를 들어 형에게 반항적이었던 소년은 선배에 대해 역시 반항적이기 쉽다. 일단 성인이 되어 회사나 단체의 상관에 대한 기분은 어렸을 때 그가 부친에 대하여 품고 있던 감정이 계속 이어져 부친에게 반항하고 있었던 아이는 이곳에서도 상관에 대하여 반항하는 성품을 나타내게 된다. 훌륭한 부친을 가진 청년이 훌륭하고 충실한 직원이 된다. 남성끼리의 교우생활은 그 남성의 부자 관계의 모방, 또는 그 연장과 같은 형태로 나타난다. 또한 여성은 여성끼리의 교우 관계도 그녀의 모친과의 생활 관계의 모방, 또는 그것의 연장과 같은 형태로 나타난다.

남성은 남성 친구를, 여성은 여성 친구를 갖는 것이 보통이다. 그러나 특히 남녀의 구별 없이 교체시키고 배려해 나가면 결과는 다르게 나타날 수 있다. 정상적인 발달 과정에 있는 소년 같으면 고교를 졸업할 정도의 나이까지는 남자친구와 교제하고 특별히 여자친구와 교제하려는 생각을 하지 않는다. 그러나 가정에서 애정이 부족하였거나, 오늘날과 같이 관객의 성적 흥분을 목적으로 만들어진 대중매체가 범람하는 시대에 있어서 더욱 일찍이 이성의 친구를 필요로 하게 된다. 그 아들이 어떤 영화를 즐기고 어떤 종류의 책을 읽는가에 따라 그 소년의 성 발달 정도를 추측할 수 있는 것이다.

많이 닮은 사이는 부모 자식 사이다. 자식을 보면 부모를 알 수 있는 것처럼, 부모의 도덕적 관념과 성격은 어린이에게 반영된다. 어린이의 상相을 바라보고 자기 마음의 모습을 반성할 필요가 있다. 자녀들은 부모의 도덕관념과 사상을 이어받게 되지만 부모가 억압적이었거나 냉담하였을 때 왕왕 부모의 반대 측에 선다. 자녀들은 부모를 사랑하고 있으므로 부모의 사랑을 받고 싶어 하지만, 부모가 냉담하거나 강압적일 경우는 부모로부터 사랑을 받지 못하는 것으로 생각하고 그 복수를 위해 반항하는 것이다. 부모의 모습은 그 자녀에게 계승되어 있으므로 자기 자신의 인격 형성의 주축으로 이루고 있는 부모에 반항할 경우 자녀는 자기 자신의 인격에 반항하고 있는 셈이어서 그 혼의 고투苦鬪는 매우 참기 어렵게 된다. 그 참기 어려운 고민 탓에 부모에게 반항하게 되는 것이다.

부모는 더욱 깊은 애정을 자녀에게 쏟을 필요가 있다. 인간이 사는 보람은 사람으로부터 사랑과 칭찬을 받고 능력을 인정받고 있다는 생각에 따라서 얻어지는 것이다. 특히 어린이들은 부모로부터 사랑을 받고 인정을 받고, 칭찬을 받고 있다고 믿을 때 비로소 사는 보람을 느끼는 것이다. 어린이가 불량하게 되는 것은 사랑의 표현이 부족하거나, 사랑의 표현 방법이 잘못되어 너무 억압하거나 너무 끈질기기 때문이다.

어린이의 불평이나 괴로운 심정을 들어주는 부모가 되어 주어야 한다. 어린이가 자기 심정을 솔직하게 표현할 수 없는 부모가 된다면 어린이에게 그 이상의 불행은 없다. 이것이 때로 불량한 청소년을 만드는 원인이 된다.

자녀들의 지각없는 연애 행각은 부모의 무관심 속에서 오는 경우가 많다. 부모의 애정이 자녀에게 완전히 표현되고, 부모가 자녀를 충분히 이해할 때 불미한 모든 사건을 미연에 방지할 수 있을 것이다.

제 4 부

퇴계 이황 선생의 『수신십훈修身十訓』: 몸과 마음을 수양하는 열 가지 교훈

여류문학의 선구자 『한중록』의 위상

한국 문학사에서 『한중록閑中錄』의 위상과 역사의식을 고취하고자 살펴보기로 하자. 오늘날 『인현왕후전』, 『계축일기癸丑日記』와 함께 궁중 비사를 소재로 한 작품으로 3대 궁중문학宮中文學의 효시라 불리는 『한중록』은 분량 면에 있어서나 한국 여류문학의 대종을 이루는 작품이라 말할 수 있다.

여류문학의 선구자 『한중록』의 내용은 다음과 같다. 작자는 속칭 '뒤주대왕'으로 일컬어지는 사도세자의 부인 혜빈 홍씨(정조에 의해 혜경궁으로 받쳐짐)로, 영조의 자부이자 정조의 모친이기도 하다. 그 친정은 작자가 자랑으로 여겼던 정명공주의 후예 풍산홍씨. 정명공주는 『계축일기』속의 비극의 주인공 인목대비의 외동딸이다. 아홉 살 때 세자빈에 간택돼 10세에 가례를 치르고 입궁한 이래 '3형제 4부자가 다 해먹는다.'는 비방을 들을 만큼 친정, 부, 숙叔과 형제들이 영의정 판서 참판 등을 역임하고, 혜경궁 자신은 2남 2녀를 낳고 일세의 선망의 대상이었으나 하루아침에 운명이 곤두박질치는 신세가 되었다. 소위 '임오화변壬午禍變'이라 일컫는 부군 세자의 비극적 종말이다. 즉 부왕인 영조에 의해 적자, 서자 8남매나 낳은 28세 장년의 세자가 오뉴월 삼복더위에 뒤주에 갇혀서 굶어 죽고 쪄 죽기에 이른 사건이다.

양관 속에서 일어난 이 무서운 사건은 이후 공개되지 않은 채 궁중 비사로서 내려왔기 때문에 후세의 사가들은 그 원인을 당쟁의 역학적 구조 안에서 풀이할 도리밖에 없었다. 그것은 임오화변 후에 종래의 노소 당파가 세자의 죽음을 놓고 동정파와 비동정파, 즉 영조의 처사에 옳다는 소위 시벽이파時僻二派로 갈리져 이 싸움이 영조 38년부터 정조 초, 그리고 중단되었다가 정조 승하 후 다시 재연되어 결국 『한중록』이 본령인 세 작품을 낳게 한 것이다.

『한중록』은 한 편의 작품이 아니라 4편을 합친 것이다. 즉, 정조 승하 직후부터 순조 5년 사이를 쓴 위 3편과 정조 19년, 즉 작자가 회갑 해에 친정 조카에게 하사할 목적으로 쓴 친정 중심의 회상록 한 편을 합친 4편이다. 원래는 이것을 편의상 집필 연대순으로 제1편, 제2편, 제3편, 제4편으로 부르기도 했었다. 따라서 『한중록』은 구성상 위와 같은 성격으로 말미암아 명칭, 주제, 장르 등의 규명에 있어서 문제가 있게 마련이다.

제1편 : 회갑 해의 감상에 보태어 평소 고모님의 친필을 하사받고자 소원하는 친정 조카의 요청도 있어 붓 가는 대로 지난날의 발자취를 더듬는 글. 정조의 지극한 효성을 받으며 왕모로서의 영광을 누리던 시절의 집필이므로 4편 중 가장 여유가 있고 수필의 성격에 부합되는 글이다.

제2편 : 정조 승하 직후(순純2, 작자 67세) 작

제3편 : 그다음 해(순純3, 작자 68세) 작자의 둘째 동생 홍낙임의 사사 처분을 받은 데 충격을 받고 쓴 글. 50도 못 누리고 갑자기 승하한 정조의 뒤를 이어 겨우 11세가 된 순조가 왕위를 계승하자 정권은 대왕대비 김씨(영조의 계비) 일문으로 돌아갔다. 이는 항렬이 제일 높은 어른의 관례에 따랐기 때문이다. 풍산홍씨와 경주김씨는 노소 당파에서도

정적이었고, 15세 소녀로 66세 영조의 계비로 들어온 정순왕후 김씨는 기실 자부 격인 세자 내외보다 10세 연하인데다가 작자는 10세의 입관이라 결국 경주김씨네는 풍산홍씨보다 벼슬자리에도 15년 지각생인 셈이다. 더욱이 작자는 24년간을 왕모王母로서 지극히 존대받던 사람이다. 그러므로 열세에 몰렸던 측이 칼자루를 쥐게 했으니 그 보복은 당연히 올 것이다. 그 보복의 명세가 동생의 사사요, 이미 고인이 된 지 20여 년이 되는 작자의 부친 홍봉한에 대한 역적의 누명이다. 홍봉한은 임오화변 당시 좌의정으로 있었던 터라 도의적 책임에서 비약해서 뒤주의 발상이 바로 장인 홍봉한이라는 모함이었다. 『한중록』의 제2편 이하는 실로 이런 정치적 상황에서 씌어진 것이다. 즉 철두철미 친정을 위한 해명이요, 호소요, 비원이다. 그 구체적 명세는 친정 부친, 삼촌, 동생의 억울한 죽음 및 누명의 해명이요, 속가로 떨어진 친정의 명예 회복이다.

제4편 : 따라서 마지막 4편은 뒤주를 권했다는 부친의 혐의에 대한 반증으로 40년 가까이 되는 임오화변의 진상을 궁중 비사의 터부를 깨뜨리면서까지 폭로하지 않을 수 없었다.

이본의 명칭 : 『한중록』은 현재 15종의 이본이 전하지만 원본은 4편 중 어느 한 편도 전하지 않는다. 한글체, 한문체, 국한문혼용체의 세 종류 표기법의 필사본으로 이루어진바 그중 국외본(미국 버클리대 소장)이 5종이나 있다.

『한중록』이 집필 동기와 연대가 다른 4편의 종합이라는 사실 때문에 이본異本, 명칭, 장르 규명에 있어도 문제가 있다. 이와 같은 현상은 우선 이본의 분포에 나타난다. 즉 15년의 구성을 보면 친정과 궁중에 각각 남긴 두 계통의 글들이 누군가에 의해서 종합본으로 필사되기도 하고 또는 그 전반만의 사본 등으로 이루어져 있다. 한편 표기법으로 볼 때 한문체 본이나 혼용체 본은 남성을 위해 번역된 것이며, 그 남성 중에는 앞으로 영향력을 미칠 절대적 존재로 순조도 포함된다. 한글체로 된 4편의 종합편은 8종인데 이 사본들의 성책연대는 국말 고종 때서부터 일제강점기 1930년대의 것도 있는바, 한글체 종합본의 공통적 약점은 4편의 순서가 뒤바뀌었다는 사실이다. 이는 원전이 첩帖으로 쓰러졌기 때문에 필사 과정에서 실수이며, 그만큼 제작연대와의 거리를 나타내고 있다. 그중 가장 전형적인 미려한 궁체로 쓴 사본은 버클리대에 있으며, 종합본 중에 가장 연대가 오래된 것은 일사본 『한듕만록』과 역시 버클리대의 『한듕만록』이다. 4종의 이본을 전체로 볼 때 가장 원전에 가까운 귀중품은 역시 버클리대에 있는 제1편(친정계)만의 필사본이다. 이 역시 전형적으로 아름다운 관체官體이다.

그리고 이 사본의 특징의 하나는 표지에 제목이 없이 남성의 달필達筆로 '보장寶藏'이라고 씌어 있는 점이다. 이것은 명칭 고에 중요한 이 정표가 되는 것이다.

『한중록』의 별칭으로는 '읍혈록泣血錄'도 있다. 『한중록』은 오늘날 '限中錄'과 '閑中錄'의 두 가지 상반된 표기로 견해가 엇갈리고 있다. '限' 쪽을 주장하는 측은 가람 이병기의 의견을 좇는 것이고, '閑' 쪽은 조윤제의 주장이 시초였다. 그러나 어느 쪽도 다 이 작품의 성격상 작자와는 무관한, 사본 파생 과정 임의의 명명한 사실이다. 홍씨 가문과 궁중에 보관한 책들을 만약 작자 생전에 종합편으로 편집했다면 마지막 제4편이 두 번째로 오고 제1편이 반분이 돼서 따로 떨어져 편집되는 그 같은 실수가 저질러질 수는 없기 때문이다.

여기에 결정적 근거가 되는 것은 버클리대의 귀중본이라 말한 '보장寶藏'만 있고 제목이 없는 이본의 존재와 또 하나는 역시 버클리대 소장의 제1편의 전반만이 한글 필사본 『읍혈록』이란 이본의 존재이다. 그러나 비록 제목이 작자가 붙인 이름이 아니더라도 『한듕록』이란 이본의 한자 표기의 경우 限이냐 閑이냐의 시비를 논의할 가치가 없다.

앞서 종합본 9본 가운데 가장 오래된 것의 명칭이 『한듕만록』이었다는 사실과 또 최고본 버클리대의 귀중본 표기를 통하여 보면 恨과 閑을 엄격히 구별해서 쓰고 있으므로 『한듕록』은 『한중만록』의 준말로 받아들여 마땅히 閑中錄일 개연성蓋然性이 있다. 이처럼 『한듕록』의 위상은 무엇과도 바꿀 수 없는 귀하고 보존 가치가 무한한 것이다.

『한중록』의 장르에 대해서는 여러 이견들이 엇갈려 왔다. 대체로 소설로 보는 견해는 가람 이병기 씨의 주장에 따른 이능우, 장덕순, 김기동 제씨이고, 조윤제는 기사체, 김동욱은 수필로, 신정숙은 수기문학으로 본 견해도 있었고, 근래 들어 아예 실기문학이라는 테두리 안에 넣은 견해로 낙착을 본 느낌이었다고 김용숙은 말한다. 『한중록』은 어느 장르에 속할 것인가 할 때 이 역시 4편의 종합이라는 한마디로 처리될 수 없다.

제1편은 자서전적인 회상록이니 수필의 영역에 넣어 의심치 않는다. 다만 나머지 3편이 문제이다. 목적의식을 가지고 사건의 전말 내지 해명이나 억울한 누명을 벗기 위하여 주관적 입장에서 쓴 일종의 진정서라면 수기와 기사문의 중간 위치에 선다고 하겠고, 소재로 보아 논할 때는 실기문학의 범주에 속한다고 할 것이다. 『한중록』의 의의는 한마디로 여류문학이라는 것. 작자가 밝혀진 것도 우리나라 사정으로는 도저히 있을 수 없는 귀한 신분의 여성이 그 같은 데뷔작을 남겼다는 사실, 국가적 차원의 대사건의 표면상이라는 의미에서 역사학적 면에서 중요한 위치를 차지하고 있고, 뿐만 아니라 60년 동안 문안편지로 닦아진 뛰어난 문장력과 그 바닥에 안개같이 서려 있는 한恨의 미학으로서, 또 궁중 용어, 궁중 풍속 및 사대부 사회의 인정 풍속을 알 수 있는 사회학적 문화사적 가치로 보아 단연 다른 어느 궁

중문학의 추종을 허용치 않는 우수한 작품이라고 생각한다. 이처럼 우리 문학의 시발점은 우여곡절이 많았던 것을 다시 한번 이 책을 통해 알 수가 있다. 아울러 한국문학에서 『한중록』의 위상이 얼마나 중요한가를 우리는 알아야 한다.

오늘날 후세 사람들이 느끼는 이 책의 주된 내용은 사실 '피눈물의 기록'이라는 뜻으로 『읍혈록』이라고도 불린다. 남편인 사도세자의 비참한 죽음을 지켜봐야 했던 한 여인의 피 어린 기록이라는 의미다. 실제 혜경궁은 그 제목처럼 구절양장九折羊腸 기나긴 목소리로 한을 토해 냈다. 그러니 후세 사람들이 그 한 서린 여인의 주장을 진솔하게 받아들이는 것은 어쩌면 당연한 일인지도 모른다. 하지만 혜경궁이 맨 처음 이 책에 붙인 제목은 '한가한 날의 기록'이라는 뜻의 『閑中錄』이었다고 한다.

'피눈물의 기록'과 '한가한 날의 기록' 그 제목의 극단적 차이만큼이나 내용과 진실 사이의 거리도 먼 것은 아닐까? 혜경궁이 『한중록』에서 전하고자 하는 메시지, 즉 恨의 내용은 간단하다. 혜경궁이 일관되게 주장하는 것은 영조가 자식들을 병적으로 편애하여 세자의 정신병을 심화시켰다는 것이다. 실제 사도세자 형제들, 아니 영조 일가는 왕족의 일원이었으나 행복한 인생을 보내지 못했다. 세자의 두 누님 화평·화협옹주는 세자가 10대 중반일 때 요절하였다. 그리고 혼자 남게 된 세자의 막냇누이 화완옹주는 훗날 주위의 꾐에 빠져 친오빠인 사도세자와 조카인 세손(정조)의 반대편에 섰다가 비참한 지경에 빠진다. 이러한 영조 일가의 불행한 삶은 혜경궁의 기록이 사실임을 입증하는 명백한 증거가 될 수도 있다.

그러나 바로 여기에 사도세자에 대한 고정관념이 아무 의심 없이 형성될 속임수가 숨겨져 있다. 혜경궁은 영조가 영빈이씨 소생 중 큰딸 화평옹주를 매우 사랑했으나, 둘째 딸 화협옹주와 세자는 극도로 미워했다는 점을 가장 애끓게 서술하고 있다.

그렇다면 그토록 미움의 대상이었다는 화협옹주가 병에 걸렸을 때 영조의 거동을 『영조실록』에서 살펴보면 진실의 실마리를 찾게 된다. 영조 28년(1752) 11월 25일, 영성위 신광수(申光洙)에게 시집간 화협옹주의 병세가 심상치 않다는 말을 들은 영조는 황급히 화협옹주의 사가로 거동하려 했다. 하지만 큰딸이라 해도 국왕은 사가로 문병이나 문상을 가지 못하는 것이 조선의 관례이자 법이었기에, 게다가 당시 영조 자신이 의원 치료를 받는 환자이기도 했던 까닭에 신하들은 일제히 반대했고 부교리 채제공도 두 번씩이나 차자를 올려 가지 말라고 간했으나 영조는 듣지 아니하고 오히려 호위 군사를 빨리 집결시키지 않았다고 병조판서 김상성과 훈련대장 김성응을 잡아들이고 결국 황황히 화협옹주의 사가에 행차한 영조는 밤이 깊도록 환궁하지 않고 그녀의 머리맡을 지켰다.

그러나 문병도 안 되는 판에 임금이 사가에서 밤을 새울 수 없는 법, 약방은 물론 대신들과 승정원 관리들이 모두 영조에게 환궁할 것을 거듭 청했으나 영조는 듣지 않았다. 동이 틀 무렵에야 환궁한 영조는 이틀 후 화협옹주가 죽었다는 소식을 듣고 어둑한 새벽길을 나서려 했다. 문상을 고집한 것이다. 이 이야기는 영조가 화평옹주를 편애하고 화협옹주는 저주했다고 한 혜경궁의 증언과 명백히 다른 이야기를 전해 주고 있다.

『영조실록』에 따르면, 영조는 화평·화협 두 옹주를 모두 사랑했다. 물론 영빈이씨의 첫 소생인 화평옹주를 화협옹주보다 더 사랑한 것은 사실이다. 영조는 화평옹주에게 인조의 동생 능원대군의 옛집인 이현궁을 주면서 경복궁의 소나무를 베어 수리하게 할 정도로 그녀를 끔찍이 사랑했다. 영조는 화평옹주는 물론 화협옹주에게도 자상한 아버지였다. 혜경궁의 묘사대로 '용모도 절충하고 효성도 있어 아름다운'

화협옹주를 영조가 미워할 이유가 없다. 영조는 화협옹주가 죽은 2년 후 상일에도 그녀의 집으로 거동했다. 화협옹주의 명복을 빌면서 이 날 하루를 경건하게 지내고 싶었던 영조는 어가 행차할 때 일체의 취타를 하지 말라고 지시했고, 화협옹주의 옛집에 들러서 깊은 밤까지 옹주의 명복을 빌다가 신하들이 여러 번 환궁을 간청한 끝에야 돌아왔다고 한다. 영조는 이처럼 다정다감한 성품이었고 그답게 일가 모두를 사랑했으나, 그중에서 첫딸인 화평옹주와 효장세자의 부인이자 큰며느리인 현빈 조씨에게 더 마음 쏠렸음을 솔직히 고백하였다.

혜경궁은 『한중록』을 쓸 당시 사랑하는 남편의 비참한 죽음에 오열하는 20대 청상과부가 아니었다. 당시 혜경궁은 궁중 깊숙한 곳에서 영조, 정조, 순조 세 임금의 치세 60~70여 년을 지켜본 70대의 노회한 정객이었다. 혜경궁의 친정인 풍산홍씨 가문은 사도세자가 죽은 후 승승장구해 형제 정승의 지위를 누리는 당대 최고의 명문가가 되었으나, 공교롭게도 사도세자의 아들이자 혜경궁의 아들인 정조가 즉위한 직후 몰락의 길을 걷게 된다. 그 이유가 참으로 기구하다. 혜경궁의 친정인 풍산홍씨 가문이 사도세자를 죽음으로 몰고 간 주범으로 몰렸기 때문이다. 세상의 시각 또한 혜경궁이 남편을 죽음으로 몰고 간 악처라고 의심했고, 아마 이 몰락이 없었다면 혜경궁은 『한중록』을 쓰지 않았을 것이다.

그리움, 추억도
어둠 속에 묻힌 영혼의 눈시울

 모든 실질적인 것만 내세우고 납덩어리만 중시하고자 하는 사람은 자신을 엄청나게 기만하고 자기 자신들이 반석과 같은 위치에 서 있는 줄 알고 알지만, 우리가 알고 있는 마지막 사실까지 삶의 여정을 이야기한다면 강물 위에 물거품처럼 맴돌 것이고 어디에서 어디로 가는 것인지 모른 채 아래에 가라앉았다가 다시 떠오르는 환상에 빠져 허우적거리다가 정신을 잃고 만다고 통화 35분 만에 끝을 맺었던 친구가 새록새록 생각이 난다. 또 살아가면서 이러한 삶의 자유, 즉 해방을 중요시해야 할 충분한 이유가 있다. 대단히 깊고 넓은 공간의 틀에서 방황하는 당신에게 눈물 차오르는 밤이 있음을 나는 감히 또 안다. 당신이 무엇을 꿈꾸었고, 무엇을 잃었는지를. 당신의 흔들리는 그림자에 내 그림자가 겹쳐졌기에 절로 헤아려졌다. 입에서 단내가 나도록 뛰었지만 끝내 가버린 버스처럼 늘 한 발짝 차이로 우리를 비껴가던 희망들, 그래도 다시 그 희망을 좇으며 우리는 그렇게 살았다고 털어놨다.
 2023년 3월 19일 붉은 해가 산마루에 우뚝 솟은 노송에 걸려 넘지 못하고 있었다. 그날따라 봄바람이 심하게 불어 진달래, 개나리도 아직은 찬바람이라 엄두도 못 내고 있는데 산수유만이 입을 삐쭉 내밀고 히죽히죽 미소 짓는다. 휴대전화 벨소리가 오늘따라 요란하게 울린다. 70년 죽마고우가 칠십에 소천했다는 소식에 깜짝 놀랐다. 더군다나 중·고등학교, 대학까지 같이 다녔던 큰 키에 건장한 그 친구는 얼마 전 병원 출입으로 코로나 4차 주사 맞기 전에는 단 한 번도 병원 출입이 없었다. 하지만 주사 4차 맞고 시름시름 앓고 병원을 자주 드나들며 치료를 받아오던 중 그 고비를 넘기지 못하고 결국 하늘로 떠났다. 그리움도 추억도 어둠 속에 묻힌 영혼의 눈물처럼 사랑하는 아내와 아이들을 두고 그렇게 떠났다.

　이제는 세월이 흘러 친구들도 하나둘씩 세상을 등지고 보니 남은 우리도 인생의 허무를 다 껴안고 하루하루가 소중한 날이 되는 것 같아 모두의 가슴을 먹먹하게 만들었다. 그 친구는 이제 돌아올 수 없는 세상을 가버렸다. 우리는 이구동성으로 가짜인 줄 알았다. 그는 요즘 들어 뜸하다가 불과 일주일 전에 안부 전화 받았는데 30여 분 통화한 내용이 마치 작별이란 암시를 준 것처럼, 병원 입원실에서 통화한다면서 인생이 허무하다고 푸념 아닌 푸념하던 친구였는데, 생각지도 않던 숙명과 운명에 대한 세상을 혼자 모든 고뇌를 껴안은 듯, 삶에 관한 고민 문제로 대화를 나누었다. 그 친구 말에 의하면 필자가 신문기자와 소설가로서 잘 알아들어 줄 것 같기에 통화하고 싶다고 한다. 그전에도 명절 때가 되면 가끔 연락하고 있었지만, 이때처럼 오랜 통화를 해본 적이 없었다.

　보통 남자들은 전화 통화는 길어야 3~4분 정도일 것이다. 그의 말을 빌려오면 다음과 같다. 서두에 밝혔듯이 이 세상에 태어난 것도 힘든 일이지만, 이 세상을 떠나는 것은 더욱더 힘든 일이거니와 궁극적으로 이 세상을 살고 있다는 것이 아무런 보람도 없는 것처럼 무의미하다고 했다. 그는 이와 같은 철학자 기질을 가지고 있는 것처럼 느꼈다. 인간성을 그의 경험에 비추어 간결하게 요약하면 다음과 같은 한 마디에 익숙해져 있었다. '이 세상에는 남을 속이고 그릇된 행동을 하는 협잡꾼으로 가득 차 있으며, 자기도 살아가면서 자신도 모르게 그들에 속하는 한 사람이라고 한다. 물론 추상주의자와 물질주의자는 서로 이처럼 헐뜯으며 상대방을 흥분시키고 있다. 그리고 냉소주의자는 물질적이 가장 나쁜 면만 꼬집고 있기에 추상주의자와 물질주의자의 중간 위치에 해당하는 제삼자, 소위 회의주의자가 나타나기 때문이라며, 회의주의자는 추상 및 물질주의가 극단적으로 흐르기 때문에 공히 나쁘게 생각한다고 했다. 그는 자기의 위치를 공고히 하여서 양자 간의 균형을 유지하는 저울대가 되고자 무척 노력했다고 했다. 그는 자기에게는 적절한 수단 외에는 사용하지 않는다고 했으며, 또한 평범한 사람들이 일방적인 것을 알게 된다. 그리고 지성적인 기능, 냉철한 두뇌를 나타낸다고 했으며, 그러기 위해서는 어떠한 일이든 도움이 되고자 한다, 그리하여 어리석은 노력과 보상이 없는 헌신, 그리고 노동에 뇌력의 소모를 가져오는 일을 하지 않는다고 했다. 어떤 일에 이런 비유를 하여 자신이 힘든 일이 끝나고 나면 외로운 섬처럼 한없이 우울하고 싶은 날, 스스로 외로움의 끝으로 몰아넣어 어디 하나 기댈 곳 없는 날 이유도 모른 채 비집고 나온 외로움이기에 누구에게 털어놓지도 못하자 위로받을 수 없는 날이 원망스럽다고 했다.

위로받지 못한 날이면 우울함을 벗 삼아 혼자 오솔길 따라 한적한 공간이 나오면, 늘 혼자만이 시간을 갖는다고 했다. 이 시간은 때로는 삶의 단비가 내리는 것처럼 되기도 하지만 그것은 너무 버거워 먹고 살기 위해 짊어진 짐이 너무 무거워 내려놓을 때 발등이 다칠까 봐 끝내는 집어 내동댕이쳐야 했던 날들이 숨고 싶은 순간이 필요했다고 했다. 하지만 그 친구는 무거운 짐을 지고 항상 제자리에 서성이다 이런 생각을 했을 것이다. 사람이 세상에 태어나서 살다가 죽는 인생의 시간보다 더 오래 한자리에서 한결같이 그 자리를 지키며, 자유롭게 떠도는 구름처럼 그때마다 환경이 다른 쪽으로 기울어 수만 가지 표정을 짓는 환경이 부러웠을지도 모른다. 그렇지만 그는 그 자리를 묵묵히 지켰다. 가장으로서의 사명감과 아버지의 책임에 억눌려 숨소리조차 죽여야 했던 날들. 혼자만의 외로움을 즐기면서도 다가오는 압박감에 설령 방향을 잃어도 온전히 자신의 감정을 받아들이며 하루하루를 보냈을 친구를 생각하니 가슴이 아프다. 또한 그는 삶의 외로움으로 인해 또 다른 무언가를 얻을 수 있다고 생각했으며, 우울한 자신의 모습을 보이기 싫어 과장된 액션을 취했을지 모른다. 그것은 무언가 새로운 날을 계획할 수 있으리라 했을 것이고, 아울러 자신이 삶의 외롭지 말기를 기원하며 스스로 대견하다고 마지막 전화 목소리가 생생하다. 그날따라 3~40분간 인생의 삶이란 주제를 가지고 통화한 것이 마지막 통화였다. 이처럼 지나간 일들이 무심코 지나쳤지만, 되돌아보면 그것이 암시였던 것 같은 때늦은 후회였다.

 그는 혼자 있는 시간을 가져야 한다고 한다. 그가 말하는 혼자 있는 시간이란 몇 분, 몇 시간 동안이 아니라 며칠, 그리고 기회가 주어진다면 수 주일간 혼자 있는 시간을 가지라는 거란다. 혼자 있는 시간은 정신의 수련장이기 때문에 필자에게 몇 백 배 가치 있는 시간을 돌려준다는 그였다. 자신이 스스로 평화를 유지하고 있는지, 혹은 생활의 의미가 단지 일상의 표면적 일에서만 찾아지고 있는지를 시급히 살펴야 한다고 강조했다. 만약 생활의 의미가 단지 일상의 일에만 머물러 있다면 혼자 있는 시간을 가지는 일은 스스로 돌아다볼 기회를 제공하여 나로 하여금 지혜를 성숙시키고 내적인 힘을 성숙시킬 수 있게 된다는 것이다.

 이것은 결코 쉽게 간과해 버릴 만큼 작은 발견이 아니다. 사람들은 이리저리 바쁘게 움직이거나 한가롭고 여유 있게 시간을 보낼 수 있다. 그래서 사람들은 사고팔고 이리저리 분주하게 움직인다. 그들에 겐 언제나 해 놓은 일보다 해야 할 일이 더 많다. 그래서 바쁘게 움직이는 사람들은 항상 마음을 생활의 사소한 문제들로 채우는 늪 속에서 헤어나지 못하는 경향이 있다. 만약 곰곰이 생각하고 주의하지 않는다면 사람들은 바쁘게 움직이는 것이 오히려 의미 있는 것이라고 잘못 이해하기 시작한다. 사람들은 자기 생활의 모든 시간을 일에서 일의 연속으로 몰아넣어 한동안의 고요함은 아직도 할 일이 남아 있다고 인식하는 사람을 자극하여 그들을 숨 막히게 한다. 그리고 항상 못다 한 일이 남아 있을 것이기에 그런 사람들은 죽을 때까지도 해야 할 일을 남기고 죽게 될 것이다. 바쁘게 사는 생활 속에서 일을 물리치기 위한 노력이 없다. 세상일에는 끝이라는 게 없기에 큰일이 앞에 놓여 있더라도 생활의 리듬을 찾아 한숨 돌리기 위해 과감히 일을 멈추는 시간이 있어야 한다는 것을, 필자가 알아주었으면 좋겠다며 다시 한번 화이팅하고 훌훌 털고 일어나서 만나자는 약속과 함께 통화를 끝냈다.

이렇게 삶에는 개개인의 탄생이나 죽음과는 무관하게 불리는 무한한 노래가 있다. 이 가사는 낯선 말이거나, 또는 추상적인 말로 여겨질지 모른다. 이 소리는 일상생활과 밀접한 크고 작은 소리를 통해서는 듣기 어려운 작은 콧노래이며, 우리 모두를 초월해서 존재하는 통일성의 표현이고. 이 콧노래는 사람들의 죽음과 필연에 조화되도록 만들어 삶에 대한 지식은 단지 고독 속에서만 충분한 경험이 된다. 많은 사람에게는 고독은 혼자라는 시적 단어로 인식될 뿐이고. 그러나 혼자 있는 곳 자체는 사실 아무것도 아니다. 혼자 있다는 것은 곧 우리를 실험장이 되기 쉬운 만큼 외로움의 실험장이 되기도 쉽다. 그러나 고독은 외로움과 정 반대에 있는 평화를 위한 조건이며. 외로움은 텅 빈 방에서 혼자 앉아 아무도 방해하는 이 없는 주위의 공간을 인식하는 것을 좋아한다. 그것은 분리조건이고, 고독은 우리 주변에 혼자만의 사색 공간을 만드는 것이다. 외로움이 분리조건인 데 반해 고독은 화합조건이라는 것이다

외로움은 편협하다. 그러나 고독은 관대하다. 외로움은 내 주위를 차단하지만, 고독은 무한을 향하여 내 주위를 확장한다. 외로움은 아무도 대답하지 않는 내적 대화에 뿌리를 두지만, 고독은 끝없는 영원의 침묵에 뿌리를 둔다. 대부분 사람은 단지 외로움을 경험할 뿐이기에 혼자서 시간을 두려워하고, 이들에게 응답하는 다른 사람의 형상을 비추는 거울을 세상에 제시하지 않으면 외로움을 느끼고. 그것은 사람들에게 잊히고 무시되는 것을 두려워한다고 했다.

고독을 알지 못하는 사람은 결코 이러한 모든 것들을 알 수가 없고. 삶의 내부에서 언제나 채워지지 않는 외로움에 사로잡혀 있기에 다른 사람이 자신의 외로움을 채워 줄 거라고 보기 때문에 사랑하는 사람에게 비현실적인 요구를 한다. 그들은 사랑이라는 명목으로 자신들의 필요와 기대로 주위 사람을 숨 막히게 만든다는 것이다.

고독을 알지 못하는 사람은 모든 관계에서 자신과 같이 있는 사람이 다른 모든 관심을 버리고 자신에게 완전히 전념할 것을 요구하기에 그들은 자신이 사랑하는 사람들의 자유를 오히려 두려워하는 것이다. 사실, 그들이 원하는 건 사랑하는 사람들로 하여금 자신의 공허한 형상에 이르도록 만드는 것이다. 그들의 삶의 공간들은 풍족할 수도 있지만, 실제로는 쓸데없는 기대들로 가득 채워질 뿐이고 그들이 주는 사랑은 자유가 아니라 속박이다. 그리고 그렇게 순수한 의도가 자신이 최고로 관심을 기울이는 사람의 생활을 침체시킨다는 사실을 결코 이해하지 못한다.

이 친구의 긴 이야기를 듣다 보니, 어느덧 원고청탁이 바빠서 대화

를 마쳤다. 만약 진실로 행복한 생활을 원한다면, 그는 고독의 교훈을 배워야만 한다. 그 교훈을 배우는 것은 그리 어렵지 않다. 배움을 지속시키는 게 더 중요한 일이다. 시간을 계산하지 않고 갈망이 존재하지 않는 공간으로 자유롭게 될 때까지 배회함과 쓸데없는 잡담과 혼란스러움을 물리쳐야만 한다. 인내하거나 받아들이고 고독은 당신이 결정해야 할 일이 아니라 당신이 도달해야 할 장소다. 항상 그 주위의 세계를 바라본 거고, 결코 산山은 쓸쓸하다고 해서 움직이지 않는다. 하늘을 선회하는 매는 태양과 합칠 것을 갈망하지 않는다. 그들은 끝없는 현재의 평화 속에서 존재한다. 그리고 그것은 사람이 고독 속에서만 발견할 수 있는 평화이다. 그 자신 안에서 그 평화를 찾으라고 했다. 고독이 지배하는 장소로 가서 큰 침묵의 교훈을 마시면 그러면 생활에서의 외로움을 느끼는 순간 결코 있을 수 없을 것이라고 그는 강조하였는데 듣고 보니 그의 가정이 순탄하지 않았다는 것을 짐작으로 알았다.

    하지만 필자는 위로와 격려로 오직 하나의 진실만 발견할 수 없다고 해서 보람찬 삶을 찾는다는 것을 거부하지 말고 정신적·문화적 생활방식을 다른 사람에게 다른 방식으로 주어진다는 것을 냉정하게 받아들여 그가 편하다고 하였다. 낯익은 냄새와 희망으로 태양이 비추는 날들처럼 훤히 보이는 길을 발견하면, 그 길을 따라가라고 하였다. 오직 바보만이 눈이 따갑다는 이유로 태양이 비추는 길을 걸어가지 않는다고 격려하였지만, 뒤돌아보니 죽음을 암시하는 그의 모습을 떠올리며 삼가 고인의 명복을 빈다.

한국 현대소설 이문열의 작품감상
— 「익명의 섬」/ 『우리들의 일그러진 영웅』
『사람의 아들』/ 『황제를 위하여』 —

 이문열은 1977년 〈대구매일신문〉 신춘문예에 단편소설 「나자레를 아십니까」 가작, 1979년 〈동아일보〉 신춘문예에 중편소설 「새하곡塞下曲」 당선으로 등단. 같은 해에 중편소설 『사람의 아들』로 '오늘의 작가상'을 수상하며 왕성한 창작활동을 전개하여 1980년대에 가장 많은 독자를 확보한 작가의 한 사람으로 꼽힌다. 주요 작품은 『젊은 날의 초상』 『황제를 위하여』 『영웅시대』 『변경邊境』 『우리들의 일그러진 영웅』 『추락하는 것은 날개가 있다』 등 주옥같은 작품이 십 수 편에 이른다. 치밀한 작품 구성과 다양한 소재, 뛰어난 필력으로 주목받고 있는 작가다.

■ 익명의 섬

 저녁을 마친 남편은 TV를 보다가 우리 사회가 너무 쉽게 익명이 될 수 있다는 것과 그로 인해 생겨나는 도덕적 타락, 특히 여자들의 성적 타락을 한탄하며 어린 시절의 동족 부락을 그리워한다. 그러나 그에게 섬광처럼 떠오르는 기억이 하나 있다. 대학 졸업 후 처음으로 부임한 어느 시골 초등학교가 있는 동족 부락에서의 일이다. 그 마을에는 깨철이라는 떠돌이 사내가 있었다. 의식주도 이 집 저 집 어느 곳에서든 해결할 수 있었다. 이러한 깨철의 존재를 끊임없이 관찰하던 나는 여름방학 중 알게 된 지금의 남편과 연애하던 탓에 얼마간 그의 존재를 알고 있었다. 그러다가 깨철이 느닷없는 충격으로 나에게 덮쳐 오게 된 것은 남편에게 닥친 뜻밖의 변화 때문이었다.

바로 남편이 월남에 가기 전에 여자로서 남자를 그리워하는 심정이었던 나는, 남편이 휴가 중 며칠을 빼내어 만나러 오기만을 기다렸으나, 남편은 아파서 오질 못했다. 기다림이 무너지던 날 억제된 성과 허탈함으로 집으로 가던 중 마침 깨철이가 거기 있어 나를 범하게 된 일이 있었다. 그때 깨철이는 여자들이 언제 자기를 원하는지를 안다고 하였다. 이 일로 인해 나는 동네의 아낙들과 깨철이의 관계를 알게 되었다. 이 동족 부락의 폐쇄성이 가져다주는 여자들의 성적 불만, 익명의 사내에 대한 그리움이 깨철이라는 사내를 묵인하고 있음을 알게 된 것이다. 그 후 같이 근무하는 남자 교원에게 존재를 인정하고 있는 것이었다. 마을의 남자들 역시 동족들 사이에서 체면 때문에 익명의 사내 깨철이의 뒤끝 없음을 인정하고 묵인해 준다는 것이었다. 그 후 나는 지금의 남편과 결혼하기 위해 이 마을을 떠나는 날 정류소로 나오는 도중에 깨철이를 만나게 되고, 내 후임으로 오는 여자 교원에게 이 이야기를 해주려고 하나 그만두기로 한다. 그것은 그도 언젠가 그가 필요할지 모른다는 생각이었다.

이 작품은 인간의 관습과 의식 속에 존재하는 익명의 윤리를 다루었다.

〈등장인물〉

나 : 조직적인 현대인으로서 윤리성에 갇혀 있는 여성

깨철이 : 윤리적인 터부 때문에 익명으로 보호되는 존재

작품 무대는 동족으로 구성된 시골을 배경으로 보편적인 인간이 갖

는 가면의식을 폭로하는 관찰자로 구성되었다.

〈문학사적 의의와 감상〉

이 작품은 현실을 살아가는 우리에게 익명의 섬이 많아지고 있음을 경계함과 동시에 또 그것의 필요성이 어디엔가 대두되고 있다는 걸 보여 주고 있다. 서울에서는 자기가 사는 동네에서도 익명투성이뿐이다. 이는 각박한 사회 현실이란 익명이 도덕적인 타락을 가져옴에도 불구하고 우리는 그 익명 자체에 대한 신뢰 때문에 묵인하게 되는 것이다. 그러므로 이 작품은 동부락의 일례를 통해 고립된 개인 사회에서 더욱더 익명성을 지니고 있기 때문에 우리의 피부에 쉽게 접목이 된다.

■ 우리들의 일그러진 영웅

나는 자유당 정권이 마지막 기승을 부리고 있던 그해 공무원으로 있던 아버지가 된서리를 맞는 바람에 어느 작은 읍의 초등학교로 전학 가게 된다. 첫날부터 반장인 엄석대와 불편한 관계를 맺게 된다. 엄석대는 묘한 힘으로 급우들을 지배하고 있었으며, 이것이 생리에 맞지 않는 나는 부당하고 불합리한 사고방식에 대하여 실망하게 된다. 그의 비행을 선생님에게 이야기하나 담임선생님은 지나치게 신임하고 있는 터라 내게 돌아오는 것은 번번이 곤혹스러움밖에 없다. 그런데도 나는 굴하지 않고 엄석대의 위치에 도전하나 소외만 당하게 된다. 나는 결국 엄석대에게 복종하고 엄석대의 보호를 받게 되어 편안하게 된다.

그러나 새 학년이 되고 담임선생님이 바뀌자 새 담임선생님의 철저한 교육방식에 의하여 엄석대의 굳건한 성이 허물어지기 시작한다. 엄석대가 자신의 시험지를 우등생들에게 작성하게 했다는 사실이 발각되자 그는 자취를 감춰버리고 만다.

그 뒤 나 역시 일류학교에 가기 위하여 시험과 경쟁 속에 파묻혀 시간을 보내면서 세월의 밑바닥에 그에 관한 기억들을 묻어 버리고 말았다. 그러다가 실업자가 된 후에 석대와 그가 이루던 무언의 질서들을 생각하게 되었다. 아무 노력 없이 편안한 생활을 할 수 있었던 그때가 그리워지기 시작한다. 그런데 어느 날 수갑을 찬 석대의 모습을 보게 되었을 때, 나는 어린 시절 영웅 같았던 석대의 모습이 아닌 바로 그에게 복종하고 무력했던 자신들 중 하나와 같은 모습을 보게 된다. 그날 밤 나는 늦게까지 술잔을 기울이며, 누구를 위한 울음인지도 모르는 눈물을 흘리고 있었다.

이 **작품의 주제**는 부조리와 불의를 느끼면서도 복종하지 않고는 살아갈 수 없는 사회 현실과 한 인간이 사회적인 제도에 의해 파괴되는 과정을 그렸다.

〈등장인물〉

엄석대 : 부조리한 인간의 전형

나 : 부조리에 대항하지만 결국에는 타협하는 보편적인 성격

이 작품의 배경 및 시점은 부조리한 사회를 배경으로 한 인간이 부조리와 타협한 후 그것을 자각하기까지 그린 작품이다.

〈문학사적 의의와 감상〉

이 작품은 석대란 인물을 통해 당시의 시대적인 부조리를 설명하고 이러한 불합리한 조건 속에 놓여 있는 인간들이 상황 속에 안주하는 병폐를 고발하고 있다. 시각적인 영역을 어린 시절 성인이 된 후까지 설정하여, 이러한 의식 속에 개인의 안일함이 얼마나 사회를 병들게 하고 있는지에 대하여 반문하고 있다. 권력은 언젠가 무너진다는 의미를 말하고 있다. 성인이 된 후까지 이러한 병폐에 물들어 있는 자신의 모습을 뒤돌아본다는 의미이며 이 작품의 주관된 의지로 보이며 사회 현실에 대한 비판을 담고 있다.

■ 사람의 아들

　D시에서 재직 중인 남 경사는 민요섭의 살인사건을 담당하게 된다. 사건을 위해 서울로 올라간 남 경사는 민요섭이 기독교 집안에서 교육을 받고 자랐으며, 신학교 학생이었다는 것과 학업 중 이단에 빠져 기독교에 대해 회의를 하고 학교를 떠났다는 사실을 알게 됐다.

　그 뒤 남 경사는 민요섭의 행적을 좇아 여러 도시로 다니면서 그의 노트를 발견한다. 그 내용은 기독교에 대해 회의하고 방황하는 인간상인 아하스 페르츠가 주인공으로 되어 있는데 이 아하스 페르츠는 예수와 같은 시간에 사람의 아들로 태어난다. 남 경사는 민요섭의 행적을 좇을 때마다 나타나는 갈등과 체험이라는 것을 알게 된다. 남 경사가 항도 B시에 갔을 때 민요섭이 여인숙집 아들 조동팔과 함께 사라졌고 이후에는 같이 기거하면서 여기저기 떠돌아다니면서 종교 교육을 하였다는 것을 알게 되었다.

　민요섭의 사후에 일명 김씨로 통하던 조동팔의 행방이 묘연해지자, 민요섭의 죽음이 조동팔과 연관되어 있다고 생각하고 그를 찾아 나선다. 하지만 그의 집을 찾아갔을 때 그는 이미 집을 나간 지 오래되었으며, 그의 방에는 민요섭의 원본에 있는, 새로운 신이 바탕으로 된 새로운 성서가 완성되지 않은 채 있을 뿐이다. 남 경사는 민요섭의 원본을 가져와 읽어 보는데 거기에는 아하스 페르츠가 일곱 번 만나는 논쟁을 벌인 사건과 예수가 못 박혀 죽었을 때 아하스 페르츠에게 닥쳐온 공허 등이 적혀 있었다. 이후 남 경사는 조동팔이 김동욱이라는 사람으로 개명하고 얼마 전에 복역 마치고 나왔다는 사실을 알고 그 집을 다시 찾아가 본다. 남 경사를 만난 조동팔은 민요섭이 자신들의 신을 배반하고 기독교로 돌아가고자 했기 때문에 그를 죽였다고 고백한다. 그리고 그 역시 죽음에 임하게 된다. 이 **작품의 주제**는 인간 존재의 근원과 그 초월에 관계되는 갈등이며, 배경은 종교적 관념으로

야기되는 현대이다.

〈문학사적 의의와 감상〉

이 작품은 기독교의 본질적인 비극성을 표현하고 있다. 본문에서 인용된 아하스 페르츠의 일대기는 작가가 이야기하고자 하는 주제를 담고 있다. 세계에 대한 괴리에 괴로워하는 모습을 신은 침묵하고 있다는 것을 고발하고 있는데, 이는 기독교에 대한 하나의 의문을 제시하고 있다. 즉 신화적 서술이 분위기와 구도적인 열정의 허무맹랑함이 신에 대한 은밀하고 경멸에 찬 아이러니를 동시에 포함하고 있다는 것이다. 참된 사람의 아들 아하스 페르츠가 예수에 대한 대립적인 존재라면, 이 아하스 페르츠는 인간적인 종교의 경전이라고 말할 수 있다. 작가는 민요섭이라는 인물을 통하여 인간의 고뇌를 설명하고 있으며, 이는 인간적인 보편성에 닿아 있다. 아울러 이 작품은 신화적인 구도를 지니고 있으므로 플롯의 난점도 해결해 갖고 있다.

■ 황제를 위하여

잡지사 기자인 화자가 '신역 정감록'이라는 책을 받아 든 뒤 새로운 기삿거리를 만들기 위해서 취재차 계룡산으로 간다. 여기서 우발산이라는 노인을 만나 '백제 실록'이라는 책을 보게 되고 황제 이야기를 듣게 된다. 그 뒤 잡지사를 그만두고 나서 그 노인이 죽었다는 소식을 듣게 되자, 황제에 관한 이야기를 기록으로 남겨야겠다고 생각한다. 그러나 그 신록을 찾을 수 없어 옛날에 본 기억을 더듬어 연의 형식을 빌려 이 글을 쓰게 된다. 황제는 1895년 정처사의 아들로 태어나 아버지로부터 천명을 받은 사람으로서, 배워야 하는 것들을 옛 성현의 글에 따라 익히며 자란다. 황제 역시 정감록에 나오는 정진인이 자기 자신이라는 신념을 가지게 되고 이씨 왕조가 망하게 되면 정씨 왕조가 열린다고 믿는다. 그러면서 이조 말년의 어지러운 세태를 겪고 황제는 여기저기서 흘러온 사람들에 의해서 받들어진다. 험난함이 연속인 과정을 지니고 정감록의 예언에 따라 모든 일정을 행하지만, 황제는 결국 그 꿈을 실현하지 못하고 1972년 세상을 떠난다. 그리고 죽기 직전에 자신이 꿈속에서 헤맸다는 사실을 깨닫는다. 이 작품의 주제는 기인인 황제를 통하여 본 이상 세계와 현실 세계를 그렸다.

〈등장인물〉

은 황제는 남조선의 창건주로 비현실적이며, 거룩한 인격의 소유자다. 그리고 이 작품의 배경은 조선 시대 말에서 현대에 이르는 광역한 시대적 배경과 더불어 비현실적인 인물을 다룬 작품이다.

〈문학사적 의의와 감상〉

장자의 무위無爲를 이상으로 하고 있으나 무의식적으로 그것을 비판하는 작품으로 작가의 전통에 대한 회귀 의식과 거부 의지를 동시에 갖추고 있는 작품이다. 이 작품이 더욱 돋보이는 것은 문체이며, 한문의 실록 등을 서술할 때 유감없이 나타내고 장엄하면서도 비현실적인 문제를 서술하는 것은 비서실이란 문장을 통하여 매우 숙련된 작품을 끌어내는 작가 중의 한 사람이다.

아이의 뇌와 언어의 발달과정을 알아보자

아이의 뇌 발달과정 : 아이가 출생한 이후 초년기에 아이가 겪는 갖가지 체험(시각·청각·미각) 등은 뇌의 신경회로들이 배선되는 방법에 극적인 영향을 끼치며, 물리적으로 이 방법을 결정한다. 아이의 신경회로가 복잡한 배선을 이루는 과정은 가히 경이적이다. 출생 후에 수개월 안에 시냅스의 수는 20배 정도 증가해서 약 1,000조 개에 이른다.

아이의 언어 발달과정 : 인간만이 지닌 이런 언어적 능력에도 불구하고, 그 습득과 표출은 출생 이후 초년기인 영·유아기에 집중되어 있으며, 이 시기에 영아와 유아의 언어 능력의 발달은 가히 경이적이라고 할 만하다. 즉 아이는 생후 한 달부터 벌써 말소리의 차이를 구별하고 단어를 구별한다.

아이에게 영향을 끼치는 부모의 언어 행동과 습관 아이에게 자주 말 걸기 : 아이의 언어 발달과 뇌 발달은 본격적인 독서를 위한 기반으로서 매우 중요하다. 그런 역할 중 가장 핵심적인 것은 부모가 아이에게 말을 자주 많이 거는 것이다. 또한, 부모가 아이에 관해 집에서 서로 많은 말을 주고받아야 하고, 많은 말을 듣는 환경 속에서 자란 아이는 많은 어휘를 습득할 뿐 아니라 언어 이해, 그리고 언어 사용법에 대한 기본적인 인지 능력을 갖추게 된다.

아이의 구어 습득을 통한 독서 준비 : 이 시기에 아이는 말에서 음운을 처리하는 능력을 갖추게 되고 소리에 관한 지식과 소리를 분리하며, 결합하는 능력을 점차 갖추게 되는데, 이 능력은 후일 독서 성공에 영향을 주는 결정적 요인이 된다.

아이에게 이야기책 읽어 주기 : 아이의 언어 발달과 뇌 발달은 말에만 의존해서는 한계가 있다. 따라서 문어의 사용이 꼭 필요하며, 최선의 방법은 본격적인 독서에 들어가기 전에 부모가 아이에게 이야기를 들려주거나 이야기책을 소리내어 읽어 주는 것이다. 책을 읽어 줄 때 아이의 언어와 뇌는 어떻게 발달하는가? 부모가 아이와 함께 그림책 읽기는 아이의 언어와 뇌 발달에 어떤 영향을 끼치는가? 부모가 아이와 함께 읽으면 아이의 상호작용이 아이의 문해력과 뇌 발달을 촉진한다고 한다. 그 이유는 인간의 감각 중 시각이 모든 감각을 능가하며, 시각 자극은 대부분 시간에 특히 시각 자극이 활동할 때 다른 자극들을 능가한다.

그림책을 함께 읽을 때 부모의 역할 : 어머니와 아이 간에 언어적 행동(글이나 그림에 대한 언급이나 대화) 등을 통한 풍부한 상호작용이 전두 영역들의 활성화를 촉진함으로써 아이의 언어 발달과 인지 학습능력을 높일 수 있음이 확인되었다.

아이들은 스토리를 시각화함으로써 이해한다 : 뇌가 청각을 통해 들은 단어들을 시각 이미지로 처리하도록 해준다.

스토리 시뮬레이션을 통한 대리 체험 : 사람들이 서로 갈등을 빚고 상호작용하며 문제 해결을 위해 투쟁하는 복잡한 실제의 세계를 이해하고, 원활한 항행을 하도록 단순 시뮬레이션을 제공한다.

시각화 능력은 후일 사물과 언어를 이해하는 기반이 된다 : 행동 습관을 통해 발달하는 뇌의 영역, 즉 두정- 측두- 후두 연합 피질은 후

일 성장하면서 아이가 읽고 있는 것을 더 잘 이해하는 데 기본적으로 큰 도움을 준다. 출생 후부터 초보적인 독서 출발기까지의 독서 준비기는 말이 중심이 되는 시기이다. 물론 부모가 아이에게 책을 읽어 주거나 아이와 함께 책을 읽는 행동, 또 집 안에 많은 책이 구비된 문화적 환경 등이 아이의 뇌와 인지 능력의 발달에 크게 기여하지만, 양적인 측면에서 말이 차지하는 비중은 압도적으로 크다. 따라서 이 시기에 말 중심으로 문어와 구어(말) 그리고 아이의 뇌, 인지발달이 함께 어울려서 발달해 가는 시기이며, 이중에서도 구어(말)의 몇 가지 측면의 발달이 본격적인 독서의 출발과 발달을 위한 중요한 밑받침이다.

독서 초보 단계 6~7세 한글 원리 배우고 익히기 : 한글 맞춤법은 표음주의를 반영하면서 표의주의를 근간으로 삼는 원리(한글 맞춤법 제1항)에는 '소리 나는 대로 적되 어법에 맞도록 함을 원칙으로 한다.'라고 규정하고 있다. 가령 '앞에'의 경우 표음주의는 소리 나는 대로 '아페'로 표기하며 표의주의는 원형인 '앞'을 밝혀 '앞에'로 적는다.

문자와 음소의 상응 관계를 배우고 익히기 : 단어를 구성하는 문자(문자수)가 '말소리(음소)'를 나타내고 단어 안에서 이런 말소리가 각각 서로 다르다는 것을 구별해 내는 음소 인지 능력은 아이들 후일의 독서 성공에 중요한 예측 척도가 된다고 한다. 또한, 독서에서 단어의 의미를 이해하는 기초는 앞의 독서 준비기에서 습득한 구어와 문어가 바탕이 된다는 사실을 상기시킨다.

독서 조기교육은 바람직하지 않다 : 주요 이유는 어린 시절에 감각 및 운동 정보를 처리하는 뇌 부위들이 이미 5세 이전에 완전히 미엘린화되고 독립적으로 가능한 데 반해 독서를 밑받침하는 시각, 언어, 청각 정보를 신속하게 통합하는 인지 능력의 근저에 놓여 있는 중요한 뇌의 구조들이 5~7세에도 완전히 미엘린화되지 않고, 일부 아이들은 더 늦게 미엘린화되어 그 발달이 지체되기 때문이다.

해독 : 문자를 분절하여 말소리로 바꿈으로써 의미 이해 : 단어를 구성하는 문자나 문자 패턴을 말소리로 바꿈으로써, 단어나 문장의 의미를 이해하는 단계며, 한글은 문자가 이미 자음과 모음으로 나누어져 있고, 음절 문제가 없는 배우기 쉬운 언어이므로, 해독은 특별히 문제가 되지 않는다. 따라서 한글은 어떤 의미를 중심으로 단어와 단어를, 단락과 단락을, 문장과 문장을 나누는 것을 해독이라고 부를 수 있다.

시각 덩어리를 읽어 시각 어휘를 확장하여 더욱 빨리, 능숙하게 읽고 이해하기 : 단어 내부의 요소들 즉 단어의 형태소를 구성하는 어간, 어근, 접두사, 접미사 등을 학습해서 단어와 문장의 의미를 더욱 정확하게 읽는다. 특히 단어를 결합해서 시각 덩어리로 읽음으로써 시각 어휘를 확장하고, 더욱 능률적, 효율적으로 빠르게 읽고 이해하는 방법을 학습한다.

유창한 독서 : 글을 다양한 전략으로 깊고 정밀하게 읽고 이해하는 독서 : 유창한 독자는 각종 비유적 언어, 아이러니 등에 관한 지식과 이해 능력이 발달하여, 쓰인 단어나 문장의 문자적, 축어적 의미(문자 그대로의 의미)를 초월해서 그 암시적·함축적 의미까지 이해할 수 있다. 또 한 스토리를 읽을 경우 작중인물, 특히 주인공의 내면에 들어가 동일화할 수 있다.

유창한 독서의 조건 - 자동성, 정확성, 신속성 : 유창한 독자의 독서는 자동성, 정확성, 신속성이라는 세 가지 조건을 갖추어야 한다. 독서가 유창한 독해 수준에 오르면, 독자의 독서는 자동성을 띤다. 자동성은 개별적인 단어나 문장의 철자 형태나 해독과정을 의식함 없이 단어나 문장을 문자 그대로 자동으로 읽어가며, 그 의미를 이해하는 과정이다.

독서 숙련 단계 : 18세 이상 숙련 독자는 자신의 관점에서 텍스트

에 대한 다양한 해석적 반응과 텍스트의 내용과 작자의 시점을 비판할 수 있어야 한다. 궁극적으로 숙련 독자는 시공간을 초월하여 텍스트의 저자와 심층적인 대화를 추구할 수 있어야 하며, 자아를 초월하여 더욱 새롭고 높은 가치의 차원을 지향해야 한다. 무엇보다 그동안 학습하고 체험한 다양한 독서 전략을 활용해서, 자신의 필요와 목적을 위해 적절하고 광범위한 독서 자료를 선택해서 읽을 수 있어야 한다. 또한, 새로운 지식을 종합하고 창조하기 위해 다양한 관점에서 자신의 지식을 텍스트에서 추출한 지식과 통합 할 줄 알아야 한다.

아울러 독서 능력 발달에 포함되는 뇌 부위들과 그 기능에 대해 알아보자

문해력의 습득과 뇌의 발달 문어가 구어 체계에 접근하는 능력의 강화 : 문해력의 습득은 뇌의 방대한 신경회로에 변화를 초래하여 인간의 인지 능력 전반에 영향을 끼친다. 특히 문어가 구어 체계에 접근하는 능력을 강화함으로써 문어와 구어 모두의 의미를 효율적으로 이해할 수 있게 한다. 즉 독서 초보 단계에서부터 독자는 단어를 음소로 해독하지 않으면 그 단어의 의미를 이해할 수 없다는 사실을 상기하면 그 중요성을 이해할 수 있다.

독서 과정에서 핵심인 의미영역으로 이행 : 읽기를 처음 배우는 아이들의 경우 독서 학습은 그들의 삶에서 매우 중요하고 획기적인 사건이다. 인지신경과학은 그 이유를 보여 주는데, 문맹자의 뇌에 비해 문해자의 뇌는 거대한 변화를 겪는데 초기에는 대부분 뇌의 시각영역과 음운론적 영역, 이 두 가지 영역의 상호연결을 통해 더욱 변화, 발달한다.

브라질인들을 대상으로 한 연구 : 문해력의 습득은 인간의 삶의 측면에 영향을 끼친다. 그들이 구어, 문어, 시각 과제에 반응하는 동안

기능적 자기공명 영상술을 이용해 뇌 기능을 측정하였다. 그리고 이 연구를 통해 독서가 뇌의 어떤 부위를 어떻게 향상하는가를 몇 가지 결론을 얻었다. 독서가 후두엽을 학습시키고, 두정엽이 자극을 받고 그 기능이 향상된다. 그것이 실험 결과이다.

문자 교육 방법과 뇌의 발달 : 문자 교육 방법을 에워싼 갈등 연구 : 한글과 한자를 읽을 때 활성화되는 뇌의 영역에 차이가 있고, 한자의 경우 더 넓은 영역이 활성화되지만, 이는 두 문자 체계의 차이를 기인할 수 있다. 다만 제한된 범위에서 한글과 한자의 병용 교육이 학습자의 뇌 기능을 더 항상 시킬 수 있다는 가정을 검토해 볼 필요가 있다.

제한된 범위에서 한자·한글 교육 병행 검토 : 한자 읽기가 한글 읽기에 비해 뇌의 더 넓은 영역이 활성화되고 인지 기억이 더 오래 지속된다고 해서, 한자가 한글보다 더 우수한 문자라고 속단하는 것은 금물이다.

초보 독자의 뇌에서 일어나는 작용들 : 처음 단어를 보면 활성화되는 뇌 속 영역들 : 초보 독자가 처음 단어를 보았을 때 뇌 속의 커다란 세 영역이 활성화된다. 문자와 단어를 시각적으로 처리하는 영역, 시각처리 과정을 음운론적 과정과 의미론적 과정과 통합시키는 영역, 시각처리 과정을 말소리와 연관 지어 단어의 의미에 통합시키는 영역. 초보 독서 단계부터 이미 문자와 말소리, 의미를 담당하는 뇌의 과정이 상호 작용적 특화를 통해 강력한 연결을 형성하기 시작한다.

유창한 독자의 뇌의 작용 : 유창한 독자란 단일 단어에서 문장을 거쳐 텍스트에 이르는 읽기 수준의 상승에 따라 정확하고, 빠르고 자동으로 읽고 이해할 수 있는 독자다. 텍스트 이해는 질적 양적인 차이가 있지만 대체로 단어와 문장의 이해를 위한 뇌 부위들과 신경 연결망이 중복된다. 그러나 텍스트의 의미를 이해하기 위해서는 우반구와 전두엽 부위의 포함이 증가하며, 소설과 같은 허구적인 텍스트의 이해를 위해 정서를 처리하는 대뇌변연계의 활성화가 증가한다.

숙련된 독자의 뇌의 작용 : 숙련된 독자의 의미와 독자가 갖추어야 할 능력 : 숙련된 독자는 가장 높은 수준의 능력을 갖춘 독자다. 독자의 뇌는 철자 패턴에서 음운론적, 의미론적, 표상에 이르기까지 모든 부위의 집단을 신속하게 연결해서 점차 확장되는 뇌의 신경회로를 구축해 결국 뇌 전체에 분포되는 신경 연결망의 체계, 즉 진정한 연결망의 콜라주를 만들어 낸다.

한국문단 신문학 현진건 『무영탑』, 예술적 형상화를 이룬 작품

3·1운동을 전후해서 우리나라는 각 방면에 걸쳐 신문화운동이 일어났다. 양대 일간지 〈조선〉〈동아〉와 월간 종합지 『개벽』이 1920년에 창간되었다는 사실이 그 대표적인 예증例證일 것이다. 당시의 신문화운동은 한마디로 서구 문화를 받아들이고 또 그것을 뒤쫓아가는 운동이라 할 수 있지만, 내용 여하를 막론하고 그것이 문화예술인 한에 있어서는 무엇보다도 먼저 발표기관 내지 표현기관을 요구하지 않을 수 없다. 〈조선〉〈동아〉『개벽』과 같은 언론기관의 출현을 신문화운동의 대표적인 사례라고 보는 까닭이다.

이러한 언론기관의 출현 시기는 앞에서도 말한 대로 1920년, 그러니까 3·1운동이 일어난 그 이듬해에 해당한다. 후세 사람들은 이 사실을 3·1운동 이후 일제가 한국에 대한 식민정책의 노선을 강압적인 무단정치武斷政治로부터 유화적인 문화정치로 바꾼 데 기인한 현상이라고 설명하고 있다. 미상불 그것은 사실이다. 강압적인 무단정치가 도리어 3·1운동이라는 그 거창한 저항을 유발하는 한 요인이 되었다고 본 일제는 그 후 속으로 여전히 우리의 등을 치면서도 겉으로는 미소를 띤 유화정책을 썼다. 압력이 완화되자 여태까지 막혀 있던 문화적 의욕이 용솟음쳐 오르기 시작한 것은 당연한 귀결이 아닐 수 없다.

그러나 이러한 사정만이 3·1운동을 전후해서 일어난 신문화운동 동기의 전부라고 말하기는 어렵다. 전부라면 우선 우리의 신문화운동이 3·1운동 이후가 아니고 그것을 전후해서 일어났다는 그 시기 설정부터가 잘못이라는 말이 된다. 그렇다면 3·1운동 전후의 그전에 해당하는 시기의 문화 운동은 어떤 것을 예시할 수 있는가.

3·1운동을 한 달, 아니 며칠 앞두고 창간된 우리나라의 최초 순 문예지 『창조』를 먼저 손꼽을 수 있다. 그리고 1918년에 창간된 『태서문예신보泰西文藝新報』나 『여자계女子界』 『창조』와 같은 해, 같은 달에 나온 『학우』 등도 거기에 포함시킬 수 있을 것이다. 또 이보다 몇 해 앞서 1914년에 창간된 잡지 『청춘』이나 『학지광學之光』도 보기에 따라서는 같은 사례가 될 수 있으리라 생각된다.

물론 이러한 간행물은 대부분이 동경 유학생들의 동인지적同人誌的 성격을 띠고 있다. 따라서 그 영향력도 과히 큰 것이 아니었다는 점을 부인할 수 없다. 그러나 동경 유학생들은 당시 우리나라의 문화적 엘리트였던 만큼 그들은 언제나 국내의 문화 의욕을 선도했고, 그러한 선도적 노력은 조만간 국내에 현실적인 반향을 불러일으켰다. 그 선도에 의해 이미 어느 정도 부풀어 있던 국내의 문화 의욕이 3·1운동 이후의 그 문화정책으로 한꺼번에 표면화된 것이다.

문학 분야에서는 이러한 신문화운동이 몇 개의 동인지를 낳게 되었다. 1920년대 『폐허』와 『장미촌』, 그리고 1911년에 준비는 끝났지만 실제 창간은 그 이듬해가 된 『백조』 등이 있다. 『백조』의 동인지 명단 중에서 우리는 작가 현진건의 이름을 찾아볼 수가 있다.

『백조』의 중심인물은 박종화, 홍사용, 나도향, 박영희 등이다. 그중 박종화는 휘문의숙, 나도향·박영희는 배제학당에 각각 재학하는 학우끼리 이 잡지를 만들게 되었다. 20 전후의 꿈 많은 청소년이 한창 부풀어 오르는 의욕을 안고 꾸민 문학잡지 『백조』가 낭만적인 경향을 띠는 것은 자연스럽다 할지 모르나, 어쨌든 오늘날 그 『백조』는 우리의 신문학사에서 낭만주의 문학의 첫 시도라는 평가를 받고 있다. 당시 서울의 휘문, 배재 학생들이 중심이 되어 꾸민 『백조』에 경북 대구 출신의 현진건이 참가하게 되었다는 사실부터가 이색적이라면 이색적이다.

그러나 더욱 주목해야 할 것은 출신 지역의 이색성보다도 현진건의 문학적 경향이 『백조』의 낭만주의와는 서로 어울리기 어려운 사실성事實性을 견지했다는 점에 있다. 같은 『백조』의 동인이긴 하지만, 백조파라는 에피소드(알려지지 않은 재미있는 이야기)를 붙여 다른 동인들과 한자리에 앉힐 수는 없는 작가가 현진건이다. 이러한 현진건이 『백조』에 참가하게 된 까닭을 우리는 다음 두 가지로 풀이해 볼 수 있을 것 같다. 첫째는 『백조』 동인들의 에콜 의식의 빈약이고, 둘째는 개인적 친분이다.

신문학사가 60년 이상을 헤아리는 오늘날 문학 동인지가 확고한 에콜 의식을 갖기는 어렵다. 문학 한다는 사실 자체가 하나의 모험적 행위였던 『백조』 시대의 청소년들에게 뚜렷한 에콜 의식을 기대한다면 기대하는 쪽이 잘못일 것이다. 문학 하는 친구, 아니 문학에 뜻을 둔 친구라면 모두 불러 동인지 하나를 내보자는 정도의 소박한 생각으로 『백조』가 출발한 것이라고 봐야 할 것이다. 그러자니 발기는 휘문·배재의 가까운 학우들이 했어도 참가 동인의 범위는 자연 넓어질 수밖에 없다. 출생지는 대구지만 당시 서울에 와 있던 현진건은 그들과 가까웠고, 게다가 그는 이미 『개벽』에 작품을 발표하여 어느 정도 문명文名이 알려져 있었기 때문에 동인지를 내자면 제일 먼저 권고해 볼 만한 인물이었다.

현진건의 소개는 이상화가, 그리고 후엔 김기진·노자영·안석주 심지어 이광수까지 『백조』 동인으로 참가하게 된 것도 아마 비슷한 이유일 것이다.

『무영탑』은 현진건이 1939년 〈동아일보〉에 연재한 작품이다. 『무영탑』 집필하기 3년 전, 그러니까 1936년에 그는 역시 같은 지면에 장편 『흑치상지黑齒常之』를 연재하기 시작했지만, 내용이 불온하다는 이유로 일제의 검열 당국은 50회 조금 넘어서 그 연재를 중단시켜 버렸다. 『흑치상지』 이전엔 1929년 단편 「신문지와 철창」을, 다시 그 이전 1926년에 「사립정신병원장」에서 『무영탑』에 이르는 15년 동안은 그의 휴식기라 할 수 있다. 15년의 긴 휴식을 거쳐 다시 장편의 펜을 든 현진건은 이미 불혹의 장년이었다. 원래 세련을 자랑하던 필치가 이제는 더욱 원숙해져 있었다.

『무영탑』은 신문소설이다. 신문소설 일반이 갖는 흥미 위주의 대중성을 탈피하지는 못하고 있다. 그런 감점을 모두 계산하고서도 현진건의 작가적 원숙을 충분히 보장할 수 있는 작품이 또한 『무영탑』이다. 여태까지 단편에선 찾아볼 수 없는 그 낭만적인 사건의 전개와 그 사건의 낭만성을 생동케 하는 유려한 문장은 아름다운 조화를 이루고 있다. 이 작품의 내용은 불국사의 석가탑에 얽혀 있는 석수장이의 아사달과 아사녀의 애달픈 설화를 현대소설로 구성해서 신라의 예술 금자탑이라 할 석가탑을 이룩하는 집념과 이성 간의 얽힌 사랑을 다룬 것이고 중심적인 스토리는 아사달, 아사녀, 주만 세 사람의 삼각관계라고 요약할 수 있을 것이다. 하지만 그들의 사랑엔 삼각관계에 수반되는 추악한 그림자가 조금도 없다. 희생정신을 바탕으로 두 여성의 사랑의 순수성 때문에 그것은 오히려 숭고하다.

『무영탑』은 이 순수한 사랑을 위해 바친 한 편의 아름다운 찬가라 할 수 있다. 그러나 이 찬가는 오직 사랑 그것만을 위해 바친 것은 아니다. 순수하고도 희생적인 사랑을 그리면서 현진건은 그 사랑이 다름 아닌 한국 여성의 사랑임을 시사하고 있다. 어렴풋이나마 남편에게 새 애인이 있다는 사실을 깨닫고 그들의 행복을 위해 스스로 죽음을 택한 아사녀의 자기희생, 또 그 아사녀 때문에 모든 인간적인 욕망을 버리고 아사달의 여제자가 되겠다는 주만의 순수한 정열, 『무영탑』을 통해 현진건은 그처럼 숭고한 한국 여성의 사랑 모습을 펼쳐 보이는 것이다.

『무영탑』은 불국사의 석가탑에 얽혀 있는 석수장이 아사달과 아사녀의 애달픈 설화를 현대소설로 구성한 것이다. 신라예술의 금자탑이라 할 석가탑을 이룩하려는 한 예술가의 집념과 이성 간에 얽힌 사랑을 다룬 것이다.

> 부여의 석수장이 아사달은 두고 온 아내 아사녀와 신라 귀족의 딸 주만의 연정을 받으며 강렬한 예술적 신기를 갖고 석가탑을 만들어 간다. 찾아온 아내 아사녀의 죽음, 주만의 죽음을 겪은 그는 두 얼굴의 환영 때문에 더 이상 정을 쪼지 못한다. 그러나 곧 이 두 얼굴이 조화를 이룬 부처님의 모습이 떠오르고, 끝내 탑은 우뚝하게 솟아오른다. 선도산으로 뉘엿뉘엿 기우는 햇발이 그 부드럽고 찬란한 광선을 던질 제, 못물은 스멀스멀 금빛 춤을 추는데, 흥에 겨운 망치와 정 자리가 자지러지게 일어나 저녁나절의 고요한 못 둑을 울렸다. 새벽만 하여 한가위 밝은 달이 홀로 정 자리가 새로운 돌부처를 비칠 때, 정 소리가 그치자 은물결이 잠깐 헤쳐지고, 풍 하는 소리가 부조의 적막을 한순간 깨뜨렸다.

이 사랑은 우리의 피, 우리의 전통으로서 연민의 흐름을 이루고 있다. 그 사랑에 대한 현진건의 찬가는 따라서 그 사랑을 낳은 우리의 고유한 전통 전반에 대한 찬가라고 풀이할 수 있다. 이 작품의 도처에 한국 고유의 정신과 사상이 높이 찬양되고 있다는 사실이 그러한 풀이를 뒷받침한다. 주만의 아버지 유종은 국선도 사상, 또 그녀의 약혼자 금경신의 화랑정신 등은 그 두드러진 예가 될 수 있다. 유종의 국선도 사상이나 경신의 화랑정신은 한국 고유의 정신이고, 이 사상의 거작만이 참으로 국가 민족을 구할 수 있는 길이라고 현진건은 역설하고 있다. 우리는 이것을 그 민족주의 사상이라고 명명할 수 있는 것이다. 이 민족주의의 집념 때문에 그는 불교와 유교도 그것을 외래 사상으로 몰아 배격하고 있다. 특히 유교에서는 금지 부자의 경우에서 보시다시피 망국 사상이란 규탄을 서슴없이 않는 곳이다.

이러한 사실을 통해 우리가 다시 확인할 수 있는 현진건의 민족주의는 1920년대 전반기에 쓴 그의 단편 주제와도 직결된다. 하지만 같은 민족주의라도 초기의 단편과 『무영탑』 사이에는 그 표현이나 접근 방법에 커다란 차이를 보여 주고 있다. 초기의 단편에서는 그 민족주의가 일제의 현실적 압력에 대한 저항을 통해 추구되고 있지만, 『무영탑』은 그와 달리 민족 고유의 전통과 사상을 찬양, 짐작하는 접근 방법을 채택하고 있다. 민족을 주어로 해서 본다면, 전자는 간접적이고 후자는 직접적이다. 그러나 『무영탑』은 현진건이 온갖 현실적 위험을 무릅쓰고 지키려고 애쓴 가치 자체를 적극적으로 형상화한 점이 작가적인 성숙을 증명하는 작품이다.

사상도 기량도 익을 대로 익은 현진건은 1937년 38세에 장편 『무영탑』을 〈동아일보〉에 연재했으며, 1941년 42세에 이르러 『무영탑』을 간행하였다. 한결같이 민족의 행방과 훌륭한 염려를 마지않던 그가 『무영탑』 이후 병을 얻어 해방 이태 전인 1943년에 유명을 달리한 것은 참으로 애석하다.

1920년대 전반기라면 한국의 신문학이 아직 제대로 기틀을 잡지 못한 그 초기에 해당한다. 따라서 그 시대의 작가들은 모두가 작품성의 여하를 막론하고 신문학의 선구자라는 영예를 나누어 가질 수 있다. 그러나 현진건은 이러한 문학사적 고려를 떠나 오직 작품 그 자체의 질적 평가로 충분히 후세의 우리를 매혹한다. 구성의 묘, 문장의 세련이 동시대의 작가들을 단연코 앞지른 그의 단편은 1920년대 전반기의 나어린 한국 문단에 사실주의 문학의 기초를 세웠다. 그리고 이를 통해 그는 사상의 예술적 형상화를 성공적으로 수행한 것이다. 당시의 양대 작가 김동인, 염상섭도 사상의 예술적 형상화란 측면에서 현진건에게 미치지 못했다고 한다.

흔히 내용과 형식의 조화라는 말을 한다. 그 당시 작가 중에서 현진건은 그 조화를 얻은 대표적인 작가라고 할 수 있을 것이다. 작가는 『무영탑』을 형상화함에 있어서 역사와 전설을 재구성하여 작품화했다. 그러나 사실적인 기록을 처리한 것이 아니라 예술적인 창작 위주로 작품화한 것이 특징이다. 과거의 역사소설이 영웅이나 귀족적인 인물을 설정했던 것에 반해 이 작품은 서민을 취급했고, 일련의 비극적인 구성을 사회적 모순과 일치하여 보여 준 것으로 참다운 역사소설의 전형이 되었다는 것을 주시해야 한다.

『무영탑』에서는 내면적으로 종교가 부패하고 사회가 타락하고 혼란된 정치 체제에서 사회의 지배이념과 맞서 싸우며 새로운 사회를 추구하는 유토피아 정신이 사랑과 예술과 영웅을 통해서 나타내고 있음을 볼 수 있다.

연주대에서 바라본 관악산 전경

관악산冠岳山을 등산하면서 관악산의 유래조차 모르고 다녔다. 동료 모두 이구동성으로 관악산 정상에 올라가 시원함을 만끽하고 즐거웠던 그날, 관악산에서 하산하여 집에 오면서 곰곰이 생각했던 것을, 그동안 여러 바쁜 일정에 쫓기다 보니 이제야 여러 서적도 찾아보고 자료를 찾아서 관악산 기행을 쓰고자 한다.

옛날부터 관악산에 명당이 있다는 이야기가 어른들의 입으로 전해지곤 했는데, 며칠 전 작은아들과 함께 직접 올라가 보았다. 이 산에 올라가다 보면 그 경치가 빼어나서 곳곳에 명승을 이뤄 놓았는데 날마다 많은 사람이 이 산을 찾아 호연한 기상을 연마하고 있었다.

관악산은 우리가 학교에서 흔히 배워 왔던 차령산맥이 끝나는 곳이기도 하다. 세상 사람들은 흔히 관악산이 행정구역상으로 서울시에 속해 있다고 해서 삼각산과 동일시하는 경향이 있는데, 그것은 크게 잘못된 생각이다. 삼각산은 우리나라 모든 산의 태조太祖가 되는 백두산에서 뻗어내려 함경도를 거쳐 남쪽으로 곧바로 내려와서 서울 북방에서 끝나는 산이다. 우리나라의 인구 절반 정도가 수도권에 살고 있는 요즘 서울의 명산이 바로 이 삼각산이다. 그러나 관악산은 속리산천황봉에서 시작하여 남쪽에서 북쪽으로 뻗어 올라온 차령산맥의 끝 머리로서, 삼각산과 그 뿌리가 전혀 다른 산이다. 그러므로 풍수지리상으로 본 수도 서울은 한강 이북을 가리키는 말이라고 한다. 한강 이남 지역은 여기에 해당하지 않는다는 사실을 우리는 여러 경로를 익히 알고 있다.

관악산 연주대의 정상에 올라가서 사방을 관망하니 첩첩한 산줄기가 이리 꼬불꼬불 저리 꼬불꼬불 천변만화를 이루고 있었고, 서울의 남산 쪽에서 바라보던 이 산의 봉우리는 마치 불꽃같이 생겼는데 이곳에서 관악산 꼭대기를 바라보니 흡사 관冠같이 생겨 산줄기의 기세가 너무 웅장하여 사람의 기를 완전히 꺾는 큰 줄기 같다.

겉으로는 단풍이 들어 온화하고 화려해 보이지만 가끔 산모퉁이에서 큰 나무의 성화에 못 이겨 지쳐 쓰러진 나무 사이의 공간에는 삭막하고 쓸쓸해 보이는 것도, 그 기가 꺾여서 이뤄진 것처럼 보이는 것도 착시 현상이 아닌 웅장한 관악산의 허리가 강해서 그런 것 같다고 한다. 이 자료에 의하면 전체적인 산의 정기가 한곳에 뭉쳐서 대 명당을 맺었으니 예가 바로 풍수에서 이야기하는 제자帝者 혈이 아닌가? 옛날부터 일러오기를 관악산 높은 곳에 제자 혈이 있으니 28대에 걸쳐 제왕이 날 자리라고 풍수학적으로 많은 책에서 보았던 기억이 난다. 오늘에야 내가 그 자리에 와 있는 것 같다. 우리가 대충 계산해도 약 600년 동안을 자손 대대로 제왕 노릇 할 자리이니 한 왕조를 창건하여 유지할 대명당이 틀림없어 보였다. 그 누가 복이 있어 이런 명당을 차지할까?

관악산 그 아래로는 천을, 태을이 비치는 양택 대 명당 터가 있다고 한다. 지금은 정부 종합청사가 자리하여 제대로 들어섰다. 원래 종합청사 터는 지금의 서울대공원 아래 용지를 마련해 놓고 공사가 상당히 진척되어 있었다고 한다. 또한 왕복 8차선 도로가 계획되고 가운데 화단이 조성되어 있었으나 풍수를 지향하는 사람이 그 자리가 좋지 않아 고故 박정희 대통령한테 직접 건의하여 지금의 자리로 옮겼다는 이야기가 있고 씌어 있다. 서울대공원 안에 있는 화원은 그 당시 종합청사 터로 만들어 놓은 것이며, 다만 8차선을 4차선으로 줄였다고 한다.

화원이 생긴 계기를 말할 것 같으면 서초동 향나무 교차로 부근도 마찬가지이다. 정부의 주요 기관이 옮겨가면 길을 닦을 때 중앙 부분에 화단을 반드시 만드는 것이다.

이곳 정부사령부의 터에 서울시청이 옮겨오게 되어 있었는데, 부동산 투기를 방지하기 위해서 그 일대에 규제조치가 내려졌으며, 시청 이전계획이 취소되자 일대의 건축허가가 어느 정도 나게 되었고, 급기야 세상을 떠들썩하게 했던 정보사 토지 사기 사건이 났던 것이라고 한다. 그리고 관악산 정상에서 남쪽으로 바라보면 과천 청계산 서쪽 기슭에 대 명당자리가 있다는 이야기가 있다. 풍수에 관한 지식이 있는 지인을 만나 이야기를 들어 본 소감은 다음과 같다.

과천 청계산 서쪽에 대 명당자리는 이곳 관악산보다 혈이 아주 장군대좌 혈이라고 한다. 옛 비결에 이르기를, '청계산 서쪽에 장군대좌 혈이 뭉쳐 있는데 우측으로 돌아서서 산맥이 흘러 혈이 응결되어 있다. 앞쪽에 펼쳐진 안산은 군마 안이며 좌향은 서쪽을 바라보고 혈의 깊이는 일곱 자라고 기록되어 있다,'고 한다. 이 지인들의 자료에 따라 당신도 관악산을 넘어 과천 방면의 청계산에 명당이 있다는 소리를 듣고 올라가 보았다고 한다. 나 역시 이쪽은 무지라서 그분의 말에 귀를 쫑긋 세우고 기행문에 도움이 될까 싶어 그분의 말을 인용한 것이다. 어디까지나 개인 의견이니 오해 없으시기를 바란다. 또 한 정혈에 뭉친 곳이 깊이 파헤쳐져 있는 모습을 보고 놀랐다고 한다.

청계산의 한 가지가 서쪽으로 떨어져서 장군대좌의 명당을 이룬 곳이라면 이곳이 분명한데, 또 이곳에서 바라보는 관악산이 바로 군마 안을 형성하고 있는데 어찌 된 연유로 정혈이 파헤쳐져 있단 말인가? 필자하고 그분과 또 한 명의 우리 일행하고 내려오는 길에 노인 2명을 만났는데 그 노인한테 까닭을 물어 보았다.

"저 혹시 저 위의 장군대좌 혈이 훼손된 이유를 아시는지요?"

마침 한 노인이 풍수에 관한 해박한 지식을 갖고 있는 듯 다음과 같은 이야기를 해주었다.

저 청계산 대 명당에 묘를 쓰면 이 일대에 비가 오지 않는다고 옛날부터 전해 내려왔는데 일제강점기 때 3, 4년 동안 한 방울의 비도 내리지 않자, 이 부근 마을 농민들 수백 명이 그 터에 올라가서 몰래 묻은 시체 백골을 파내어 버렸다고 한다. 그 이후 비가 순조롭게 내리게 되어 농사를 지을 수 있게 되었는데, 나중에 알고 보니 그곳에 암매장한 사람은 저쪽 저수지 건넛마을에 살던 안동권씨였다고 한다. 그 사람은 그곳에 그의 조상을 암매장한 후 천하장사 항우와 같은 아들을 낳아서 18세가 되어 있었는데, 그 묘를 파헤친 이후 갑자기 성질이 이루 말할 수 없이 포악해졌다고 한다. 곡식을 강탈하고 무고한 양민을 괴롭히며 처자들을 겁탈하기까지 하니 모든 농민이 합세하여 집단으로 그를 처형해 버렸다고 하는 이야기가 전해 내려온다고 한다.

산에서 내려오면서 뜻밖의 사람들을 만나 즐겁고 상쾌한 관악산 기행이었다고 생각했다. 위에 만났던 노인의 이야기가 역설적이고 실제 그런 일이 발생했는지 알지 못하지만, 그 노인에게 들었던 이야기를 전할 뿐이지 그 이상도 그 이하도 아닌 만큼 참고로 알아두면 좋겠다는 생각이다.

도덕적 윤리와 책임 있는 자세

우리는 오랫동안 안전 불감증은 늘 따라다녔다. 수년 동안 대형 사건들을 접하면서 안타까운 마음이 많았다. 역대사건 중 성수대교 붕괴와 세월호 사건뿐 아니라 삼풍백화점 붕괴. 서해 훼리호 참사. 대구 지하철 사건과 광주 현대아파트 붕괴와 최근 이태원 참사 사건 등 다 나열할 수 없지만 모두 다 부실 공사와 부실 감리, 안전관리 부실 등 서로 신의를 저버리고 사람으로서 마땅히 해야 할 도리조차 실종시킨 사례이다.

필자가 초등학교 다닐 때 선생님의 가르침 중 제일 먼저 배우는 것이 등교할 때 그 당시는 한 가구에 보통 4~5명 정도의 형, 누나, 동생이 있어 혹시 어린 동생이 넘어지지 않을까 손잡고 데리고 등교하라는 선생님의 말씀은 꼭 종례 시간이면 단골 멘트로 이야기하신 기억이 초등학교를 졸업한 지 수십 년이 흘렀는데도 잃어버리지 않는 것은 아름다운 추억이 그만큼 소중하게 간직하고 있기 때문이다. 학생을 구하려고 물속을 마다치 않고 뛰어든 선생님들, 당신의 제자들을 한 사람이라도 더 구하려고 한 손 한 손 꼭 잡아 주시던 세월호 단원고 선생님들도 같은 맥락이다. 또한, 오늘 아침 뉴스에 소개한 미담

중에 횡단보도에서 몸이 불편한 노인이 신호가 바뀌어 힘겹게 쉬어 가는 중 한 젊은 청년이 황급히 달려와 노인을 업고 재빨리 건너던 모습을 차량 운전자가 찍어 보냈다는 모습을 보고 감동했다.

우리가 세상을 살아가면서 도덕과 윤리의식이 부족해서 인간성이 좋으냐, 인간 됨됨이 좋으냐 하면서 언쟁을 높인 적이 있다. 즉 병아리가 먼저냐 닭이 먼저냐 하는 것처럼 뭐가 다른가. 흔히 도덕과 윤리는 뜻 자체가 똑같다. 그러므로 모든 사람은 도덕과 윤리를 혼동하며 살아왔다고 해도 과언이 아니다. 오늘날 많은 사람이 도덕교육의 방법과 관련지어 가진 편견 가운데 하나는 전통적으로 사용되어 왔던 도덕적 이야기의 중요성을 간과하는 경향이라고 할 수가 있다. 도덕교육에서 감동과 감화를 줄 수 있는 도덕적 이야기의 제시는 흔히 주입식 방법이나 도덕적 교화로 간주하고 있다. 이러한 논의를 전개하는 사람들은 도덕교육에서 특정한 덕목을 주입하려는 시도는 변화된 현대 사회에서 더 타당성이 없다고 항변한다. 아울러 그들은 덕목들 사이에서 갈등을 일으키는 도덕적 갈등 사태를 제시하고 도덕적 논의를 끌어내는 것이 참된 도덕교육의 방법이라고 한다. 물론 이러한 주장은 충분히 설득력 있으며 부분적으로는 옳지만 전적으로 다 옳다고 볼 수는 없다.

왜냐하면 우리는 이야기로 하는 방법과 새로운 방법으로 평가하려는 갈등 사이에서 가끔은 딜레마에 빠진다. 그래서 도덕적 갈등상태는 흔히 가상적인 형태로 이루어지거나 실생활에서 야기될 수 있는 문제 사태들로 구성되어 있으며 사람들의 도덕적 판단을 위한 기회를 제공해 주기 위한 시도에서 마련된 것이라고 볼 수가 있다. 여기에서 한석봉과 그의 어머니에 얽힌 일화가 제시한 점을 생각해 볼 여지가 있다. 이 일화에서 보면 한석봉과 그의 어머니는 우리에게 도덕적 가르침을 주고 어두운 방 안에서도 떡을 잘 썰어내야 하는 자신의 행동에 의해 아들에게 겸양과 미덕과 철저한 자기반성의 필요성을 일깨워 주고 자신의 경솔함에 대한 도덕적 자기반성을 통해 결의를 다지는 것이라고 볼 수가 있다.

이렇게 한석봉 일화에서는 단순히 자기반성과 내가 해야 할 모든 것들을 구분하는 계기가 되었던 것이지 현대 사회에서 일어나는 모든 도덕적 결의하고는 다른 것도 사실이다. 아울러 단순히 관련된 도덕적 원리로만 포함하는 것이 아니고 거기에는 사회보장제도나 국민을 위한 여러 가지 형태의 정책도 포함되어 있다.

오늘날 우리 사회에서 알고 있는 집단 이기주의적 현상들은 이러한 도덕적 문제의 복합적인 성격을 띠고 있다. 기본적으로 사람으로서 마땅히 지켜야 할 도리나 그 행위를 말한다. 즉 인간관계를 전제로 하고 따라서 그 자체로 일정 부분 사회성을 지녀야 하며 현대 사회를 진입하면서 기존의 전통윤리학이 포용할 수 없는 많은 문제가 생겨나고 있다. 총체적인 환경파괴나 집단 책임 문제. 인류를 파멸로 몰고 갈 수 있는 핵무기 사용 문제 등이 한 예이다. 크게 보면 그렇다는 것이다. 이러한 문제들은 개인의 윤리의식에만 의존하면 안 된다. 호소해서 해결되지 않고 구조적 차원의 도덕성을 함께 고려해야만이 그런 점에서 기존의 윤리교육을 개인 교육이라면 이차원의 새로운 윤리교육을 통해서 사회윤리 교육이라고 규정하는 노력은 의미와 타당성을 갖게 한다. 먼저 사회적 윤리교육은 무엇인가에 대한 보다 명확한 정의를 내리기 위해서는 먼저 그 핵심 개념인 사회윤리와 개인윤리 사이의 관계에 대해 고려하면서 사회윤리를 정의해야 한다.

사회윤리란 첫째, 사회윤리의 고유성을 인정하지 않는 전통적 관점을 말한다. 즉 응용 윤리와 실천윤리를 동일시하면서 윤리의 사회성과 함께 실천성을 강조하는 개념으로 보는 것이다.

둘째, 사회윤리의 고유성을 인정하면서 그 사회윤리의 도덕성 차원을 넘어서는 사회현상이나 집단적 윤리에 대한 반성의 차원에서 제기된 새로운 개념 윤리라고 본다. 즉 개인윤리와 사회윤리의 연계성과 차별성을 함께 고려해야 하는 개념으로 보는 것이다.

그러면 우리가 살아가면서 바람직한 윤리의식과 도덕성 유형의 실천방안에 대하여 알아보자.

바람직한 윤리교육과 도덕교육을 위한 우리의 자세는 지금까지 도덕과 윤리란 주제를 가지고 다루어진 윤리학과 도덕교육에 관한 논의를 종합하면서 보다 나은 윤리교육을 위해 우리의 도덕교육 공동체가 어떤 자세를 가져야 하는가에 대하여 생각해 보자

첫째, 학문적 차원의 문제에 주된 관심을 두는 사람들은 자신의 이론적 기반을 강화와 함께 실천의 지평에 더욱더 많은 관심을 기울이는 자세를 가져야 하고, 윤리학의 기본 개념과 내용에 정통한 기반 위에서 현장과 연계성을 강화하여 실천적 지혜로 이루어져야 한다.

둘째, 현장에서 도덕교육을 담당하는 자세를 생각해 보자. 학교 현장에서 도덕교육을 담당하는 교사들은 크게 두 가지로 나눌 수 있다. 하나는 도덕교육을 전공하여 교과로서의 도덕교육을 주로 담당하는 전문적인 교사들이고, 또 하나는 그 외의 모든 교사다. 아울러 교사들은 도덕 교육학의 이론적 동향에도 민감해야 하고 실제로 그렇게 될 수 있는 능력도 갖추어야 한다. 모든 과목에서 이루어지는 도덕 교육적 내용을 실천할 수 있도록 해야 하고 도덕교육에 종사하는 공동체 구성원들이 함께해 나갈 때 우리의 윤리교육은 질적인 발전을 맞게 될 것이며, 그 성과가 구체화 되어 우리 사회가 더욱 바람직한 도덕공동체로 발전해 나가는 것이 우리의 도덕적 윤리 자세이다.

시선을 의식하는 사람은
기본적으로 참된 사람이다

　사람은 누구나 욕심과 이기심이 내 몸속에 존재하고 있다. 그 욕심을 밖으로 표출하기 위해서는 주위 시선에 굴복하여 어려운 판단을 내려야 하므로 살아가면서 항상 남을 의식하지 않을 수 없기 때문이다. 그래도 이 시선을 의식하는 사람은 기본적으로 참된 사람이라고 할 수가 있다. 모든 삶이 허세에 얽매이다 보면 자신도 모르는 사이 이 굴레에서 빠져나오지 못하도록 욕심과 이기심이 짓누르고 있어 헤어 나오기가 상당히 어렵다. 모두가 자기가 주어진 운명 속에 살아가는데, 어느 정도의 욕심은 있어야 발전되고 향상된다는 것은 의문의 여지가 없다. 무엇이든지 지나치면 문제가 되고 넘치면 분수를 지키지 못함은 당연한 결과가 찾아온다. 유유히 흘러가는 강물은 아무런 의미 없이 흘러가는 것이 아니다.

　흘러가는 강물은 반드시 위에서 아래로 흘러가기 마련이며 조그만 도랑에서 시작하여 개천으로 모여 강으로 흘러가면서 한 치 앞을 내다볼 수가 없는 무서운 낭떠러지가 도사리고 있을지 모르고 한없이 흘러가다 보면 크나큰 낭패를 볼 수도 있다는 것을 알아야 한다. 이렇게 사람도 살아가면서 왜 좋은 것만 보이겠는가? 때론 봐서는 안 될 것도 봐야 하고 때론 꼭 봐야 하는 것도 지나치는 것도 사람이기 때문에 이런 현상이 온다. 그러기 때문에 욕심과 허영심에 매달려 남을 묘략하고 내 탓이 아니고 모두가 남의 탓으로 돌리는 경우가 다반사이다. 이것은 욕심과 이기심을 버리지 않는 한 계속될 것이고, 각자 한 사람 한 사람 모두가 조금씩 양보하고 남을 배려한다는 생각으로 살아가야 한다. 아무리 작은 식물과 곤충이라도 자세히 살펴보면 모두가 욕심을 버리고 자신이 필요한 양만 갖고 배려에 최선을 다하며 생명을 이어 나가고 있다. 인간의 삶은 누구나 아름다운 꿈을 꾸고 또 꾸게 하고 환경은 끝이 없다.

　삶은 염주 목걸이와 같이 연속된 기분이며, 우리가 그러한 기분을 겪고 났을 때 이 세상은 그 자체가 색조로 물들이고 초점에 따라 펼쳐지는 모양만으로 보여 주는 만화경이란 것이 입증된다. 산에서는 산을 볼 수 있다. 우리는 우리가 할 수 있는 것만으로 고무하고, 우리가 고무할 수 있는 본성이 냉혹하고 결점이 많은 인간에게 행운이나 재능이 무슨 소용이 있겠는가. 그가 뛰어난 감성과 안식을 발휘한다고 해서 그 누가 관심을 가지겠는가? 이기주의에 물들어 있거나 그가 소유한 금전만을 생각한다든가 하면 절대로 그 사람은 성공할 수 없다. 우리는 만나는 모든 사람에게서 시각적인 환상을 가지게 된다. 사실에서 있어서 인간은 누구를 막론하고 모두 일정한 기질로 타고난 피조물이며, 그 기질은 일정한 성격을 통해서 겉으로 나타내게 되지만 그들은 결코 성격의 한계를 넘을 수가 없다. 그러나 우리가 그것을 바라볼 때 기질들은 모두 살아있는 것같이 보이므로 우리는 기질의 내면에 충동이 있다고 짐작한다.

　순간적으로 기질은 충동처럼 보이지만 일 년이란 세월을 한평생 보내는 동안에 기질은 마치 박스 속에서 회전하는 태엽처럼 반드시 돌아가게 되어 있는 것처럼 일정하게 틀에 박힌 가락과 같은 것으로 밝혀진다. 기질이 공간과 그리고 조건들이 모든 것을 극복할 수 있고 도덕적 판단에 편견을 갖지 않는다. 여기까지 나는 일상생활의 바탕에서 설명된 기질에 관한 언급을 해 왔으나 그렇다고 중대한 예외를 도외시하고 이 문제를 그냥 넘기고 싶지 않다.

왜냐하면 기질은 어떠한 사람이라도 자기 이외의 다른 사람을 칭찬하는 것을 받아들일 수 없게 하는 힘이 있기 때문이다. 물리학 입장에서 우리는 소위 과학의 줄어드는 힘을 저항할 수 없다. 기질은 모든 신성한 것들을 패주시켜 버린다. 결국, 인간은 창조적인 능력이 그 자체를 배제한다는 것은 불가능하다. 또 순응력이나 보편적인 적응력이 없지만 각자가 특수한 재능을 가지고 있으며, 성공을 거둔 사람도 가장 빈번하게 자기 능력을 실천할 수 있는 장소와 시간을 포착하는 일에 능숙하다. 우리는 반드시 해야 할 일을 하고 자기가 행한 일을 가능한 한 가장 아름다운 이름을 붙이며, 그 일로 초래된 결과가 이미 의도였던 것이라는 칭찬을 남들로부터 받고 싶어서 무척 안달한다.

하지만 때때로 불필요한 잉여 인간처럼 보이지 않는 어떠한 형태의 사람도 생각해 낼 수 없다. 그러나 이러한 현상은 너무나 참된 삶이 아닌가. 목적을 달성하기 위해서 속임수까지 쓸 만한 가치가 있는 것이 아니다. 물론 우리가 찾고 있는 균형을 이루기 위해서는 전체적인 사회가 필요하다. 여러 가지 잡다한 색을 칠한 수레바퀴가 흰색으로 보이려면 대단히 빠른 속도로 돌지 않으면 안 된다. 무례하고 결함이 많은 사람과의 대화에서도 무엇인가 얻는 바가 있다는 것을 알아야 한다. 요컨대 어느 한쪽에서 손해를 입는 것처럼 보이지만 우리는 언제나 덕을 보는 편이 있다. 신은 우리가 실패했을 때도 어처구니없는 짓을 했을 때와 마찬가지로 그 뒤에 도사리고 있다. 아울러 어린아이들의 놀이는 보기에는 매우 보잘것없는 것처럼 보이나 거기서도 욕심과 이기심을 나름대로 매우 교육적인 면을 지니고 있다. 따라서 가장 규모가 큰 장엄한 일들은 어느 특정한 남자나 여자에게 머물러 있는 것이 아니라 이 순간에는 이 사람에게 다음 순간에는 저 사람에게 기회를 주는 것이 진리다.

둥근 보름달 길가의 담벼락에 사람이 만들어 놓은 가로등 불빛에 대낮인 양 의기양양하게 달맞이꽃이 밤바람에 한들한들 나부끼며 보라색 향기를 내뿜으며 비록 먼지를 뒤집어쓰고 있어도 바람을 빌려 훌훌 털어버리며 오고 가는 사람들의 관심조차 받지 못하지만, 그 자리에서 묵묵히 최선을 다하는 것은 작으나마 욕심과 이기심이 없기 때문에 그곳에서 묵묵히 지내고 있다고 봐야 할 것이다. 온갖 탐욕과 굴욕이 만연 팽배해진 지금 우리 사회에서 부조리와 줄 세우기 학연, 지연으로 똘똘 뭉친 악의 굴레가 얼마나 많으면 소치올림픽 안현수 선수를 언급하면서 대통령까지 나서야 하는 현실이 안타까울 뿐이다. 정의와 신의가 땅에 떨어져 서로가 도와주지는 못할지언정 깎아내려야 쓰겠는가. 누가 뭐라 해도 묵묵히 자기가 자신을 조절할 수 있는 최대의 무기를 가지고 음지에서 자라는 달맞이꽃처럼 살아가면 안 될까. 아울러 이 땅의 모든 이들이 행동하는 양심을 바탕으로 살아가야 하며 지나친 욕심과 이기심을 버리고 자신의 안정을 위해 노력해야 한다.

여기에다 한 가지 덧붙인다면 등산로 주변이나 휴게소 주변을 돌아보면 차마 눈을 뜨고 못 볼 정도의 쓰레기가 널려 있다. 요즘은 21세기에 접어들면서 문화 수준이 좋아졌다고 하지만 아직도 공공질서에는 그에 미치지 못함을 우리는 인정해야 한다. 특히 얼마 전 설날 귀성에 따른 고속도로 주변이나 휴게소에는 쓰레기 몸살을 앓는 것에 대하여 TV나 방송에서 야단들이다. 일부 무책임한 사람들 때문에 그 쓰레기를 치우는 경비만도 어마어마하다는 뉴스를 보았을 것이다.

이것 또한 자신의 욕심과 욕망에서 오는 것이기 때문에, 기초 질서를 잘 실천하는 문화 시민으로 긍지와 자부심이 충만해진다는 생각으로 행동해야 한다. 우리 인간에 있어서 욕망이란 재산, 지위. 권력에 대한 욕망, 지속적인 안락이나 불멸을 원하는 욕망, 언제까지나 변하지 않고 만족을 줄 수 있는 것이나, 시간을 초월해서 영원한 것을, 내 것으로 하려는 욕망은 우리는 끊임없이 충동하는 욕망을 서서히 망설이면서 하나의 변혁을 가져올 수 있는 감정과 욕망의 도구라는 것을 인식해야 한다. 정신은 감정과 욕망의 그 자체이며, 그것은 새로운 것을 분명히 감정을 초월하거나 여러 가지 감정을 수반하는 기계적인 과정을 끝내야 한다. 이같이 욕망과 욕심의 활동을 인식하고 동시에 반대나 유혹, 저항 같은 감정을 갖지 않고, 그것을 정당화하거나 판정하지 않고, 진정하게 그 활동을 주시할 때 비로소 욕망과 욕심의 새로운 것, 그리고 그 새로운 것을 인식할 수도 없고, 반복해서 경험할 수도 없는 것이다. 그것을 권유해도 기억도 없이 자연적으로 창조성이 생겨나는 존재 상태인 것이다.

한국 근대소설 나도향의 작품감상
— 「벙어리 삼룡이」 / 「물레방아」 / 「뽕」 —

나도향羅稻香은 서울 출생, 호는 도향, 필명은 나빈羅彬, 본명은 경손慶孫. 배제학당을 졸업하고 경성의학전문학교 중퇴. 1922년 『백제』 창간호에 「젊은이의 시절」로 등단. 이어 동아일보에 장편소설 『환희』를 연재했고, 「젊은이의 시절」, 「벙어리 삼룡이」, 「물레방아」, 「뽕」, 「여이발사」, 「별을 안거든 울지나 말걸」, 「꿈」 등의 작품이 있다. 그는 자연주의적 사실주의의 냉철한 관철과 시각을 통한 작품을 보여 주었는데, 일본으로 건너가 공부하다 귀국하여 폐병으로 인해 25살 젊은 나이로 요절했다.

■ 벙어리 삼룡이

오생원 댁의 외아들은 너무 귀엽게 자란 탓으로 버릇없고 온갖 잔인 포악한 짓을 자행한다. 그가 가장 못살게 구는 사람은 충견 같은 하인으로, 진실하고 충성스러우며 부지런한 삼용이다. 그러나 그 삼룡이는 주인 아들을 원망하는 법도 없고, 모든 것을 자기 운명으로 생각한다. 이때 주인댁 아들이 장가들어 예쁘고 정숙한 색시를 아내로 맞는다. 사람들이 아들의 철부지 행동을 제어하기 위해 색시를 들먹이므로 아들은 자신의 부자유가 색시 때문이라 생각하고 학대하기 시작한다. 스물세 살이 될 때까지도 이성과 접촉할 기회를 전혀 없었던 삼룡이에게 천사처럼 예쁘고 착한 색시가 학대당하는 것은 여간 충격이 아니었다. 하루는 아들이 술에 취해서 맞고 쓰러져 있는 것을 삼룡이가 업어다 눕힌 일이 있어, 색시가 이를 고마워하면서 비단 부시쌈지를 만들어 준다.

그것이 새서방의 눈에 띄어 색시가 맞게 되자, 삼룡이는 이를 제지하여 주인 영감 사랑 앞에 색시를 업어다 놓고 하소연한다. 이튿날 삼룡이는 주인을 몰라본다고 아들에게 몹시 맞는다. 천사 같은 색시가 자기처럼 매 맞는 일이 삼룡이에게는 이해가 되지 않으며, 동정하는 마음이 연모의 정으로 바뀐다. 하루는 술에 취해 들어온 아들이 색시를 때려 실신시키자, 약 사 온다 하며 색시의 안부가 궁금한 삼룡이는 밤에 담을 넘어 색시 방 문틈으로 들여다보다가 목매어 자살하려는 색시를 발견하고 이를 말리다가 식구들에게 발견되어 오해를 산다. 주인 아들에게 매질 당하고 집에서 쫓겨난 삼룡이는 집에 불이 나자 주인 영감을 구해 낸 뒤 매달리는 주인 아들을 밀치고 아씨를 무릎에 뉘고 입에 행복한 미소를 머금은 채 죽어간다.

주제는 인간의 원초적인 사랑의 승화가 식민지 현실에서의 저항적 정신 표출이며, **등장인물**은 오 생원 집의 벙어리 삼룡이며, 오 생원의 포악한 아들이다.

이 작품은 1925년에 『여명』에 발표된 작품으로 그의 「물레방아」와 함께 한국 단편소설의 대표적인 수작으로 평가되고 있다. 주인공 삼룡이가 겪는 억울한 누명과 구타, 자신의 보금자리나 다름없는 주인집에서 쫓겨난 절망감, 그리고 주인 아들의 부당한 행위 등 극한적 상황에서 보여 준 그의 저항은 식민지 현실에서 신음하는 우리 민족의 삶의 표상을 암시하기도 한다.

〈문학사적 의의와 감상〉

　삼룡이가 주인 아들의 부당성에 반항하여 그것을 극복하지 못하고 파멸했다는 것은 당대 현실 구조의 견고성을 드러내는 소설적 장치라고 할 수 있다. 그리고 이 소설의 결말인 죽음은 문제 해결을 위한 도피처도 아니고 단지 철저한 파멸 자체인 것이다. 그러므로 이 소설은 현실적인 비판주의의 소산으로 파악된다.

■ 물레방아

　이 작품은 물레방앗간의 정경을 묘사한 서두로 비롯된다. 덜컹덜컹 홈통에 들었다가 다시 쏟아져 흐르는 물이 육중한 물레방아를 번쩍 쳐들었다가 쿵 하고 확 속으로 내 던질 때, 머슴들의 콧소리는 하얀 겨잣가루가 켜져 앉은 방앗간 속에서 청승스럽게 들려온다. 솰솰 구슬이 되었다가 은가루가 되고, 댓 줄기 같이 뻗치었다가 다시 쾅쾅 쏟아져 청룡이 되고 백룡이 되어, 용솟음쳐 흐르는 물이 저쪽 산모퉁이를 십 리나 두고 돌고, 다시 이쪽 들 복판을 오리쯤 꿰뚫은 뒤에 이방원이 사는 동네 앞 기슭을 지나가는데, 그 위에 물레방아 하나가 놓여 있다. 방원은 지주 신치규의 막실(幕實)살이를 하는 사람이다.

　그는 남의 아내와 눈이 맞아 도망하여 살았다. 방원의 처는 호강시켜 주겠다는 늙은 지주이자 이 마을에서 절대적인 권력과 돈을 가진 신치규의 유혹에 넘어가 달이 휘영청 하게 밝은 어느 날 밤 물레방앗간 옆에서 불의의 사이가 된다. 집을 비워 달라는 신치규의 요구에 방원은 애걸해 보나 허사였다. 집에 들어와 걱정하던 방원은 아내의 고분스럽지 못한 대꾸에 격분하여 그녀를 때린 뒤, 나가 술 마시고 들어온다. 그러나 기다리고 있을 줄 알았던 아내는 집에 없었다. 아내를 찾아 나선 방원은 이웃집으로 달려가, 그의 처가 물레방앗간으로 갔다는 사실을 알고 그곳으로 달려간다. 물레방앗간에서 나오는 신치규와 아내를 발견하고 사태를 짐작한 그는 신치규를 구타한다. 경찰에 잡혀간 방원은 석 달간 복역하고 출감한다. 그러나 그가 감옥에 있는 동안 신치규와 방원 처가 같이 살았다는 사실을 알게 된다. 칼을 지니고 복수차 신치규의 집에 간 방원은 아내만 불러내어 같이 달아나자며 위협도 하고 애원도 해보나, 거절당하자 아내를 죽이고 자기도 자살한다.

이 작품의 **주제**는 지주의 탐욕과 위선에 대한 하층민의 반항의식을 다루었으며, **배경**은 1920년대 한국 농촌의 물레방앗간을 작가는 전진적 시점을 두었다.

이 「물레방아」는 1925년 8월 『조선문단』에 발표된 작품으로 사실주의적 경향이 강한 작품으로 거론되어 왔다. 토속적인 농촌의 목가적인 자연 정취를 담고 있는 물레방앗간을 배경으로 하여 사건이 전개되고 있으면서, 한 편의 운명의 수레라고 할 수 있는 반복적인 숙명성을 상징하는 물레방아를 통해서 주제를 암시하기도 한다. 한국 단편문학의 미학적 작품 세계를 보여 준다.

이 작품은 낭만적인 서정을 함축하고 있다. 물레방아는 상징적인 분위기를 자아내는 문학 시적 의의에 의미를 둔다.

■ 뽕

1925년 『개벽』에 발표된 작품으로, 나도향의 작품 세계를 대표하는 단편 중의 하나다. 사실주의 기법을 보이면서, 그의 문학세계 성격적 특징인 낭만주의적 경향을 띠고 있다.

나도향은 「여이발사」를 『백조』 3호에 발표함으로써, 초기의 『환희』와 「옛날 꿈은 창백하더이다」에서 보인 문학소년의 애상적인 공상의 세계를 벗어나기 시작한다. 그의 작품의 특징은 뜨거운 열이 작품에 있으면서 스스로가 먼저 그 열에 취하지 아니하였고, 정과 넋이 휘

돌아 꿈틀거리는 세계를 그려 냈다는 평을 받고 있다. 특히 「전차 차장의 일기」「물레방아」「뽕」「벙어리 삼룡이」「지형근」 등은 실로 한 점의 하자가 없는 주옥이 옥반에 구르는 듯한 명문이었다고, 박종화 선생의 회고록에서도 언급하면서 추억이 되고 있다.

나도향의 이 작품은 그 구성이 치밀하고, 사실주의적 기법에 의해 작가의 시선이 객관적인 작품이다. 주제 면에 있어서 김동인의 「감자」와 같이 하층민의 적나라한 삶의 실상이 밀도 있게 표현되어 있다.

노름꾼 김삼보의 아내 안협집은 삼보가 노름으로 딴 여자였다. 원래가 촌구석에서 자라나 무식한데다가 돈만 알아 열여섯 적부터 참외 한 개에 정조를 판 여자였다. 더욱이 집에 한 달에 두 번 정도나 올까 말까 하는 건달 남편만 믿고 혼자 지낼 수 없어 그녀는 돈깨나 있는 동네 놈팡이면 아무하고나 어울려 정조를 헤프게 팔았다. 뒷집 머슴 삼돌이란 잡놈은 동네 계집이라면 모조리 건드려 보았지만, 안협집만은 만만히 품에 들지 않았다.

어느 날 밤 삼돌이는 안협집과 남의 뽕을 훔치러 가게 되었다. 그러나 뽕지기에게 발각되어 그는 도망치고, 안협집만 잡혀서 또 정조를 팔게 된다. 그래서 삼돌이의 엉뚱한 계획은 수포로 돌아가고 만다. 그러던 어느 날 밤 안협집의 방에 들어갔다가 그녀에게 쫓겨난 삼돌이는 그 앙갚음으로 안협집이 뽕지기한테도 정조를 바쳤다고 그녀의 남편인 삼보에게 고해바친다. 화가 난 삼보는 그녀를 죽도록 팼지만, 오히려 안협집은 태연했다. 이튿날 벙어리들처럼 말이 없이 서로 앉아 밥을 먹고, 서로 말이 없이 옷도 주고받고 갈아입고, 하루를 더 묵고 삼보는 또 나가 버렸다. 안협집은 여전히 동리 공청집 사랑에서 잠을 잤다.

이러한 나도향의 문학세계에는 크게 두 분류로 전환되는 시점을 지닌다. 첫째 낭만적인 경향이다. 『백조』 동인 시절에 그가 취했던 낭만주의의 문학관은 「젊은이의 시절」 「별을 안거든 울지나 말걸」 「여이발사」 「전차 차장의 일기」 등의 작품에서 뚜렷하게 나타내고 있으며, 이후 나도향은 낭만주의와 결별하고 자연주의 관점으로 전환한다. 「벙어리 삼룡이」 「물레방아」 「뽕」 등이 그 대표적 작품들로, 그는 죽음으로 인해 이중사슬을 받는 인간의 갈등을 묘사하고 있다. 특히 그는 작품 속에서 죽음을 인간의 고립된 현실적 의지의 승화로 설정하고 있음을 볼 수 있다.

역경을 이겨낸 승부는 인내와 끈기

아래 세 작품은 살아가면서 읽고 갖추지는 못할지언정 꼭 실천은 해야겠다는 의지와 포부도 함께 추진해 가면 자신에 대한 싸움에서 승자가 되지 않을까 생각된다.

■ 헤밍웨이 「노인과 바다」

『노인과 바다』(1952)는 어니스트 헤밍웨이의 대표작이며 『누구를 위하여 종을 울리나』와 같은 이 명작소설은 독자들이 가장 잊히지 않는 소설 중의 소설이라고 해도 틀린 말은 아닐 것이다. 『노인과 바다』는 한마디로 '기나긴 승부'가 주된 내용이다. 이 승부는 노인을 지치게 했다. 이 두 맞수는 강인할 뿐 아니라 서로 존경할 만한 상대이기도 했다. 사람들은 한때 이 노인을 '챔피언' 그리고 훌륭한 투사 같은 물고기라고 부른 적이 있었다. 늙은 어부 산티아고와 황새치 물고기가 한편으로는 정신적인 승부를 겨루는 것을 볼 수 있다. 그리고 산티아고는 강인하고 용감한 힘으로 모험에 성공했고, 한편 조심스럽고 참을성이 많으며 심사숙고한 작전 덕분이기도 하다. 이 소설의 비밀들을 단계적으로 발전시켜 나가는 과정을 그대로 묘사하고 있고, 이 노인과 바다는 기나긴 승부이면서 주인공인 늙은 어부 산티아고는 계속해서 84일간이나 고기를 잡지 못하다가 85일째 되는 날 오랜 시간의 투쟁 끝에 18척이나 되는 거대한 고기를 잡게 되나 돌아오는 도중 상어 떼의 습격을 받아 앙상하게 뼈만 남은 돛을 달고 돌아온다. 집에 돌아와 잠든 그는 사자 꿈을 꾼다.

이 작품은 그가 노년에 쓴 작품으로 작가의 인생에 대한 체관이 그려져 있고 소박한 인물로 실패하지만, 패배를 모르는 인물을 노련하게 묘사함으로써 인생과 운명의 상징을 보여 주고 있다.

노인이 이놈들과 싸우는 동안 해는 어느새 져버렸다.
"곧 캄캄해지겠구나. 그러면 하바나 항구의 불빛이 보일 거다. 내가 동쪽으로 너무 멀리 나와 있다면 다른 해안의 불빛이라도 보게 될 거다."

노인은 이렇게 말했다. 이제는 해안도 그리 멀지 않았다고 노인은 생각했다. 고기는 너무나 형편없는 꼴이 되어버렸기 때문에 속은 이루 말할 수 없는 걱정이 태산 같다.

"반 조각 고기가 되고 말았구나. 너를 두고 고기란 말은 옛이야기다. 내가 너무 멀리 나온 것이 불찰이지. 내가 우리 둘을 망쳤다. 그러나 우리는 많은 상어를 죽였다, 너와 내가 말이다. 그리고 많은 놈을 망쳐 놓았다."

"늙은 고기야, 전에는 몇 마리나 죽였지? 네 머리에 달린 뾰쪽한 주둥이는 쓸모없이 그냥 붙어 있는 건 아니겠지!"

노인은 계속 혼잣말로 중얼중얼하며 스스로 마음의 위안으로 삼았다. 노인은 조그만 고향 항구로 들어왔을 때 테라스 식당의 등불은 이미 꺼져 있었다. 모든 사람이 잠들어 있다는 것을 알 수 있었고. 미풍이 점점 세어져 이제는 제법 줄기차게 불고 있었다. 그러나 항구 안은 조용했다. 바위 밑 조그만 자갈밭에 배를 대었다. 아무도 도와줄 사람이라고는 없었다. 그래서 노인은 혼자 힘자라는 데까지 배를 육지에 바싹 댔다. 그러곤 배에서 내려 배를 큰 바위에 붙들어 맸다. 노인은 돛대를 내리고 돛을 말아서 묶었다.

노인은 말할 수 없이 피곤했다. 노인은 혼자 중얼거렸다. 혼자서 자기 자신과 바다를 상대해서 말하지 않고 말 상대자가 있다는 것이 얼마나 즐거운가를 깨달았다.

모든 일은 올바른 자세와 마음먹기가 얼마나 중요한지를 노인이 바다에 나가 상어들과 싸우면서 끝까지 포기하지 않고 살아남을 수 있었던 것이 아니겠는가. 노인은 피곤함이 잠과 함께 몰려와 길 위 오두막집에서는 노인이 다시 잠을 자고 있었다. 그는 여전히 엎드린 채 자고 있었고, 소년은 옆에 앉아서 지켜보고 있었다. 노인은 사자 꿈을 꾸고 꿈속에서도 기나긴 승부와 사투를 벌이고 있었다.

■ 앨런 벨라미 「올바른 자세는 왜 중요한가」

얼마 전 작가 앨런 벨라미의 작품 중 『올바른 자세는 왜 중요한가』란 글에서 생각이 났다. 내용인즉 다음과 같다. 이처럼 열정적인 삶의 전형적인 특징을 보여 주고 있는 소설은 앨런 벨라미의 성공 가이드 센터의 작품에서 자신이 행하고자 하는 올바른 판단이 결정될 경우 승부와 신념으로 나가야 한다. '열정 없이 달성된 위대한 것은 하나도 없다.'라는 것이 이 작가의 키 포인트다. 또한, '긍정적인 자세는 긍정적인 결과를 가져올 것이다. 왜냐하면 자세는 전염성이 있기 때문이다. 그런 자세는 일종의 열정이다.'라고 하였다. 참된 열정은 상황에 맞추어 입었다 벗었다 하는 것이 아니다. 그것은 잘못된 열정이다.

그리고 그런 열정은 아무리 떠든다고 해도 의심스러울 뿐이다. 이와 대조적으로 참된 열정은 하나의 생활방식이다. 다른 사람에게는 깊은 인상을 심어 주고자 이따금 사용하는 그런 것이 아니다. 또 진정한 열정은 시끄럽게 떠들어대는 것과는 아무 관계가 없다. 그것은 내적인 감정이 외부로 자연스럽게 표현되는 것이다. 매우 열정적으로 수많은 사람이 실제로 꽤 열정적일 때도 지극히 조용하면서도 자신의 삶을 사랑하며, 그것이 과연 어떤 의미인지 자기의 행동이나 사용하는 하나하나의 단어를 통해서 입증하고 있다. 열정적인 사람들 가운데 일부는 크게 소리치기도 한다. 그에 의하면 대부분 사람은 자세로 상황을 변화시키기보다는 상황이 그들의 자세를 조절하고 있다고 한다. 만약 일이 잘 안 되면 그들의 자세 또한 나빠진다는 것이다. 앨런은 이러한 것을 옳지 않은 접근 방법이라고 믿고 있다.

그러면 모든 일이 잘될 때 당신의 자세는 물론 좋은 것이다. 하지만 모든 일이 잘 안 될 때도 당신의 자세는 여전히 좋아야 하며 그것은 곧 모든 일이 다시 잘될 것을 의미한다. 그의 얘기는 바로 이 점을 뒷받침하고 있다.

앨런 벨라미가 한국전쟁에서 돌아오자, 그의 어머니는 식료품상을 맡아서 해보자고 제안했다. 앨런은 그것이 너무 작다고 말했다. 사실 그 식료품상의 앞문을 열면 그 문이 카운터에 닿았는데 카운터 뒷면에 붙어 있었다. 아칸소주의 파인 부루프에 사는 그들에게는 매우 좋은 사업이긴 했다. 그 당시만 해도 어떤 가정 어머니든 가족을 위해 일하지 않으면 안 될 만큼 경기가 좋지 않았기에 그것은 그리 놀라운 일이 아니었다. 언제가 우리는 그 가게를 크게 늘릴 것이다. 늘 자부심을 가지고 있었기 때문에 앨런은 지방은행에 대출 요청, 점포를 늘리는 데 비용을 함에 있어서 조금도 부끄럽거나 수줍어하지 않았다. 제한된 자본과 끝없는 열정을 가지고 그는 은행을 설득하여 슈퍼마켓을 짓는 데 드는 9만 5천 달러를 대출할 수 있었다. 개업식 날은 마치 포장되지 않은 주차 시설 위에 비가 억수같이 내렸기 때문에 매우 무

질서했다. 그러나 사업은 아주 성공적이었다. 그리고 그때 야간소주의 파인 부루프에 슈퍼마켓이 생겼다는 말이 그 일대에 퍼지자, 6개월 동안 10개의 큰 체인이 경쟁적으로 그 지역에 세워졌다. 10개의 체인이 개점함으로써 '정신 나간 정육점'(파운드당 15센트짜리 목덜미 뼈를 10센트에 파는 것을 보고 한 세일즈맨이 그런 이름을 붙여 주었다. 앨런은 자신이 정신 나간 정육점 주인임이 분명하기 때문에 그런 말이 아무렇지도 않다고 여겼다. 그래서 그때부터 그 이름이 생겨난 것이다)의 사업은 타격을 받았다. 오래되지 않아 앨런의 수입은 확장하기 전 가게보다 더 줄어 있었다.

그리고 모든 일이 황량하게 보였다. 그때 앨런과 네 명의 종업원은 데일 카네기 코스에 등록했다. 다섯 번째 강의는 '열정'을 다루었고 그것은 마침내 하나의 자세를 일컫는 말이었다.

그날 이후 앨런은 자신과 자기의 종업원들이 전에 가졌던 열정의 다섯 배를 갖기로 결심하였다. 이제 파인 브루프에 있는 하나같이 그가 미쳤다고 생각하게 되었다. 그의 고객들은 입구에서부터 열광적인 환영을 받았다. 그와 그의 종업원들은 머리끝부터 발끝까지, 그리고 처음부터 끝까지의 모든 자세가 적극적으로 바뀌었다. 그리고 그 결과 또한 마찬가지였다. 불과 4주 뒤 그의 수입은 주당 1만 5천 달러에서 3만 달러로 뛰었다. 그리고 그 이후 3만 달러 이하로 떨어져 본 일이 없다.

우리는 파인 부루프에 갑자기 1만 명의 인구가 늘어난 것도, 경쟁자들이 문을 닫은 것도 아니라는 점을 기억해야 한다. 비록 지금은 그 가운데 일곱 군데가 문을 닫았지만, 유일한 변화라면 열정을 새로이 가진 것뿐이었다. 갑자기 사업이 너무 잘되었기 때문에 앨런은 영원히 그런 태도를 지니겠다고 결심하게 되었다. 약 17년 전 그날 이후로 '정신 나간 정육점'은 26개의 극히 성공적인 점포를 확장, 소유하게 되었다. 1974년, 불경기 직면했을 때도 '정신 나간 정육점 회사'는 회사 역사상 가장 많은 금액을 벌어들였고, 가장 높은 성장률을 기록했다. 1976년에는 3,500만 달러어치의 매출을 올렸다. 열정은 너무 전염성이 강해서 직원의 이직률은 사실상 없었다. 어떤 사업에 있어서는 사람의 성공과 실패의 일차적 요소이기 때문에 '정신 나간 정육점' 주인 앨런 벨라미는 '열정적인 인간'을 만드는 일을 적극적으로 추진했다.

■ 도스토옙스키의 역경은 반드시 디딤돌이 역설

러시아의 문호 도스토옙스키는 절망 속에 강렬한 쾌감이 존재한다고 했다. 자신의 진퇴가 비참한 경우에는 더욱더 통렬한 자기의식을 발견할 수 있다. 그만치 시련과 고통을 겪었던 사람도 드물 것이므로 그 마음에서 우러나오는 말이라고 할 수 있다. 자신감을 상실하게 되는 경우도 적지 않다. 그러나 절망감을 부정적인 요소로 볼 것이 아니라 보다 긍정적인 입장에서 보고 이를 희망적으로 전환하는 것이 대단히 중요하다. 다시 말해서 자신감을 상실하고 절망이라는 깊은 수렁에 빠졌을 때 새로운 기회가 반드시 찾아온다는 신호라는 사실을 자각하지 않으면 안 된다.

이렇듯 절망의 수렁에서 자신이라는 존재의 참모습과 인생의 성공에 대한 진면모가 보이는 것이 진리이다. 왜냐면 자신을 절망이라는 수렁으로 몰고 가는 어설프고 덜 성숙한 아집이 없어지는 순간 우리의 마음속에는 새로운 마음의 문이 활짝 열리는 것이라고 하고 있기 때문이다. 오늘을 사는 많은 사람이 어떤 역경에 부딪히게 되면 그 역경이라는 자체는 절대적이 아니라는 사실을 인식해야 한다고 역설했다. 우리 주위에서 훌륭한 자질이나 능력을 갖추고 있으면서도 크게 두각을 나타내지 못하는 것은 행복이나 성공을 전제로 하는 역경에 한 번도 부딪쳐 이를 극복할 힘을 방해하지 못했다는 원인이기도 하다. 따라서 우리 생활 속에서 모든 것을 어떻게 보느냐에 달려 있으며, 자신의 의지와 진취적인 기상에 달려 있다고 해도 과언이 아니다.

이처럼 도스토옙스키가 절망 속에서 통렬한 자아의식을 발견할 수 있었듯이 자신의 굳건한 의지만 있다면 그것을 극복하고 뛰어넘는 방법은 큰 문제가 되지 않으며, 누구나 편안하고 안일한 생활에 젖어 있다면 평범하고 빈약한 삶으로 끝낼 수밖에 없다. 아울러 역경이란 사람을 큰 인물로 키우는 디딤돌이 된다. 수많은 사람이 어려운 역경을 뛰어넘고서 행운과 성공을 거머쥐었다는 것을 말해 주고 있다. 그래서 우리 자신이 인생의 목적을 깊이 생각하는 일이 없을지라도 일상 생활 가운데서 어떤 목표나 희망을 품고 있다면 그것이 크거나 작거나 간에 마음속의 관심사가 되어 있으며 앞으로 인생 여정에 영향을 주기 마련이다.

따라서 자신의 마음속에 있는 욕구나 목적, 경험해 보고 싶은 일 등의 그 강한 정도에 따라 잠재의식과 서로 관계가 되는 운명을 선택해야 한다. 그 선택에 따라 몇 가지 심리적인 기반을 마련하는 것에 의해 강화해 나갈 수 있는 것이다.

첫 번째, 자기 목표의 명확성이다. 자신이 무엇을 바라고 있는가를 알고 있다면 쉽사리 물러설 수 없는 것이 기본 심리이다. 이러한 목표에 확실한 동기가 덧붙여진다면 어떤 난관도 이겨 나갈 수 있다.

두 번째, 자신이 성취하려는 욕구가 강하면 강할수록 끈기도 자동으로 강하게 된다.

세 번째, 계획에 대한 확실성을 가지고 도전해 그것을 밀고 나가서 계획대로 추진하겠다는 자기 신뢰가 뒤따라야 한다.

네 번째, 끈기와 습관의 직접적인 결과라고 할 수 있다. 정신 집중이 일상 속에서 자신의 삶에 일부가 되고 그것이 습관이 된다. 따라서 무슨 일이 있거나 어렵고 귀찮다고 중도 포기해 버리는 성향의 사람들에게 끈기라는 습관은 그와는 인연이 멀어질 수밖에 없다. 따라서 끈기에는 인내가 반드시 따르게 된다는 것을 우린 알아야 한다.

여기에 인내와 끈기는 한 가지 유의할 점이 있다. 그것은 자신의 삶을 통해 끈기 있게 일해 왔는데도 가난하거나 불행한 일생을 마치는 사람도 적지 않다는 사실이다. 따라서 무턱대고 끈기를 앞세우다가 자신에게 맞지 않는 일에 매달리면 불이익이 있다는 것을 꼭 숙지할 필요가 있다. 사실 인내와 끈기란 한 가지 일만을 고수하는 것으로 그치지 않는다. 그것은 현재 나 자신이 하는 일에 집중적인 노력을 기울이며, 또한 처음에는 힘이 들지만 나중에는 만족할 만한 보상을 받는다는 선견력과 연관도 없지 않다.

제5부

백성의 삶을 윤택하게 하고자 했던 다산 정약용 선생-『경세유포』와 『목민심서』 저술

노인 인구 1,000만 명이 넘는 시대

— 우리가 나가야 할 방향 —

2024년 갑진년甲辰年 1월 7일 일요일 오후, 칼럼 원고를 집필하다 잠시 목운동 후 거실 소파에서 차 한 잔을 마시던 중 방송에서 은퇴한 사람들의 고충과 삶의 질을 터득하는 방법을 알려 주었다. 은퇴자가 기본으로 행해야 할 5가지를 나열해 놨는데 세월이 흐르면서 가부장 사회에서 일인 가정으로 전환되면서 서툴기만 하던 은퇴자의 삶을 보람 있게 보내려면 아래 다섯 가지는 대학에서 필수 과목을 이수하지 않으면 졸업이 안 되는 것처럼 가정에서도 꼭 필수 과목을 이수해야 한다는 것이다.

첫째, 혼자 밥 먹는 습관을 길러라.
둘째, 설거지를 시키기 전에 먼저 하라.
셋째, 세탁과 청소는 도맡아서 해라.
넷째, 아내의 일정日程을 묻지 마라.
다섯째, 자신의 취미와 운동을 잘 살려라.
"이제는 은퇴자를 가사 도우미 정도로 생각하는 것이 안타깝군."
"당신뿐만 아니고 은퇴자 모두를 두고 한 말이네요."
"그러네. 하지만 서글픈 생각이 드네. 자네는 어떤 생각이 드나?"

"젊을 때는 아이들 키우고 가르치고 살다 보니 바쁘게 산 것 모르는 것 아니지만, 얼마나 은퇴하신 분들이 손 하나 움직이지 않았으면 저런 방송을 내보내겠어요."

아내가 식탁에 과일 한 접시 꺼내놓고 이런 말을 한다. 뒤돌아서 씁쓸한 마음이 목까지 차오르고 서글픈 생각이 들어 원고 집필로 마음을 달래 본다.

한국일보 기사에 따르면 우리나라 노인 인구가 급격히 늘어나서 복지 문제가 심각하고 요양원도 부족하지만, 요양보호사의 실태를 파악하느라 정부에서도 간병비 의료보험으로 한다는 뉴스를 이슈로 다루고 있었다. 우리나라 65세 노인 인구는 2025년에는 1,000만 명이 넘어설 거라고 예상하고 있다. 노인 인구가 베이비부머 세대, 즉 6·25동란 이후 1954년부터 가족계획 정책이 시행된 1963년까지 태어난 1970년 말부터 1980년대 초에 사회생활을 시작한 세대를 맞이하는, 즉 1950~60년대 태어난 사람들이다. 2023년부터 급증하는 노인 인구로 인하여 복지와 처우가 많은 논란이 되고 있다고 한다. 폐허 속에서 산림을 일으키고 먹지 못하고 오로지 일만 하면 산다는 시대적 흐름에 자식들 가르치고 정작 본인은 무작정 미래는 고사하고 자신의 삶을 잃어버리고 살아온 날들을 회상하며, 노년의 행복을 꿈꾸는 자체가 사치라고 느끼고 있다. 아파서 병원 간병비와 병 시중으로 인하여 고통을 이기지 못하고 생을 마감하는 부모들이라는 뉴스를 종종 접하게 되면서 우울하기도 하고 남의 일 같지 않다. 우리나라 노인 70% 요양원 입소 생각하지만. 우린 그저 똥 치우는 X, 말벗 꿈도 못 꿔 푸념하면서 앞일이 까마득하다. 요양보호사는 노인 일자리 창출이라는 거대한 꿈을 안고 입소하여 종사하면서 힘들고 어려운 업무가 한둘이 아니다. 통계청의 장래 노인 인구통계에 따르면 65세 이상 노인 인구는 2024년에는 1,000만 명을 넘고 2050년에는 국민의 40%

를 차지하게 된다고 한다. 그러면 자동으로 늘어나는 것은 요양 시설을 이용할 사람이 갈수록 많아진다는 뜻이다.

요양보호사 A씨는 울화통이 치밀어도 참는 수밖에 없다며, "젊을 때 우리가 아이 키우며 가르치고 사느라 세월에 쫓기다시피 여기까지 왔는데 누군 놀고 안 했나. 바쁘다 보니 이렇게 된 것이지. 하긴, 나 혼자 떠들어 봤자 무슨 소용이 있나." 끌끌 차는 모습을 보고 있노라니 갑과 을이 다 같이 힘들다. 그러잖아도 매일 구순이 훨씬 넘으신 어머니와 식사하는 것이 요즘 내 생활이다. 고관절 수술까지 해서 걸음걸이도 지팡이로 간신히 지탱하고 의존한다. 삼시세끼를 다 챙겨야 하기에 아내도 같이 분담하지만, 아침 식사를 직장에 가서 한다며 출근하는 아내는 현관문을 나서는 동시에 노모와 둘은 늘 반복적으로 같은 시간에 맞추어 끼니를 때운다.

노모도 어느 날 느닷없이 요양원으로 모셔야 할지 모르는 상황에서 앞으로의 일에 걱정된다.

2024년 5월 26일 일요일 새벽, 거실에서 93세이신 어머니께서 넘어져 119로 우리병원으로 이송 입원 사진 찍으니 수년 전에 고관절이 부러져 입원을 두 차례나 겪으면서 거의 걸음 정도를 걷다가 이번에는 반대편 대퇴부가 부러져 입원 인공관절로 수술한 끝에 7월 15일 입원한 지 50일 만에 퇴원해서 집에서 요양하고 계신다. 옆에서 간병하면서 지내지만, 가족과 본인 모두 힘든 것 사실이다. 병원에서 간병비가 만만치 않아서 말이다. 요양 간병비는 당장 바뀌지 않는 한 매우 힘들 것이다. 지난 2023년 4월 17~20일 요양서비스에 대한 인식조사(일반 국민 1,000명, 요양보호사 1,216명)를 진행한 결과 국민의 생각과 현실은 차가 많았다. 일일 인식조사 분석 결과, 요양보호사들은 낮은 임금과 중노동에 시달리고 있고, 입소자가 만족할 수준 높은 서비스를 제공하기 어려운 상태로 파악되었다. 열악한 근무 환경으로 인한 피해는 입소자에게 돌아가고 요양서비스에 대한 인식이 나빠지는 악순환이 반복되는 것도 바로 열악한 근무 환경이다. 생활이라는 것을 경험이며, 그것도 자타와의 관계 속에서 생기는 패턴이기에 인간은 고립해서 살 수가 없어 즉 생활은 관계이며, 관계의 행위라고 말할 수 있다. 그 관계라는 것은 우리 인간의 교섭에 그치지 않고 우리와 사물 또는 관념과의 친교도 의미하는 것이고, 만일 우리가 우리의 생활이나 타인과의 관계에서 기쁨이나 만족을 준다든가 또는 우리를 따뜻하게 보호해 줄 때만 관심을 두기 때문에 불쾌한 걱정이나 불안을 주게 될 때는 우리는 주저하지 않고 그 관계를 포기하는 것은, 인간이기 때문에 우리가 만족하고 있을 때 밀접한 관계가 형성된다고 한다. 아이들도 제 갈 길로 가서 따로 살고 아내 역시 아침이면 어김없이 출근하고 어머니 점심 식사 시간이 금방 돌아온다.

　식사 챙겨드리고 나면 녹초 될 때가 있다. 그러고 나서 청탁원고 집필에 들어가 잠시나마 그 속에 빠져 허우적거릴 때가 더 좋은 듯하다. 머리 식힐 겸 베란다의 화초도 손질하고 물도 주고 정돈하고 나서 창문 너머 놀이터에 아이들이 뛰어놀며 술래잡기 놀이도 하고 하늘엔 고추잠자리가 떼를 지어 나를 쳐다보고 비아냥거리듯 원을 그리며 날아가는 모습이 평화로운데 나만이 쫓기는 삶을 사는 것이 아닌지, 혼자만의 생각에 중얼거려 본다. 세월은 누가 밉고 누가 예뻐서 데려가는 것이 아니라 순서가 되면 다 데려가는 것이지 결코 혼자 가지는 않는 법이라는 것은, 진리는 누구에게나 다 해당한다. 한가한 오후가 되니 혼자만의 시간을 즐기려 책상 앞에 다시 앉아서 원고와 씨름하고 자료를 찾아 한 장 두 장 뒤적이다 문득 조금 전 TV에서 본 노인들을 위한 방송이 생각난다.

　조사에 응한 일반 국민은 대체로 미래에 요양시설의 도움을 받을 것으로 생각하고. 가족 중 몸이 불편해 보호가 필요하다면 누구의 도움을 받고 싶은지 묻자 '요양 전문시설 입소'를 가장 많이(36.7%) 택했다. '가정 방문 요양 서비스'가 34.2%로 뒤를 이었는데, 둘을 합하면 응답자의 70.9%가 요양 서비스를 원하는 셈이다. '자녀나 배우자'는 20.6%였다. 요양시설 이용에 대해서는 69.3%가 입소한다, 26.3%는 입소하지 않겠다고 답했다. 노후에 요양시설 입소를 고려하는 이유로는 '전문적 서비스'를 꼽았다. 전문가의 맞춤형 간호·돌봄을 받고 싶은 의사가 반영된 것이다.

시설에 입소하게 될 경우 가장 중요하게 보는 요소를 물었더니 '전문적인 간호 서비스'가 37%로 가장 높았고, '맞춤형 치료 보호'가 22.9%로 두 번째였다. 이어 '안전한 환경'(14%), '가족과의 교류 지원'(11.7%) 순이었다. 한국일보와 비영리 공공조사 네트워크 공공의 창, 민주노총 산하 돌봄노조가 지난 4월 일반 국민 1,000명을 대상으로 장기요양 서비스에 대한 인식에 대해 조사한 내용. 그래픽=송정근 기자·비영리 공공조사 네트워크 공공의 창 제공 현장의 요양보호사들의 시각은 달랐다. 국민이 바라는 '맞춤형 전문 돌봄'은 아직 불가능한 일이라며 고개를 저었다. 야간·조간근무 때 혼자서 30명을 한꺼번에 챙겨야 할 정도의 고된 업무 강도 탓에 입소자의 상태를 주의 깊게 살피는 건 동화 속 이야기라고 했다. 보호사들에게 야간근무 때 돌보는 입소자 수를 물었더니 78.7%가 '11~20명 이상'이라고 답했다. 서울 중구의 한 구립요양원에서 7년 넘게 요양보호사로 일한 김명임(66)씨는 "하루 종일 뛰어다녀도 기본적인 것밖에 못 해 어르신과 소통할 여유가 없다."고 토로했다. 인천의 한 민간요양원에서 일하는 이미경(59) 씨는 "야간근무 8시간 내내 30~40명을 2명이 돌봐야 한다."며 "휴식 시간에도 혹시 모를 낙상사고에 대비하기 위해 귀를 열어 놔야 해서 휴식이 아닌 대기"라고 하소연했다. 이씨뿐 아니라 많은 요양보호사가 휴식 시간을 제대로 보장받지 못했다. 야간근무 시 휴식 시간에 근무했느냐고 묻자 72.6%가 일한 경우가 있다고 답했다. 게다가 응답자의 절반 이상(50.7%)이 '일을 했는데 야간수당을 제대로 받지 못했다'고 했다.

야간근무 시 복도 소파나 빈 침상 등에서 겨우 눈을 붙인다는 응답도 59.4%나 됐다. 경남 하동군에서 요양보호사로 활동한 지 8년이 된 오영숙(60) 씨는 "어르신들에게 잘해 드리고 싶어도 센 노동강도에 체력이 떨어지니 쉽지 않다."고 말했다. 학대 아닌 학대에 시달리는 보호사·입소자 거리만 멀어진다. 노인학대 논란이 자유롭지 못한 것도 질 높은 서비스 제공을 어렵게 하는 이유였다. 요양시설을 이용하지 않겠다는 응답자에게 이유를 묻자, 기관을 신뢰하기 어려운 것과 학대 등 부정적 인식에 대한 답변율이 29.4%, 23.7%였다. 보호사들은 학대 논란에 휘말리는 입소자에게 가까이 다가가지 않게 된다고 한다. 서울 노원구의 한 시립요양원에서 10년 넘게 근무한 한 요양사는 어르신들이 제일 원하는 것은 대화와 스킨십이라고 말했다. 처음 요양사 일을 시작했을 때만 해도 가까이 다가갔지만, 이젠 어떻게 찍힐지 몰라 대화를 안 하게 된다고 씁쓸해했다. 하지만 노인들이 없었으면 지금 누리고 있는 자유와 번영을 이루기가 어려웠다. 그 시절에는 외화 부족으로 나라에서 차관을 할 수도 없는 처지라 당시 서독 광부·간호사 파견, 월남 파병, 열사의 나라 중동 붐에 젊음을 다 바치고 외화를 벌어들여 경제개발에 박차를 가해 지금은 세계 10위 부자나라로 탈바꿈한 것도 노인들의 희생이 있었기에 가능했다. 요즘 홀대받는 노인이 되어버린 지금 안타깝다. 심지어는 일부 총선에 맞물려 노인 전철 무임승차 없애겠다느니 심지어 연금도 손을 본다느니, 갈수록 노인들의 무기력한 삶이 되지 않을까 우려가 된다. 노인 무임승차를 폐지할 게 아니라 대중교통을 더 많이 이용하도록 해야 한다. 장기적으로 요금을 더 낮추고 승용차 이용을 억제하면서 대중교통의 수송 분담률을 높이는 전략이 필요하다. 우리는 이미 버스 환승제의 혜택을 잘 알고 있다.

서울시가 막대한 예산을 지원하고 있지만, 덕분에 압도적으로 저렴한 대중교통을 누리고 있다. 지난해 7월부터는 지하철도 10분 안에 다시 타면 요금을 납부하지 않아도 되는 시스템을 구축했으며, 버스를 완전 공영제로 전환하는 지방 정부도 늘고 있다. 강원도 양구군은 30억 원을 들여 민간 버스회사를 모두 인수했다. 2020년부터 완전 공영제를 시행하고 있는 정선군은 1,000원 단일 요금제를 도입했다. 버스 이용객이 90% 가까이 늘었다고 한다. 충남 아산시와 서천군, 전남 광양군 등은 대중교통이 없는 곳에 100원 택시를 보내고 있다. 또한 경북 청송군은 지난해부터 모든 버스를 무료로 전환했다. 연간 3억 5,000만 원의 예산을 투입하고 있다. 세종시도 올해 9월부터 버스 무료화를 실험한다. 연간 버스 이용이 42% 늘어날 것으로 기대하고 있다. 1,442억 원의 예산이 필요한데 사회적 편익은 2,429억 원에 이른다는 분석도 나왔다. 노인들 때문에 적자가 아니라 적자가 늘어나는데 비용 구조를 어떻게 바꿀 것인가를 이야기해야 한다. 이것은 중앙 정부에서 무임승차 금액만큼 지원해서 지방 정부와 서로 긴밀히 협조해서 분담하는 형식을 취하는 것도 고려해야 되지 않을까. 아울러 출퇴근 시간에만 요금 내는 방식도 지하철 적자를 줄이는 데 도움이 된다. 좀 더 파격적인 대책을 고민할 수도 있다. 영국 런던은 도심 혼잡 통행료로 15파운드(2만 5,000원)를 받는다.

헤럴드경제에 따르면 2024년 7월 현재 서울 시청역 교통 참사 이후 65세 이상 운전자의 급발진 주장 사고가 잇따라 발생하면서 고령 운전자 면허 관리 문제가 사회적 화두로 떠올랐다. 지난 3일 국립중앙의료원, 6일 서울역 인근, 7일 용산구 이촌동에서 발생한 교통사고 모두 가해 차량 운전자는 70~80대로 알려졌다. 65세 이상 고령 인구 비율이 20%를 넘어서는 '초고령 사회' 진입을 눈앞에 두게 된 이상 고령 운전자는 필연적으로 늘 수밖에 없다. 13일 행정안전부 등에 따르면 지난 10일 기준 65세 이상 주민등록인구는 1,000만 62명으로, 전체 주민등록인구 5,126만 9,012명의 19.51%를 차지한다. 국민 5명 중 1명이 노인인 초고령 사회 기준에 불과 0.49%포인트 미치지 못하는 수준으로, 2025년에는 20%를 넘어서며 초고령 사회 시대가 본격화될 것으로 전망된다. 노인 인구가 급속히 늘어나는데 고령 운전자의 교통사고 또한 매년 증가하고 있어 정부 입장에선 이렇다 할 대책을 마련하기 어려운 상황이다. 이날 도로교통공단 교통사고분석시스템(TAAS)에 따르면 65세 이상 고령 운전자 가해 사고 건수는 2019년 3만 3,239건 → 2023년 3만 9,614건으로 약 19.18% 증가했다.

물론 정부가 손을 놓고 있는 것은 아니다. 현재 지자체마다 고령 운전자의 면허 자진 반납을 촉구하기 위해 65세 이상이 운전면허를 반납하는 경우 10~30만 원 보상을 제공한다. 하지만 실제 이들의 면허 반납 비율은 수년째 약 2%대에 머무르고 있다("멀쩡한데 왜 반납?"… 전국은 고령자 운전에 깊은 고심[면허증 전쟁], 2024. 1. 22, 헤럴드경제). 면허증 자진 반납을 기대하는 한국과 달리 해외에선 고령 운전자에 대한 관리를 강화하는 추세다.

먼저 뉴질랜드, 덴마크, 아일랜드 등은 적극적으로 고령 운전자를 규제하기 위한 조치들을 시행 중이다(강제형). 이들 국가는 면허 보유자가 일정 연령에 이르면 반드시 자신의 운전능력을 경찰 및 의료진에게 평가받아야 한다. 뉴질랜드와 덴마크는 75세, 아일랜드는 70세부터. 경찰과 의료진은 고령 운전자의 신체·인지 능력과 차량 운전

능력 등을 측정하는데, 그 결과 '운전 부적합' 판정이 나오면 면허가 갱신되지 않는다. 검사를 통과하더라도 나라별로 1~5년마다 재검사를 의무적으로 받아야 한다.

고령자가 운전할 수 있는 시간과 장소 등에 제한을 두는 '한정면허' 제도를 둔 국가도 있다(제한형). 미국 캘리포니아, 호주 뉴사우스웨일즈주, 독일, 스위스, 일본 등이 대표적이다. 미국 캘리포니아는 70세 이상 운전자부터 면허 재심사 과정에서 의료 평가에 따라 보충적 주행 능력 평가를 받아야 하고, 능력에 따라 조건이 붙은 면허를 발급받게 된다. 호주 뉴사우스웨일즈주는 75세 이상 면허 보유자에게 매년 운전 적합성에 대한 의료평가 혹은 운전 실기평가를 한다. 운전 실기평가는 전문의의 권고가 있을 때 실시하는데 85세 이상 운전자는 2년마다 필수로 받아야 한다. 운전자는 필요에 따라서는 운전 실기평가를 받지 않고 지역 내 운전으로 제한된 수정면허를 발급받을 수 있고 제한 범위도 조율 가능하다. 독일과 스위스도 비슷하다. 이들 국가에선 고령 운전자의 신체·인지 능력 등을 검사한 뒤 시력이 좋지 않을 경우 야간운전을 제한할 수 있다. 또 고령 운전자의 운전 지역을 제한하거나 주행 속도를 도로 최고 제한속도보다 낮게 지정할 수도 있다. 예를 들어 고령 운전자는 집↔병원, 집↔행정기관, 집↔마트·쇼핑센터 등 한정된 노선에서만 운전할 수 있게 하고, 저녁 시간대는 운전을 금지하게 하는 것이다. 여기에 스위스는 정부가 교통안전 분야 전담 의료진을 지정해 고령 운전자가 언제든지 자신의 운전 능력과 관련한 의학적 상담을 받을 수 있도록 환경을 갖추고 있다.

일찍부터 초고령 사회에 들어섰던 일본 역시 한정면허를 발급하고 있다. 일본은 2022년 5월부터 75세 이상 고령 운전자의 경우 자동 브레이크 기능이 있는 '서포트카'에 한해 운전을 허가한다. 또 서포트카를 구입할 경우 보조금을 받거나 보험료 등을 할인받을 수 있다. 또 고령 운전자에게 초점을 둔 이동수단 '시니어 카'도 있다. 시니어 카는 핸들이 달린 전동휠체어에 가까운 차량으로 최대 시속이 6km 수준이다. 면허 없이 운전할 수 있어 인도로 주행하거나 인도가 없을 경우 도로 우측 가장자리로 주행하면 된다. 고령자가 가까운 거리를 이동할 때 대안으로 사용되고 있다. 아예 도심에서 운전할 생각을 하지 말라는 이야기다. 대중교통 이용이 늘면 평균 비용이 줄어들고 사회적 효용이 커진다. 네덜란드의 '역시 혼잡 통행료'도 흥미로운 아이디어다. 도심 진입에 혼잡 통행료를 부과하는 게 아니라 운전자들이 차를 두고 나오면 하루 4유로(월 40유로가 상한)를 지급한다. 교통량이 6% 가까이 줄었다고 한다.

각 나라에서도 무임승차에 대한 문제가 대두되고 있지만 물론 어렵고 힘들어서 그런 줄 알지만, 방법을 포괄적으로 다루어 좀 더 현명한 법으로 대처해서 노인들의 마지막 삶을 포기하지 않도록 최선을 다해 주었으면 한다. 이처럼 노인 인구는 급증하는데 어떻게 하면 골고루 혜택이 가는 방법을 위에서 언급했듯이 포괄적으로 다루어 좋은 방법을 선택해서 단계적으로 해결하는 법이 필요할 때다.

국민일보에 따르면, 2024년 7월 현재 서울에 거주하는 65세 이상 고령자 4명 중 1명은 혼자 사는 것으로 나타났다. 지방은 정확한 통계가 나질 않아서 모르지만 %로 환산하면 지방이 더 훨씬 많이 통계가 나올 것이다. 13일 서울시 고령자 현황 통계에 따르면 지난해 서울 전체 인구 963만 879명 중 65세 이상은 174만 3,696명으로 18.1%를 차지했다. 이중 남성은 77만 3,032명, 여성은 97만 664명으로 집계됐다. 서울의 65세 이상 고령자 비율은 2019년 14.8% 수준이었는데, 5년 새 3.3%포인트 증가한 것이다. 65세 이상 인구 비율이 14% 이상인 '고령 사회'를 넘어 20% 이상인 '초고령 사회' 진입을 목전에 두고 있는 셈이다. 이렇게 홀로 가구 노인 인구가 급증한 것은

21세기에 살면서 가족관계의 단절이 가장 많다. 경제적인 이유가 가장 많다. 자치구별로는 송파구가 10만 8,894명으로 65세 이상 인구가 가장 많았고, 강서구 10만 2,096명, 노원구 9만 6,422명 등이 뒤를 이었다. 다만 자치구 인구수 대비 고령 비율은 강북구 23.4%, 도봉구 22.8%, 중랑구 20.4% 순으로 높았다.

가족과 떨어져 홀로 지내는 고령 인구도 어느덧 44만 명을 넘어섰다. 65세 이상 인구 중 홀로 사는 고령자는 모두 44만 8,251명(25.7%)으로 4명 중 1명꼴로 나타났다. 5년 전(34만 3,567명)과 비교하면 10만 4,684명 급증했다. 혼자 사는 고령자가 가장 많은 자치구는 노원구(3만 6,839명)였다. 이어 강서구(2만 6,046명), 송파구(2만 5,889명) 등의 순으로 많았다.

자치구 고령 인구수 대비 독거노인 비율은 종로구가 38.9%로 가장 높았고, 노원구 38.2%, 중구 30.8% 등의 순으로 나타났다. 서울시는 이에 각종 돌봄·의료·일자리 대책 등을 추진 중이다. '돌봄 로봇' 등 복지 서비스를 활성화하고 고령층 일자리 늘리기에 집중하고 있다. 그 예로 오는 9월 노인 일자리 컨트롤타워인 '서울 시니어 일자리 지원센터(가칭)'가 문을 열 예정이다. 현재 60~80대가 주로 하고 있는 폐지 수집 활동과 관련해서도 전 자치구에 전담기관을 지정해 일자리를 연계해 주는 등 일자리 전환을 추진할 계획이다. 노인들은 배우자가 요양원에 들어가게 되면 남은 배우자는 극심한 간병 부담에다가 사랑하던 사람을 끝까지 돌봐주지 못했다는 죄책감과 불안감, 그로 인한 지속적 우울증에 시달리게 된다. 그래서 거의 매일 요양원을 찾고 배우자의 주변을 맴도는 삶을 살게 된다는 미국의 뉴욕타임스가 3일(현지시간) 보도한 내용을 보면 남은 삶에 대한 의욕이 떨어지게 마련이다.

한국 근대소설 이효석의 작품감상
— 「메밀꽃 필 무렵」 / 「산」 / 「들」 / 「장미 병들다」 —

　　이효석(1907-1942)은 강원도 평창 출생. 호는 가산可山. 경성제일고등보통학고, 경성제대 법문학부 영문과 졸업. 1928년 『조선지광朝鮮之光』에 단편 「도시와 유령」을 발표 문단에 등단. '구인회' 회원. 평양 숭실전문학교 교수 역임. 작품으로는 모두가 잘 알고 있는 「메밀꽃 필 무렵」과 「화분」, 「장미 병들다」, 「들」, 「산」, 「벽공무한」 등이 있다. 그는 초기에 동반자 작가로서 경향적인 변모를 보여 주었으나 반도시적인 성향에 탈피하여 인간의 순수성·자연성·원초적 욕망을 추구하는 작품을 집필하였으며, 시적 서정성을 간직한 많은 작품을 발표했다.

■ 메밀꽃 필 무렵
　　얼금뱅이요 왼손잡이 허 생원과 조선달, 동이는 모두 봉평·대화 등 장터를 떠도는 장돌뱅이다. 어느 여름 봉평장이 서던 날 밤, 이들 셋은 대화장을 향해 산길을 가게 된다. 허 생원은 젊었을 때 단 한 번 인연을 맺었던 제천의 성 서방네 딸 이야기를 하고, 동이는 자신의 어머니 이야기를 하게 된다. 동이의 이야기를 들은 허 생원은 동이가 자기 아들일지 모른다는 생각에 잠기다 개천에 빠져 동이의 등에 업힌다.

"사람을 물에 빠뜨릴 건 대단한 나귀 새끼군"
　허 생원은 젖은 옷을 웬만큼 짜서 입었다. 이가 갈기고 가슴이 떨리며 몹시도 추웠으나 마음은 알 수 없이 둥실둥실 가벼웠다.
"주막까지 부지런히 가세나. 뜰에 불피우고 훗훗이 쉬며, 나귀에겐 더운물을 끓여 주고 내일 대화장 보고는 제천이다."
"허 생원도 제천으로 오래간만에 가보고 싶어. 동행하려나 동이."
　나귀가 걷기 시작할 때, 채찍은 왼손에 있었다. 오랫동안 아둑시니같이 눈이 어둡던 허 생원도 이번만은 동이의 왼손잡이가 눈에 띄지 않을 수 없었다. 걸음도 가깝고 방울 소리가 밤 벌판에 한층 청청하게 울렸다. 달은 선산에 어지간히 뉘엿뉘엿 넘어가고 있었다.
　이 작품에서 **주제**는 떠돌이의 삶을 통해 본 인간 본연의 애정이다.
　등장인물은 젊은 시절 시골 처녀와 우연히 맺었던 단 한 번의 연분을 잊지 못하고 사는 가족도 친척도 없는 외로운 장돌뱅이 허 생원, 장돌뱅이 조 선달, 허 생원의 친자인 것으로 암시되는 장돌뱅이 청년 동이며, 이 작품의 **배경의 특징**은 강원도의 봉평에서 대화에 이르는 80리 밤길의 공간적 배경이 직접 작품 주제에 관여한 점이다.

■산

　김 영감의 머슴이었던 중실은 해마다 사경을 또박또박 받아 본 일이 없고, 옷 한 벌 버젓하게 얻어 입은 적도 없으며, 명절에 돈도 푼푼이 없이 지내는 처지였다. 그러다가 첩을 건드렸다는 엉뚱한 김 영감의 오해로 그 집을 후회 없이 나오게 된다.
　그는 갈 곳이 없어 빈 지게만 걸머지고 산으로 들어간다. 그 커다란 산만은 배신할 것 같지 않아서였다. 그는 산에서 벌집을 찾아내어 담배 연기를 사용해 꿀을 얻었고, 산불 덕택에 죽은 노루를 발견해 양식으로 사용할 수 있었다.

어느 날 그는 나무를 장에 팔려고 마을에 내려왔다. 그리고 나무를 팔아 감자, 좁쌀, 소금, 냄비를 샀다. 마을은 중실이 떠나올 때와 마찬가지로 변함없이 떠들썩했다. 그러다가 김 영감의 소식을 듣게 되는데, 그의 첩이 최 서기와 줄행랑을 쳤다는 것이다. 그러나 중실은 다시 들어갈 생각이나 김 영감을 위로해 줄 친절도 마음에서 우러나오지 않았다.

마을에 있으려니 다시 산이 그리워 중실은 산 물건을 지게에 지고 산으로 올라갔다. 저녁을 해 먹은 후 그는 이웃집 용녀를 생각한다. 그리고 상상을 해본다. 오두막집을 짓고 감자밭을 일구며 염소와 닭, 돼지를 키웠다. 그리고 그는 낙엽을 이불 삼아 별을 세면서 잠을 청한다. 하늘의 별이 와르르 얼굴 위에 쏟아질 것같이 가까웠다 멀어졌다 한다. 별 하나 나 하나, 별 둘 나 둘, 별 셋 나 셋 자신도 모르게 별을 세고 있었다. 눈이 아물아물하고 입이 뒤바뀌어 수효가 달라지면 다시 목소리를 높여 처음부터 고쳐 세곤 한다. 별 하나 나 하나, 별 둘 나 둘, 별 셋 나 셋, 세는 동안 중실은 제 몸이 스스로 별이 됨을 느꼈다. 이 작품의 **주제**는 인간의 소박한 삶과 자연과의 친화이다.

등장인물은 머슴 중실로, 산속으로 들어가 자연과 동화되어 가는 인물이다. 1930년대 조용한 산촌을 배경으로 하는 **3인칭 작가 시점**의 작품이다.

〈문학사적 의의〉

자연의 아름다움을 잘 묘사하고 있다. 주인공 중실은 세상을 포기하고 자연으로 돌아가 자위·자족하는 인물로 나무를 팔고 물건을 사고 할 때와 같이 즐거운 적이 없다고 말하고 있다. 이것은 머슴이었을 때는 전혀 느껴 보지 못했기 때문이다. 또한 마을에 있으면서 산을 그리워하는 것은 세상의 속박에서 벗어나려는 주인공 동경의 의지로 보인다. 이 단편소설은 인간 본연의 것, 건강한 생명의 동력과 신비성을 다분히 시적인 분위기로 형상화해 내고 있다.

■ 들

학교를 퇴학 맞고 처음으로 도회에서 쫓겨 내려온 나는 변하지 않는 버들 숲 둔덕과 과수원의 모습을 보며 기쁨을 느낀다. 나는 들녘에서 전에 느껴 보지 못한 평안함과 따뜻함을 느끼며 들과 벗 삼아 지낸다. 어느 날 나는 개울녘 풀밭에서 한 자웅의 개가 장난을 치고 있는 것을 발견하곤 그것을 계속 지켜보다가 주위에 다른 이가 있는 것을 알게 되는데, 다름 아닌 옥분이었다. 그녀는 득주에게 가난하다고 파혼당했고 나도 그 사실을 알고 있었다. 나는 그녀를 측은히 생각했고 그녀도 동정해 주는 나를 좋아했다. 일요일이 되어 나는 문수와 같이 지내게 되었는데, 나의 책을 학교에서 뺏길 뻔하였다고 문수가 이야기한다. 나와 문수는 이 협착한 땅에 자유로이 책도 읽고 지낼 수 있는 들이 있음을 아무리 자유로이 말을 외쳐도 거기에서만은 중지당하는 법이 없음을 기쁘게 생각한다. 어느 날 나는 과수원으로 몰래 딸기를 따러 가다가 옥분을 만나 하룻밤을 같이 자게 된다. 그 후 계곡에 고기를 잡으러 갔다가 이제 옥분과 남이 아니라는 생각에 휩쓸려 몸에 상처를 입는다. 문수와 나는 사냥 간다. 그곳에서 나의 상처를 보게 된 문수는 어찌 된 것인가를 묻자 나는 옥분과의 일을 얘기한다. 그러자 문수는 자기도 옥분과 남이 아니라며 지난 일을 얘기한다.

나는 그 말을 듣고 무거운 감정이 가벼워짐을 느낀다. 그 후 문수는 정학 처분을 받았으나 영영 학교에서 쫓겨난다. 그래서 나와 문수는 같이 지내게 되었는데, 어느 날 문수가 돌연히 끌려가게 된다. 그 후 그는 소식이 없다. 나는 문수가 돌아오면 할 여러 가지 재미있는 여름 계획을 세운다. 그가 나오면 풋콩을 구워 먹이고, 기름종개를 많이 떠 먹여 씨름으로 몸도 불려 줄 작정이다.

이 작품의 **주제**는 인간의 본능적인 관능과 자연과의 친화적으로 구성했다. **등장인물**은 화자인 '나'가 주인공으로 사회운동을 하다가 학교를 퇴학 맞고 들을 벗 삼아 지내는 청년. 그리고 학 처분을 받고 어디론가 끌려가 돌아오지 않는 나의 친구 문수이다. 이 작품의 **배경**은 어느 산골 마을이며, **일인칭 주인공 시점의 작품**이다.

〈문학사적 의의〉

이 소설은 사회운동을 하다가 학교에서 쫓겨나 들을 벗 삼아 사는 한 주인공의 이야기로, 세상 사회의 부자유스러움과 속박에서 벗어난 기쁨을 보여 주고 있다. 이 작품에도 「화분」에서와 마찬가지로 죄의식이 전혀 없는 성의식이 나타나 있다. 즉 들의 서정적인 배경 속에서 인간의 본능적인 행위는 자연적 욕구의 일부분이고 도덕적 가치 이전의 근원적인 성격을 지닌다. 이러한 이효석의 에로티시즘의 미학은 그의 자연 회귀 소설의 기저를 이루는 미학적 세계를 형성하고 있다.

이효석을 가리켜 흔히 소설을 배반한 소설가 또는 위장된 순응주의자라고 단적으로 표현하는 경우가 있는데, 이는 종래의 경향적 색채에서 탈피하여 자연으로의 회귀를 통한 인간의 근원적인 서정 세계를 구축했다는 의견과 상통한다고 하겠다.

■ 장미 병들다

이 작품은 1938년 『조광』에 발표된 작품이다. 극단 '문화좌'의 단원이었던 현보와 남죽은 지방공연에서 단원들이 검거당하고 극단이 해산되자 서울로 올라온다. 그들이 7년 만에 만날 수 있게 된 것은 문화좌 극단 때문이다. 이러한 그들의 만남도 극단 해산으로 인해 다시 이별할 수밖에 없게 된다. 현보는 서울이 집이었고 남죽은 고향으로 내려가야만 했다. 그러나 고향으로 갈 차비가 없었다. 그들은 현보의 친구에게 돈을 빌렸으나, 그 돈으로 술과 춤을 즐기고 끝내 육체관계까지 즐기게 된다. 이 때문에 현보는 다시 남죽의 차비를 구해 주는 일에 직면한다. 현보가 차비를 구하기 위해 집을 떠나 며칠 동안 이들은 서로 만나지 못하게 된다. 현보가 가까스로 차비를 구해 함께 묵었던 여관으로 남죽을 찾아갔을 때 그녀는 이미 그곳을 떠나 버린 후였다. 남죽은 어떤 남자에게 몸을 팔아서 그 몸값으로 차비를 만들어 떠났다는 사실을 알게 된다. 더욱 현보를 놀라게 한 것은, 며칠 뒤 성병에 걸리게 된 것이었다.

남죽에게 병을 얻었다는 사실을 알고 그는 남죽과 함께 드나들던 술집에 간다. 거기에서 남죽과 잠을 자고 그녀에게 돈을 주었다는 남자를 만나게 된다. 그 남자도 성병이 걸렸다는 사실을 알고 둘은 씁쓸하게 술 마시는 것으로 끝난다.

이러한 줄거리를 담고 있는 이효석의 에로티시즘 소설들은 성적 개방 의식을 통한 인간성 회귀를 담고 있기도 하다. 그의 에로티시즘 경향은 성의 자연적인 개방과, 이를 통해 인간의 생명력을 추구한다는 평을 받고 있다. 그것은 D. H. 로렌스의 소설적 영향을 받은 것으로 보기도 한다.

이같이 이효석의 작품은 주로 애정소설의 전형으로서 그린 작품들이 무의미한 인간의 심층에 깔린 관능적인 애정에 대한 탐미적 의식과 윤리를 깊이 있게 다루고 있다. 이런 면에서 이효석의 소설은 우리에게 가장 원초적인 아름다움이 무엇인지를 보여 주고 있다.

지성인과 문화 사회는 밀접한 관계

 오늘날 우리 모든 인간에게 제기되는 문제는 개인의 단순한 사회 도구에 불과한 것인가, 그렇지 않으면 사회의 궁극적인 목적으로 존재하는 것일까, 하는 것이다. 개인으로서의 '당신'과 '나'는 사회나 국가에 의하여 사용되고 지시받고, 교육을 받고 통제를 받으면서 일정한 틀에 맞춰지는 것일까, 그렇지 않으면 사회나 국가를 위하여 존재하는 것일까.
 당신은 이 문제를 어떻게 해결할 생각인가? 이것은 중대한 문제라고 생각한다. 만일 개인이 단순한 사회 도구라고 한다면, 그때는 사회가 개인보다 훨씬 중요한 것이 된다. 그것이 정당하다면 우리는 개인으로서 인격을 포기하고 사회를 위해야 하기에 우리의 모든 교육제도를 완전히 개혁하여 개인이란 것을 사용하고 파괴하고 말소할 수 있는 도구로 바꾸지 않으면 안 된다. 그러나 만일 사회가 개인을 위하여 존재하는 것이라면, 사회의 역할은 개인을 일정한 형태로 만드는 것이 아니고 개인에게 자유의 감각을 부여해서 자유를 희구하는 마음이 생기도록 하는 것이다. 따라서 지금 우리는 이 문제를 어떻게 탐구해 나갈 것인가.

이것은 우리의 사활死活과 관계되는 문제라서 이 진리를 어떻게 하면 발견할 수 있을까. 만일 발견되면 그 진리를 따라 행동해야 좋겠지만, 자유 반경이 자유로워지기 위해서는 당신의 견해에 속박하지 않는다는 전제하에 사회는 '당신'과 '타인', '당신'과 '나' 사이의 인간관계 작용이다. 그렇기에 부단한 내부 혁명과 창조적인 심리변화가 없는 한 그 사회는 정서적인 것이 되어 활기찬 작용을 잃어버리게 되기 때문에 사회는 항상 정적으로 고정화할 필요가 있다.

문화는 추상적인 것이 아니고 지성인도 살아 있는 인간이다. 어떠한 기술적 발명이나 경제적·사회적 상황과 문화 사이의 여러 시기 지식인의 여러 형태 사이에서 자동적 대응 관계를 확립할 필요는 없지만, 우리의 주제를 전체적인 사회화 속에서 새로이 위치를 정 하는 것은 필요할 것이다. 요즘처럼 개인방송이 수없이 많은 상태에서 개인적으로 대응할 수 있을까? 과연 사회적으로 볼 때 하나는 사회적 발전 상태를 기초로 지성인이라는 집단의 성격과 위치, 즉 사회에서 지성인의 방향과 정도를 발전하는 일이고, 또 하나는 공적 생활의 여러 제도에 대해서 지성인이 취하는 여러 가지 입장, 즉 지성인의 정치 참여의 방향과 정도를 결정하는 일이다.

이 두 가지 점은 어느 것을 취하거나 쉬운 일이 아니다. 연구도 적고 이따금 있다고 해도 모두 사회적인 외견에서의 규범적 고려가 존재할 뿐이다. 자료도 없고 국가의 통계도 정확성이 많은 자료는 거의 제공되어 있지 않고 당사자의 의견을 알 수 있는 여론조사로 참고할 뿐이다. 우리는 대개 경제사나 사회사의 배경에 문학을 비롯해 여기저기서 꺼내는 재료를 사회적인 고려하면서 제출할 뿐이다. 아울러 내 본질적인 권리를 내가 지키고 가지고 있는 특권을 위하여 어떤 대가를 치러야 한다는 데에는 동의할 수가 없다. 나의 천품이 아무리 하찮고 천박한 것이라 할지라도 실제의 그대로 자신의 확충이나 부차적인 증언이 필요하지 않다. 내가 반드시 해야 할 바는 모두 나 자신의 관심사지 사람들이 이러쿵저러쿵 생각하고 말하는 것과는 아무 상관이 없다. 이러한 생활 원칙은 실제적 및 지성적인 삶에 똑같이 행하기는 어려운 것이나 위대함과 천박함 사이의 차이를 전체적으로 구별하는 데는 도움이 될 것이다.

이러한 분별은 그대로의 임무를 상대방보다 더 잘 알고 있다는 사람들을 발견하기가 사실상 어렵다. 이 세상에서 세상 사람들이 교과서대로 살아간다는 것은 쉽지 않기 때문에 외로움 속에서 우리 자신을 나름대로 기준을 잡은 가운데서 아주 즐겁게 고독의 독립을 유지해야 한다.

시시각각으로 변모해 가는 요즘 사회에서 가장 단순한 겉모양에 지나지 않는 모든 일이 지지하거나 반대에 치우치지 않고 훌륭한 예법을 가장 노련하고 믿을 만한 유명한 분들도 극단적인 고독 속에서 자연스럽게 우러나오는 생각을 언론 매체에서 종종 볼 수가 있다. 지성인은 밀집된 도시에서 사는 사람들도 그들 자신의 진리를 찾고 있다는 사실을 알리고 있다. 그들의 솔직한 고백 같은 것이 타당성과 지식이 모자라지 않는지 하는 의심을 처음에는 갖게 된다고 한다.

지성인과 문화에서 자연의 깊은 뜻을 고려할 때 우리는 즉시 새로운 사실과 자연과 사회에서 교양이란 사실에 도달하게 된다. 이러한 호응은 그 자체 부분들로 공간, 시간, 사회, 노동, 풍토, 음식, 이동성, 동물, 기계적인 힘 등은 우리에게 매일같이 가장 진지한 교훈을 베풀고 있으며, 그 교훈이 의미하는 바는 무한하다. 교훈은 이해와 이성을 공히 교육하고 있으며, 모든 물질의 견고성이나 내구성, 관성慣性, 신장력, 형태, 분열성에 대한 교육이다. 사회는 지적인 진리에 관한 이해를 돕기 위해 감각적인 대상물을 다루는 차이와 유사하다. 이처럼 이해의 지적 훈련인 동시에 정신의 선견지명에 더욱 심오한 법칙의 경험을 축적하고 있다. 이해와 수양에 있어서 아주 조그만 결함이라도 개인의 전체적인 성격과 운에 영향을 미친다. 예를 들자면, 차이의 지각에 있어서 공간이 있고 시간이 있는 것은 그러한 사물들이 되는 대로 쌓아서 더미를 이룬 것이 아니라 분리되고 개별화된 사실을 사람이 알도록 하자는 것이다. 슬기로운 지성인은 분리하고 동급을 정하는 데는 지혜를 나타내며, 창조물과 장점을 다는 저울은 자연만큼이나 광범위하다. 바보 같은 사람은 자기의 저울에 범위가 없어서 모든 사람이 다른 모든 사람과 같다고 생각한다. 그들은 좋지 않은 것을 가장 나쁜 것이라고 여기기 때문에 마음은 얼마나 침착하고 상냥하게 사회학의 법칙을 준수해야 하는 상황임에도 인간의 통찰력은 그를 품위 있게 도와준다.

감각적인 대상은 도덕적이며, 무한한 변화로 정신적인 사회와 끊임없는 관계를 맺는다. 사람이 더욱더 고상해지려고 원하는 욕구는 사회에 의해서 아름다움을 채워가기 위해 반드시 지난 과거나 앞으로 닥쳐올 미래에 관한 천벌의 모든 풍설에 대항할 현재의 긴장을 강하게 조여 놓아야 하는데, 중대한 문제들이 나아지고 해결되지 않는 채로 많이 남아 있다. 따라서 이러한 문제들이 해결되고 있는 동안 우리는 우리가 평소 하던 대로 처리해야 한다.

인간의 삶은 두 가지 요소, 즉 힘과 형상으로 이루어진다. 삶은 즐겁고 건전한 것으로 하려면 지성인들의 품위와 인성이 중요하다. 이 두 가지 중 어느 한 가지라도 지나치게 되면 그 어느 요소가 부족할 경우와 똑같이 해를 입게 마련이다. 그래서 우리가 예술작품 속에서 찾아볼 수 있는 융통성과 신통성의 결핍을 우리는 더욱 심한 고통을 안고 있는 예술가들에게서 발견한다. 우리는 반드시 지난 과거나 앞으로 닥쳐올 미래에 관하여 무엇이든지 잘 관찰하여 허용하는 범위를 확대하여 사람들이 생각하고 있는 죄악에 대해 경솔하게 이야기하지 않거나, 모든 사람이 절대로 지성인에게는 멋대로 하지 않으면서도 자기 자신에게는 적절한 안전도라고 생각하는 것이 지성인이 보는 관례이다. 그런데 죄는 그렇지 않으면서 객관적인 실체를 가지고 있을 뿐 주관적인 실체는 존재하지 않는다. 그리하여 지성인은 필연적으로 색채를 띠게 하고 모든 객체는 잇달아 주체 속으로 흡수해 버리게 되는 것이다. 아울러 살인자가 보는 살인도 시인이나 소설가들이 생각하고 있는 것처럼 끔찍한 생각일 수도 없으며, 평소처럼 사소한 일들에 대한 주의가 흐트러질 정도로 불안하게 하거나 공포에 휩싸이도록 하지 못한다.

그리하여 오랜 세월에 걸쳐 세상 사람들에게는 반드시 바보 같고 천박한 사람으로 인식을 가졌을 때 미래에 대해 우리가 갈구하고 있는 문제들을 던진다는 것은 죄를 지었다는 고백이나 다름없다. 오늘날 살아가면서 감각적인 질문에 대한 해답을 얻는 유일한 양식은 모든 속된 호기심을 버리는 것이다. 그리고 자연의 신비로 우리를 끌어들이는 실존의 물결에 순순히 응하여 일하면서 삶을 영위하는 것이고, 모든 질문은 영혼을 향상할 새로운 형태를 만들어 내고 늘려 나갈 것이다. 물론 친구들의 언행이 실망하게 하지 않는 범위에서 자신의 인격에 관심을 가졌던 사람으로서 믿을 수 있다는 것을 보여 주는 확실한 형적形迹을 인정받은 사람도 있는 것이다. 우리는 서로 너무나 잘 알고 있는 상황 속에서 그 누가 올바른 사람이냐는 가르치거나 버거있는 것이 열망에 불과한 것인지, 아니면 성실한 노력인지를 알 수가 있는 것이다.

아울러 우리 모두 지성인은 정신의 분별력을 가진 사람들이다. 그 분별력은 우리의 삶을 더 높은 곳이나 잠재능력에 깃들어 있다. 사회적인 교제, 교역, 종교, 우정, 언쟁은 그들의 의지와 달리 우리의 이해력으로 판정할 수가 없다. 학문과 기술로서 참된 발달의 마음속으로

스며든다. 그리고 참된 발달의 틀림없는 지표는 인간이 지니고 있는 품격에서 발견되기 때문에 나이도, 교양도, 반려자도, 서적도, 행동도, 재능도, 이 모든 것을 합친 것도 그 자신보다 고결한 정신에 경의를 표하는 인간 존재가 되는 것을 막을 수 없다. 모든 의견을 이루고 있는 구조는 서로 의지하고 있다는 점에서 태연히 관찰하려고 해도 본의 아니게 그러한 사실을 고백하게 되기 때문에 중심을 찾았다면 무지와 냉혹한 기질, 그리고 불운한 환경의 가면을 통하여 빛나게 되는 것이다.

아울러 위대한 시인에게는 실제로 구사하고 있는 어떠한 재능보다. 뛰어난 인간적인 지혜가 있어서 진리에 맞는 순수한 표현법을 쓰고 있지만, 광란의 정렬과 격렬하고도 조잡한 자극으로 꾸밀 바에야 유익한 영혼과 통할 수 있는 자유로운 진로를 택하는 것이 좋을 듯싶다.

상호의존적인 동양의 삶과 독립적인 서양의 삶

1930년대 미국의 초등학교 교과서에 「딕과 제인」이라는 이야기가 실렸다.

'딕이 뛰는 것을 보아라. 딕이 노는 것을 보아라. 딕이 뛰면서 노는 것을 보아라.'

한 독립된 개체로서 개인의 행위를 묘사하고 있는 이 문장들은 서양의 개인주의적인 관점을 잘 드러내고 있다. 반면에 똑같이 한 남자아이의 행동을 묘사하고 있음에도 불구하고 중국의 초등학교 교과서는 사뭇 다른 내용을 담고 있다.

'형이 어린 동생을 돌보고 있구나. 형은 어린 동생을 사랑해. 그리고 동생도 형을 사랑해.'

이 문장들은 독립된 **개인**의 개별 행위가 아닌 개인과 주변 인물 간의 관계를 부각하고 있다. 어린이들이 처음 접하는 교과서에 이미 인간관계를 중요시하는 동양 문화가 반영된 것이다.

이렇게 동양과 서양의 서로 다른 자기 개념은 무엇인가. '당신 자신에 대하여 말해 보시오.'라는 요구는 누구나 쉽게 이해할 수 있는, 지극히 상식적인 것으로 보인다. 그러나 자아개념(self-concept)을 묻는 이 질문에 대한 대답은 문화에 따라 천차만별이다.

미국과 캐나다인들은 주로 형용사(친절하다, 근면하다)를 사용하거나 자신의 행동(나는 캠핑을 자주 한다)을 서술한다. 이에 반해 중국·일본·우리나라는 주로 자신이 속해 있는 사회적 맥락을 동원하여 대답하고(나는 친구들과 노는 것을 좋아한다. 나는 직장에서 아주 열심히 일한다), 또한 자신의 사회적 역할에 대해 많이 언급한다. 한 연구에 따르면 일본인들은 맥락을 제시해 주지 않은 채로 자신을 기술하게 하면 어려워하지만, 친구들과 있을 때나 직장에서와 같은 특정한 맥락을 제시해 주고 그 상황에서 자신을 기술하게 해낸다. 그러나 미국의 경우 이와 정반대의 패턴을 보였다. 또 다른 연구에서는 자신을 기술할 때 '다른 사람'을 언급하는 정도가 일본인이 미국인보다 2배나 높았다고 한다(나는 내 누이와 요리를 같이 한다).

'모난 돌이 정 맞는다'라는 동양의 격언은 동양문화에서 개인의 개성이 자유롭게 표현하기보다는 억압되어 왔음을 보여 준다. 일반적으로 동양사람들은 서양사람들에 비해 개인의 성공을 덜 중시하며, 그보다는 집단체제의 목표 달성이나 화목한 인간관계를 더 중요시한다. 개인의 독특한 개성을 무조건으로 환영하지도 않는다. 동양인들에게는 개인의 만족감은 자신의 집단 구성원들의 기대에 부응하고 그들과 화목한 관계를 맺고 있다는 자각에서 비롯된다고 볼 수 있다. 동양인들의 인간관계를 지배하는 규칙은 보편적(universal)이라기보다는 특수(particular)하며, 각자가 마땅히 행해야 하는 역할에 근거하고 있다고 한다.

한번은 절친한 동양인 친구 하나가 미국의 몇몇 가정을 방문했을 때 가장 의아하게 느꼈던 점을 이렇게 털어놓았다고 한다. 미국 가정에서는 누구든 '고맙다'라는 인사를 건넨다는 것이다.

"식탁을 정리해 줘서 고마워, 샘. 세차를 해줘서 고마워, 존."

그러나 자기 나라에서는 각자가 마땅히 엄수해야 하는 엄격한 임무를 이행했다고 해서 고맙다고 말하지 않는다는 것이다. 실제로 미국과 유럽을 제외한 세계의 많은 나라에서는 개인의 선택은 상대적으로 그리 중요하게 간주되지 않는다. 어느 동양 친구 말에 의하면 슈퍼마켓에서 40개가 넘는 시리얼을 놓고 선택하는 나라는 미국밖에 없을 것이라고 말했다. 전향적 사고에서 바라본 개인은 항상 어떤 구체적인 맥락 속에서 어떤 사람과 구체적인 어떤 관계를 맺는 존재인 것이다. 따라서 사회적 상황에서 인간을 분리해 그 행위나 속성을 추상적으로 생각하는 것은 동양의 사고방식에서 매우 낯선 일인 것이다.

철학자 도널드 먼로의 표현을 빌자면, 동양인들은 인간을 가족이나 사회 혹은 도의 원리와 같은 전체와의 관련성 속에서 파악한다. 인간은 인간 속에서 행동하고 있기에 완전하게 독립적인 행위를 한다는 것은 불가능하며, 그리 바람직한 일도 아니다. 동양인에게 있어서 행위란 다른 사람들과의 관계에 의해 조정되고, 또한 다른 사람들에게 영향을 주는 것이기 때문에 인간관계에서 조화를 유지하는 것이 사회생활의 가장 중요한 목표가 된다. 동양인들은 자신들이 속한 내집단에 대해서는 강한 애정을 보이지만, 외집단이나 그저 아는 사이인 사람들에게는 상당한 거리를 둔다는 것이다. 그들은 외집단 사이에도 일정한 거리를 두고 싶어 하며, 내집단원이나 외집단원을 크게 구분하지 않는 보편주의적 행동 원리를 다르다는 것이다.

동양과 서양의 이러한 차이는 그들의 언어에도 일부 반영되어 있다. 중국에는 영어의 'individualism'에 정확하게 부합하는 단어가 존재하지 않는다. 가장 근접한 단어인 '개인주의'는 어쩔 수 없이 '이기적'이라는 뉘앙스를 풍긴다. 또한 사람을 의미하는 한자 人도 사람은 혼자서는 살 수 없고 두 사람이 서로 기대야 살 수 있다는 의미로 만들어진 글자이다. 일본에서는 일인칭 주어를 대화 중에 자주 생

략하며, '나'에 해당하는 말이 맥락에 따라서, 대화 상대의 관계에 따라 각각 다른 용어로 표현된다. 예를 들면 여자가 공적인 자리에서 연설할 때는 자신을 표현하는 말로 '와다시わたし'란 단어를 주로 사용하고, 남자가 대학 동기들과 관련하여 자기를 표현할 때는 '보쿠ボク. 오레ォレ'를 사용하고, 아버지가 자녀에게 이야기할 때 '오토상おとうさん'이라는 단어를 사용하는 것도 그 어원은 '집단'에서의 '내 부분'을 의미한다. 영어의 'Could you come dinner?'도 한국어로 말할 때 'you'와 'dinner'에 해당하는 말이 상대에 따라 달라진다.

이러한 차이는 동양인들이 더 예의를 차린다는 것을 의미하기도 하지만 거기에는 '개인이 각기 다른 사람들과 상호작용을 할 때 각각 상황에 따라 각기 다른 사람이 된다'는 뜻이 동양인의 깊은 신념이 담겨 있다고 볼 수 있다. 이렇게 동서양의 자기 개념의 차이는 자신을 얼마나 독특한 존재로 보는가 하는 문제에서도 발견된다. 서양사람은 자신의 독특성을 과대평가하는 성향이 있지만, 반면 동양은 그러한 착각을 좀처럼 하지 않는다.

사회심리학자들이 재미있는 연구를 하였는데, 여러 대상의 그림을 보여 주고 그중 한 사물을 선택하게 한 결과 미국인들은 가장 희귀한 것을 고르고 한국인들은 가장 보편적인 것을 골랐다고 한다. 같은 연구에서 볼펜을 선물로 주고 고르게 했더니 미국인들은 가장 희귀한 색의 볼펜을 골랐으며, 한국인들은 가장 흔한 색의 볼펜을 골랐다. 이 결과 미국인들은 항상 남의 눈에 띄고 싶어 하나 한국인들은 늘 암들 정도만 되고 싶어 한다는 것이 증명되었다.

이같이 대조적으로 동양인들은 많은 속성을 평가하는 데 있어 자신을 평균 이하라고 평가하는 경향이 강하다. 동양인의 자기 안에 긍정적인 속성이 없을 뿐 아니라 나쁜 특성이 많이 있다고 보고하는 경향도 있어, 그저 더 겸손하기 때문이 아니라 실제로도 자신이 덜 긍정적으로 평가한다는 사실이 연구 결과를 통해 밝혀졌다. 물론 동양인들은 자신의 특성을 일부러 부정적으로 보는 것이 아니라, 그보다 자신이 '특별하다. 남들보다 탁월하다'라고 믿게 하는 문화적 압력이 없다. 관계를 중시하는 동양 사회에서 개인의 과제는 '남들보다 더 뛰어나다, 혹은 더 독특하다'라는 평가를 얻어내는 것이 아니라 복잡한 인간관계 속에서 화목을 유지하고, 집단의 목표를 달성하기 위해 자신의 몫을 다하기 때문이다. 이를 위해서는 어느 정도 자기비판이 필수이다. 다른 구성원들을 불편하게 하거나 과제의 달성을 방해하는 개인의 단점이나 특성을 반드시 고쳐야 하기에 동양의 학교에서는 학생들에게 남들과 마찰 없이 더불어 사는 법을 가르치지만, 서양에서는 학생들이 자신을 '특별한 존재로 느끼도록 가르친다. 일본의 학생들은 인간관계를 부드럽게 하고 자기 능력을 더 개발하기 위하여 자기반성을 하도록 교육을 받는다.

이렇듯 서양의 독립성과 동양의 상호 의존성이라고 할까, 그래서 서로 다른 두 가지 유형의 사회가 존재한다는 것이기에 독립성과 상호 의존성에 대한 훈련은 아이들의 잠자리부터 시작된다. 미국에서는 어린아이가 태어나는 순간부터 부모와 다른 침대에 잠을 재우지만, 이는 동양에서는 매우 드문 일이다. 아이들이 깨어 있는 시간에 나타나는 두 문화 간의 차이는 훨씬 더 심하다. 중국에서는 어린아이를 가운데 두고 어른들이 빙 둘러앉아 아이를 지켜보며 귀여워하고, 일본 아이들은 늘 어머니와 붙어 다닌다. 일본인들은 어머니와의 친밀성을 평생 유지하고 싶어 한다. 서양에서는 아이들의 독립성을 키우기 위해 어릴 때부터 매우 분명한 교육을 한다. 서양 부모들은 자녀가 스스로 자기 일을 선택하고 결정하기를 바란다. 그러나 동양 부모는 자녀에게 가장 좋은 것은 무엇인지 알고 있다고 믿기 때문에 자녀의 일을 자신들이 결정하려 한다. 서양 아이들은 독립성에 대한 교육이 워낙

잘돼 있어, 때로 자신의 선택의 자유가 침해되면 심하게 반항한다. 따라서 서양사람들의 '보편적인 규칙에 대한 집착'은 개인과 개인, 조직과 조직 사이의 계약에 대한 생각에도 영향을 미친다. 그들은 계약이란 한번 맺으면 영원한 것이라고 믿는다. 설사 상황이 변해서 계약 내용이 한쪽에 불리해지더라도 계약을 변경할 생각을 하지 않는다.

그러나 상호의존적이며, 고 맥락 사회인 동양에서는 상황이 변하면 계약 내용도 바뀔 수 있다고 믿는다. 이러한 차이 때문에 국가 간의 마찰과 오해가 생겨 1970년대 중반 일본과 오스트레일리아의 '설탕 계약' 문제가 그것을 잘 보여 준다. 일본의 설탕 제조업자들은 오스트레일리아의 설탕 공급업체와 1톤에 160달러로 5년 계약을 체결했다. 그러나 그 후 세계 설탕 가격이 폭락하자 일본은 상황이 변했으니 계약 내용을 변경해 달라고 요구했으나 오스트레일리아는 계약은 계약이라며 정색했다. 계약을 보는 관점이 다르기에 일어난 해프닝이라고 할 수 있다.

물론 독립성이냐 상호 의존성이냐는 반드시 양자택일의 문제는 아니다. 어떤 사회에서든 어떤 개인이든, 동양인들은 사회에 존재하는 수많은 상호의존적 단서들을 통해 끊임없이 상호의존적인 사람이 되도록 유도되고 있고, 서양인들은 독립적 단서를 통해 독립적인 사람이 되도록 늘 점화되고 있다고 해도 과언이 아니다. 어떤 상호의존적인 사회에서 지내게 되면 상호의존적 단서에 점화되어 그 방법으로 사고하게 될 가능성이 높기 때문이다.

지금까지 요약하자면 평균적으로 동양인과 사양인 사이에는 매우 큰 사회 심리적 차이가 존재한다. 동양인들은 상호의존적인 사회에서 살기 때문에 자신을 전체의 일부분으로 생각하지만, 서양인들은 독립적인 사회에서 살기에 자기를 전체로부터 독립된 존재로 여긴다.

동양인의 성공과 성취란 자신이 속한 집단의 영광을 의미하나, 서양인은 개인 업적을 의미한다. 동양인은 인간관계 속에서 조화롭게 '적응'하기 위해 끊임없이 자기비판을 하지만, 서양인은 개성을 중시하기 때문에 자신을 긍정적으로 보려고 노력한다. 아울러 동양과 서양 사이는 이러한 차이가 양쪽 모두 모두 그대로 적용되는 것은 아니기에 서양 사회에도 동양인과 비슷한 사람이 있고, 동양 사회에서도 생각하고 행동하는 것이 서양인에 더 가까운 사람도 있다. 또한, 나이가 들면서 한 개인의 특성이 변하기도 하고, 이러한 문화 내의 차이에도 불구하고 평균적으로 보았을 때 동양인과 서양인 사이에 큰 차이가 존재하는 것은 엄연한 사실이다.

한국 근대소설 김동리의 작품감상
― 「무녀도」 / 「흥남 철수」 ―

　김동리金東里(1913-1995)는 경주 출생, 본명은 시종始鐘이다. 대구 계성중학과 경신고등보통학교에서 수학하였다. 1934년 〈조선일보〉 신춘문예에 시 「백로」 입선, 1935년 〈조선중앙일보〉에 단편소설 「화랑의 후예」 당선으로 등단. 중앙대학교 예대 학장을 지냈으며, 주요 작품은 「무녀도巫女圖」 「역마」 「밀다원 시대」 「황토기」 「등신불」 「까치소리」 「찔레꽃」 외 다수가 있다. 해방 후 한국청년연합회를 결성하였으며, 순수문학, 본격 문학론, 신인간주의 문학을 발표하였다.

■ 무녀도

　'나'는 아직 세상에 태어나기 이전의 어느 봄날 할아버지께서 사랑방에 계실 때 어떤 사내와 귀머거리인 그의 딸이 찾아왔다. 그때 소녀가 남기고 간 그림이 무녀도이고 나는 이 그림에 얽힌 이야기를 할아버지에게서 듣는다.
　경주읍에서 십여 리 떨어진 잡성촌이란 마을, 도깨비굴같이 낡고 헌 기와집에 무당 모화와 그의 딸 낭이가 살고 있었다. 모화는 자기 딸을 수국 꽃잎이라고 생각했고, 또한 세상의 모든 생물들을 귀신으로 보고 '임'이라 불렀다. 이렇게 사람들의 별 왕래 없이 쓸쓸하게 살던 어느 날, 아홉 살 때 공부하러 절간에 간 뒤 소식이 없던 모화의 아들 욱이가 돌아온다. 어딘가 품위가 있고 아름다운 얼굴을 한 욱이는 기독교 신자가 되었다. 여기서부터 모화와 욱이의 갈등은 시작된다. 모화는 욱이가 귀신에게 홀렸다며 푸념하게 되고 욱이도 하나님께 간절히 기도드리면 그 어미와 누이동생에게 들어 있는 사귀를 내쫓을 수 있다고 믿게 된다.

　욱이는 그가 지금까지 배워 왔던 평양 현 목사와 이 장로에게 도움의 편지를 보내게 되는데 그 후 집으로 돌아온 욱이에게 낭이의 태도가 야릇하게 변한다. 낭이는 욱이를 이성으로 느끼는 것이다. 그 일이 있고 난 뒤 욱이는 또다시 집을 나갔다가 돌아오는데, 그날 밤 모화는 욱이의 성경책을 불태우며 푸닥거리를 한다. 이것을 본 욱이는 짓누르는 듯한 심장을 진정시키고 부엌문을 박차고 들어가 생수 그릇을 집어 들려 한다. 그러나 그전에 모화의 손에는 식칼이 들려 있었고, 상처를 입게 된 욱이는 병석에 눕게 된다. 모화가 욱이의 병간호에 정성을 다했으나 병은 더 악화하여 가고 이즈음 잡성촌에도 조그만 교회당이 서고 전도사가 들어오게 된다. 이리하여 보수적인 이 마을에도 기독교가 전도되기 시작하고, 모화는 이를 잡귀신이라 비방하며 부흥목사의 이적異蹟을 요술 단이라 코웃음 친다. 예수교도들이 나팔을 불고 북을 치며 응수하곤 한다. 그러던 중 욱이는 현 목사를 보고 성경책을 갖고서 편안히 눈을 감는다. 모화는 거의 음식을 전폐하고 예수 귀신을 물리치는 푸념만 하다가 마지막 굿을 벌이는데, 죽은 김씨의 혼이 건져지지 않자 물속으로 점점 빠져들어 가 결국 죽음에 이르게 된다. 그 후 열흘쯤 뒤에 낭이의 아버지가 찾아오게 되고 낭이는 '아버지'라고 부르며 말문이 트이게 된다.

　무녀도는 김동리의 수많은 작품 중 그의 대표작의 하나로 평가되고 있다. 이 소설에서는 무당 모화와 그녀의 딸 낭이, 그리고 낭이의 씨 다른 오빠 욱이의 세 인물이 등장한다. 이중 소설로서의 드라마는 모화와 욱이 사이에 전개된다. 욱이는 어릴 때 가출하여 각지를 전전하다가 기독교인이 되어 돌아온 청년이다. 그러니 무당인 어머니 모화와의 충돌은 당연한 귀결이라 할 수밖에 없다.

이 충돌은 한국 토속 신앙과 기독교 신앙의 대립에서 오는 것이요, 이 충돌은 바로 이 소설 드라마의 주류를 형성하는 것이다. 이런 배경을 소설은 다음과 같은 내용으로 묘사하고 있다.

"군데군데 헐려져 가는 쓸쓸한 돌담과 기와버섯이 퍼렇게 뻗어 오른 묵은 기와집과 우묵한 잡초 속에 구물거리는 개구리 지렁이들과 그 속에서 무당과 귀머거리 귀신이 들린 딸의 세계와 명랑한 찬송가 소리와 풍금 소리와 성경 읽는 소리와 모여 앉아 기도를 올리고 빛난 음식을 향해 즐겁게 웃음을 주는 세계이다."

이 토속 신앙과 기독교 신앙의 대립에서 모화는 필경 예기소의 깊은 물 속에 빠져 죽고 마는 것이다. 이 모화의 죽음은 외래 사상인 기독교 신앙 때문에 한국의 토속 신앙이 패퇴하는 비극을 상징한다. 물론 모화만이 죽는 것이 아니다. 욱이 역시 죽는다. 그러나 욱이의 죽음은 모화의 그것과는 성질이 다르다. 모화의 죽음은 오직 파멸 그것으로 끝나지만, 욱이의 죽음은 교회의 설립이란 열매를 남긴 죽음이다. 한쪽은 승리의 죽음이라 할 수 있다.

〈문학사적 의의〉

기독교 신앙과 토속 신앙의 대결 구도로 전개되었다. 이 작품에 나타난 기독교 신자인 아들 욱이와 무당인 어머니 모화의 관계를 살펴보기로 하자. 우선 모자 사이에 오고 가는 대화이다.

"불도가 아니고 그럼 무슨 도가 있어."

"오마니, 난 절간에서 불도가 보기 싫어 달아났댔쇠다."

"불도가 보기 싫다니? 불도야 큰 도지. 그럼, 넌 뭐 신선도야."

"아나요, 오마니, 난 예수도올시다."

"예수도? 그래 예수돈가 하는 데서는 밥 먹을 때마다 눈을 감고 주문을 외이나?"

"오마니, 그건 주문이 아니외다. 하느님 앞에 기도드리는 것이외다."

"야아 너 잡기는 다 틀렸구나!"

이러한 갈등은 마침내 격화되어 모화는 욱이와 물그릇 사이에 식칼을 두르며 춤을 추는 것이다. 이때 모화는 분명 식칼로 욱이의 면상을 겨누어 치려는 것이다. 그리고 끝내는 비극을 불러일으키게 된다.

봉창에서 방 안으로 붙어 들어가는 불길을 덮쳐 끄는 순간, 뒤 등허리가 찌르르하여 획 몸을 돌이켜 볼 때 이미 피투성이가 된 그의 몸은 허옇게 이를 악물고 웃음 웃는 모화의 품속에 안겨져 있었다.

결국, 무녀도는 샤머니즘과 기독교의 갈등을 너무 논리적인 계산으로 그린 느낌이 든다. 또한 한국적인 샤머니즘에 대한 전통적인 이해나 사회학적이며 민중적인 새로운 문제 제기, 엑스터시스의 특수한 신비감과 미학을 표현하려 하지 않았다는 말도 듣는다. 그럼에도 이 소설이 한국 문학사상 확고한 위치를 차지하는 것만은 사실이다.

1936년 『월간중앙』에 발표되었던 「무녀도」는 「황토기」와 더불어 김동리의 대표작이라 할 수 있다. 「무녀도」는 두 번의 개작을 거쳐 완성된 작품으로 알고 있다. 독특한 소재와 비중 있는 주제, 정밀한 구조와 절제 있는 언어의 구사, 그리고 애잔하고 비극적인 분위기 묘사가 뛰어난 작품이다.

그 당시 일제 식민지에 대한 현실 인식과 인간 본질을 규명하려는 김동리의 의식이 그대로 드러난 이 **작품의 의의**를 살펴보면 다음과 같다.

① 이 글에 나타난 모화의 집은 하나의 원시 세계를 인식시켜 주면서 인간과 자연이 일치되는 것을 보여 준다.

② 이 작품에 나타나는 욱이와 모화의 죽음은 동리의 문학적 특색인 허무의 색채를 잘 드러내고 있다. 또 한편으로 물로 빠져들어 가 죽는 모화의 죽음은 자연 회귀적이라고 할 수 있다.

③ 인간의 실존을 자연의 조화와 질서의 원리 속에서 샤머니즘의 패배보다 인간성 옹호라는 주제를 담고 있다. 그리고 우리의 무속 가운데에 민족 고유의 정신적 가치가 있다고 본다. 아울러 이것을 현대적 의미로 되살렸고, 동리 문학에서는 위에서 강조했듯이 샤머니즘의 본질적 탐색과 인간의 원초적 비극을 그렸다고 나는 생각한다.

이상과 같이 현대문학에서의 조화와 질서가 확립되고 윤리의식이 뚜렷해야 자라나는 세대들의 인성교육에 크게 기여하게 되는 것이다.

항상 책을 보는 습관을 길러야 하며 비록 문학인이 아니더라도 스마트 폰 대신 책을 끼고 다니는 그런 사람이 되었으면 한다. 일요일 오후 조용한 공간에서 위의 책을 읽으면서 여러 가지로 얻은 것이 많다. 다소 지루하고 어렵더라도 몇 번 읽으면 이해가 가리라 믿는다.

■ 흥남 철수

계속해서 북진하던 유엔군은 중공군의 대거 침입으로 철수하기 시작하였다. 철의 일행 세 사람은 북으로 가려던 계획을 취소하고 일단 흥남으로 돌아갔다. 그들은 사회단체 연합회에서 파견되어 수복지구의 동포들에 대한 계몽, 선전, 그리고 위안을 주는 임무를 맡았다. 그래서 흥남에서 정훈 책임을 맡고 있는 강 대위의 부탁으로 흥남 사람들에게 신뢰감과 희망을 품도록 '위안의 밤'을 개최하게 되었다. 이

위안의 밤이 시작되던 날에 정인수라는 사람의 소개로 알게 된 윤시정이라는 소녀의 봉선화 독창은 모든 사람을 감동하게 했다. 이를 계기로 일행 셋은 시정의 집으로 거처를 옮기게 되었다. 거기에는 윤 노인과 시정의 언니 수정, 그리고 시정, 이 세 식구가 살고 있었는데, 언니 수정이는 병을 앓고 있어 방문 밖 출입을 하지 않았다. 그러나 술에 만취한 철은 새벽녘에 수정을 안고 자는 자신을 발견한다. 한밤중에 일곱 사람의 손님이 와서 그들은 주인 식구와 잠자리를 같이한 것이다. 그때 처음으로 수정을 본 철은 그녀가 앓는 병이 무슨 병인지 알지 못하고 그곳을 떠나게 된다.

십이월 초이튿날, 흥남으로 돌아온 철과 그 일행은 동북 전선의 철수가 있다는 사실을 알고 강 대위에게 그들 세 사람이 서울로 갈 수 있도록 일단 원산까지 차편을 부탁한 뒤 다시 윤 노인 집으로 돌아왔다. 철은 취중에 했던 시정이를 서울로 데려가겠다고 했던 말에는 상관없이 정훈대에서 차편을 기다렸다.

사흘이 지난 후에 차가 도착하여 그들 셋은 표를 얻어 타려 했으나 정인수가 남게 되었다. 철은 정인수 뒤에 서 있는 그 어머니, 부인, 딸을 보며 자기 표를 양보하고 억지로 타려 했으나, 결국 놓치고 다시 윤 노인 집으로 가게 된다. 거기서 철을 따라 서울로 가려던 시정을 다시 만나게 되고 철은 그들을 위로하며 피난 갈 수 있으리라 확언한다. 그러던 중 수정이의 병이 발작 증세라는 것을 알게 된다. 그 후 열흘 지나 함흥과 흥남은 동부전선의 후퇴에 있어서 결정적인 지점이 되었다. 11일에서 14일 사이에 흥남은 자유 전선의 교두보가 되었다. 본격적인 피난이 시작되고 철은 강 대위 도움으로 시정이와 수정이를 군인 가족으로 등록시켜 20일 LST 수송선에 오르게 되었다. 그동안 연락이 없던 윤 노인은 일반에다 추가 등록시켰으나 그냥 타려 했다. 그러나 그들이 부둣가로 걸어가던 중 수정이가 발작을 일으키게 되자 철은 그녀를 부축해 가고, 이어 윤 노인이 쌀자루와 옷 보퉁이를 들고 갔다. 힘들게 걸어가던 윤 노인은 그대로 바다에 몸을 떨어뜨렸고 그것을 본 시정이는 아버지를 부르며 부두로 달려가는 동안 배는 출발하게 된다.

등장인물 박철은 현실에 부응하면서도 인간 본연의 자세를 잃지 않는 인물이며, **배경 및 시점**은 전쟁 상황 속에 흥남부두가 배경인 전지적 작가 시점의 작품이라 할 수 있다.

〈문학사적 의의 및 감상〉

이 글에서 김동리는 박철이라는 주인공, 시정과 간질을 앓고 있는 수정이라는 두 여자, 그리고 그들의 아버지 윤 노인의 이야기를 통하여 한국전쟁 당시 흥남 철수의 긴박한 상황을 극적으로 재현해 보려고 하였다. 그러나 이 작품은 흥남 철수라는 커다란 역사적 현장을 리얼하게 재현해 냈다는 의미는 있지만, 문학성 측면에서 본다면 김동리의 다른 작품에 비해 떨어진다는 감은 있다. 이것은 두 자매의 이야기와 흥남 상황이 서로 긴밀하게 관련되지 못했기 때문에 이 작품은 흥남 철수라는 상황에 주인공과 두 여자의 멜로드라마가 혼합된 듯한 느낌을 주고 있다는 것이다.

한국문인협회 관악지부 봄철 문학기행
— 김유정문학촌 및 신숭겸 장군 묘 유적지 탐방 —

  2024년 4월 13일(토) 관악구청 정문에서 오전 7시에 출발하여 강원도 춘천시 신동면 '김유정문학촌'을 향하여 상큼한 봄 향기를 따라 버스가 가로지른다. 따스한 봄바람 뒤꽁무니를 따라 다른 전세버스도 덩달아 봄기운 받으며 신나게 질주한다. 관악문인협회에서 개최하는 김유정문학촌과 장절공 신숭겸 장군 묘역 유적지 및 시 낭송 등을 주제로 봄철 문학기행 탐방을 하게 되었다. 우리 협회의 다소 어수선한 시기를 마무리하고 우여곡절 끝에 전임 회장 건강상 유고로 그동안 관악문인협회 수석 부회장인 이춘원 시인이 회장으로 선출되어 한마음 한뜻으로 이번 문학기행으로 추진하게 되었다.

  회원 30여 명은 설레는 마음으로 관악구청 정문 앞에서 오전 7시에 출발하는 버스에 몸을 실었다. 강원도 춘천시 신동면 김유정문학촌을 비롯해 장절공 신숭겸 유적지(묘) 춘천시 서면으로 문학기행 탐방차 달려가고 있다. 모두가 일찍 일어나 아침 식사를 거른 채 버스에 앉아 집행부에서 준비한 식사용 음료와 떡으로 아침을 하면서 문학기행 안내 책자를 통해 사전 지식을 공유하면서 버스 창밖에 봄이 무르익은 산천을 눈요기하다 어느덧 김유정문학촌에 9시 30분에 도착하

였다.

　김유정金裕貞 선생은 강원도 춘천 출생, 휘문고보를 거쳐 연희전문학교 문과 중퇴. 1933년 『신여성』에 「총각과 맹꽁이」를 발표했으며, 1935년 〈조선일보〉에 「소낙비」, 〈조선중앙일보〉에 「노다지」가 당선되어 등단. 순 문예 친목단체인 '구인회' 회원으로 활동. 주요 작품은 「노다지」「금 따는 콩밭」「산골나그네」「따라지」「봄봄」「동백꽃」「가을」「땡볕」 등. 그는 해학적인 필치와 사실적인 묘사로 주옥같은 단편소설의 세계를 추구했으며, 선의의 인간에 대한 애정을 형상화한 작가로 평가되어 왔다.

　문학촌에 도착한 작가회원들은 이선자 문화관광해설사의 안내를 받아 선생의 삶과 작품 「동백꽃」에 대한 이야기를 들었다. 우리 가슴 속에 깊은 감동을 준 이 작품의 주제는 사춘기 소년 소녀의 애정 갈등과 화해를 다룬 작품이며, 등장인물 역시나 상대의 애정 표시를 감지하지 못하는 순박한 시골 총각, 계층 간 차이로 인해 열등감과 열일곱 살 사춘기의 소녀로서 자신의 상대방에 대한 애정이 무시되고 받아들여지지 않는 데 대해 심술부리며 안타까워하는 마름집의 딸 이야기를 시골 마을을 배경으로 해 씌어진 작품이다.

　이 작품의 의의와 감상은 「동백꽃」이 단순히 희극적 해학만을 노린 작품과 다르다는 것을 알게 되었다. 그렇다고 이 작품이 희극적 표현 내지 해학적 기교와 무관하다는 것은 물론 아니다. 분명히 익살과 해학이 풍부한 작품이며. 해학은 나와 점순이와의 갈등의 양상이나 언어적 표현을 통해 나타나 있고. 김유정 특유의 익살은 그의 창작이 지닌 특이한 흥미이고 매력임이 분명하다. 그러나 그런 해학적 매력이 경박한 흥미의 수준을 넘어설 수 있는 것은, 당시 농촌사회의 절실한 이야기를 생생하게 그려 낸 작품으로 우직하고 순박한 주인공, 그리고 사건의 의외적인 전개와 엉뚱한 반전, 매우 육담적肉談的인 속어·비어의 구사 등 선생의 탁월한 언어 감각으로 1930년대 한국소설을 개척했다는 단편소설의 재미를 더했다고 해설사는 강조하였다.

　김유정문학촌은 강원 특별자치도 문화유적지 내 최초로 '문학진흥법'에 의해 '강원 특별자치도 제1호 공립 문학관'으로 등록됐으며, 김유정 동상은 1994년 10월 춘천 문화예술회관 앞뜰에 건립되었다가 2002년 김유정문학촌 개관 당시 김유정 선생의 생가로 이전하였다. 이후 시민들과 더욱 가까워질 필요성이 있다는 지역 문인들의 염원으로 2023년 3월 김유정문학촌 낭만누리동 앞마당으로 재이전하였다. 아울러 김유정 문학비는 1994년 10월 20일 강원일보가 주축이 된 김유정기념사업회에 의해 건립되어 춘천 서면 금산리 북한강 변의 '춘천문학공원' 내에 2014년 10월 27일 건립하였다. 문학비 뒷면에는 김유정의 수필 「오월의 산골짜기」 전문이 실려 있고, 문학비 뒤로 물길은 신연강으로 접어들고 멀리 보이는 봉의산이 보인다.

김유정 기적비紀蹟碑

실레마을 금병의숙 터 앞마당에 1978년 3월 29일 기일을 맞아 건립됐다. 휘호는 소설가 김동리 선생이 썼으며, 금병의숙은 김유정 선생이 23세이던 1931년 고향 실레마을로 돌아와 세운 야학당夜學堂을 그 이듬해 금병의숙으로 개칭해 간이학교로 인가받아 후학을 가르친 곳이다. 현재 금병의숙 자리에는 표지석만 있고 마을회관이 있다.

곳곳을 둘러보고 문화관광 이선자 해설사의 설명을 듣고 많은 것을 느꼈다. 얘기인즉슨, 김유정은 어릴 적부터 부친이 일찍 사망한 관계로 정서적으로 불안하고 실의에 빠져 있다가 어느 날 정신이 번쩍 들어 마음을 정리하고 한문 수업을 4년 동안 받았고, 1923년 휘문고에 입학하고, 졸업 후 연세대 전신인 연희전문 문과에 입학하여 1928년 2학년 때 더 배울 것이 없다는 이유로 학교를 자퇴한다. 그 후 1930년 전국을 방랑하다 가슴막염을 그때부터 앓기 시작하여, 그때의 병으로 결국 29살이라는 젊은 나이로 요절했다. 그러나 김유정 본인도 그 가슴막염이 죽음에 이르리라는 것은 생각조차 못 했을 것이다.

1931년 춘천 실레마을에서 야학을 열어 배움의 길을 택했지만, 다시 전국의 금광을 돌아다니느라 몸도 쇠약해져 포기하고 1932년에 본격적으로 깨우쳐서 농촌 계몽 운동으로 실레마을에 금병의숙을 설립하고 단편소설을 쓰기 시작하였다.

실레 이야기길

도란도란 열여섯 마당이라 하여 지금은 금병산에 둘러싸인 모습이 마치 옴폭한 떡시루 같다 하여 이름 붙여진 실레(증리)는 작가 김유정의 고향이며, 마을 전체가 작품 무대로서 지금도 점순이 등 소설 12

편에 등장하는 인물들이 실제로 있었던 이야기가 전해지고 있다. 이를 바탕으로 만들어진 금병산 자락 실레 이야기 길을 만들어 많은 문학인을 비롯한 관광객들이 선생과 선생의 작품을 생각하며 걷는다.

문단 생활 2년 동안 무려 30여 편의 작품을 남긴 선생은 당시 1930년대 문학의 주 경향의 하나인 최적한 장소에, 최선의 말을 배치하는 조사법이 뛰어난 작품을 많이 썼다. 또한 그의 문학적 특징은 정확한 문장과 독특한 유머로 대부분 농촌을 배경으로 하여 인간의 욕망과 물욕, 정욕, 생활 풍속의 단면을 현실주의적 기법으로 묘사했다고 한다.

김유정은 1935년 단편소설 「소낙비」가 〈조선일보〉 신춘문예에 당선되었고, 「노다지」가 〈조선중앙일보〉에 당선되어 문단에 등단하였다. 그리고 그해에 단편소설 「산골」 「금 따는 콩밭」 「봄봄」 「만무방」 「아내」 「술」 등을 발표하였으며, 1936년 「동백꽃」 「산골나그네」 「가을」 「두꺼비」 「옥토끼」 「정조」 「야맹」 등을 발표하였고, 1937년에는 「따라지」 「땡벌」, 그리고 미완성의 장편소설 『생의 반려』를 연재 중 앓고 있던 가슴막염이 도화선이 되어 폐로 전이되는 바람에 경기도 광주군 중부면 상산곡리 매형 댁에서 요양하다가 1937년 3월 29일 젊은 나이로 요절했다.

김유정의 「동백꽃」은 단순 희극적 해학만을 노린 작품과는 다르다는 것을 알 수가 있단다. 그렇다고 이 작품이 표현 내지 해학적 기교와 무관하다는 것은 물론 아니다. 분명히 익살과 해학이 풍부한 작품이라고 한다. 이 「동백꽃」 작품에서 나와 점순이와의 갈등의 양상이나 언어적 표현을 통해서 잘 나타내는 김유정의 익살은 그의 창작이 지닌 특이한 흥미요, 매력임이 분명하다고 한다. 이처럼 3년여 만에 많은 단편소설을 발표하였던 것은 탁월한 재능이 숨겨져 있었기 때문이었다고 한다. 그리고 안타깝게도 문학관으로 인정받지 못하고 문학촌으로 등재된 것은 참 안타깝다. 그것은 29살 젊은 나이에 요절한 관계로 작가의 유품이 존재가 되어 있지 않아서 문학촌으로 명명한 것이라 한다. 참고로 문학관과 문학촌의 차이는 작가의 유품이 있고 없는 것으로 결정된다고 한다.

몇 년 전에 우리 관악문인협회에서 문학기행을 다녀왔지만, 세월이 너무 변해 그때보단 단장과 주변이 잘 조성되었다.

장절공 신숭겸 유적지(묘)

문화관광해설사 민병도 선생에 의하면 춘천 서면에는 한국 8대 명당 중 하나로 꼽히는 자리가 있고, 이 자리에는 신숭겸 장군 묘역이 있다. 신숭겸 장군은 홍유, 배현경, 복지겸과 함께 고려의 개국 공신으로 태조 왕건을 대신해 죽음을 택한 충신이다. 태조 왕건은 목이 없는 신숭겸 장군의 시신을 수습해 춘천으로 갔다. 춘천에는 도선국사가 명당이라며 점지해 준 태조 왕건의 묫자리가 있었기 때문이다. 태조 왕건은 황금으로 신숭겸 장군의 머리를 만들어 시신과 함께 매장했고, 도굴을 방지하기 위해 3개의 봉분을 만들었다. 신숭겸 장군 묘는 여러 전설이 있어 위에서 언급한 조선 8대 명당이라 하여 아름다운 소나무가 어우러져 더할 수 없는 풍광을 자랑하는 곳이다.

고려 태조 10년에 대장군이 된 신숭겸은 신라를 침공한 후백제 견훤을 물리치기 위해 왕건과 함께 출정하여 팔공산 근처 동수에서 진을 치고 견훤을 기다리고 있었다. 신라는 이미 견훤의 후백제에 유린되어 경애왕과 왕비는 자결했기 때문에 견훤 군의 퇴로를 차단하기 위해 김락 장군과 기병 5천 명으로 싸웠으나 사기충천한 후백제군에 대패하여 왕건의 목숨이 위기에 빠지게 되었다. 신숭겸은 왕건을 살리기 위해 왕건과 갑옷을 바꿔 입고 어차御車를 몰고 처절하게 싸우다 그만 장렬하게 전사하고 말았다. 신숭겸 덕분에 간신히 목숨을 부지한 왕건은 견훤의 포위망을 뚫고 전장에서 탈출하여 몸을 숨겼던 왕산玉山, 탈출로를 비추어 주었던 반야월伴夜月, 비로소 얼굴이 밝아졌다는 해안解顔, 안심했다는 안심安心이란 지명이 존재하고 있어 당시 얼마나 처절했는지 증언하고 있다.

원래 왕건의 모습과 비슷했던 신숭겸인지라 시신을 확인한 견훤은 그의 충절을 높이 사 목이 잘린 몸만을 왕건에게 보냈다. 왕건은 목이 없는 시신에 황금으로 두상을 만들어 그의 제2 고향인 춘천시 서면 방동리에 성대하게 장례를 치러 주었다. 그리고 황금 두상이 도굴당할까 염려한 왕건은 춘천과 구월산, 팔공산에 똑같은 묘를 만들었으며, 춘천에는 세 봉분을 만들어 어느 것이 그의 진짜 봉분인지 알 수 없게 만들고 전쟁이 끝난 후 순절한 자리에 지묘사를 창건하여 그의 넋을 위로했다고 한다. 사당 앞에는 왕건나무(팽나무)와 신숭겸나무라고 부르는 400년 된 배롱나무가 심겨 있다. 오랜 세월이 땅을 지키는 나무와 같이 시대는 변해도 충절은 변하지 않는다는 뜻을 후대에 전해 주고 있다. 능산 신숭겸 장군의 지혜와 충성, 용기 덕분에 목숨을 구한 왕건은 장군의 시호諡號를 장절壯絶 삼한벽상공신三韓壁上功臣으로 추대했고, 원래 이름은 능산이었는데, 태조 왕건이 신숭겸이라는 이름도 하사했다고 한다.

오후 4시 문학탐방을 마치고 부랴부랴 서둘러 서울로 출발하여 돌아오는 길이 생각보단 지체되지 않아 무사히 사당역에 도착하였다. 이번 문학기행을 소중한 추억으로 간직하고 좋은 구경 잘하고 회원 모두 함께 한 즐거운 시간이었다.

특히 봄철 문학기행을 주선한 이춘원 회장과 집행부 여러분에게 감사를 드린다.

다양한 저출산 복지정책 지원이
존립 위기 극복한다

정부가 특단의 조치에는 미래를 밝게 비추는 정책을 내놔야 하는데, 사회복지 문제와 세수와 연결해야 하고 가령 다자녀 가정에는 정부가 공로자로 인정하고 인센티브를 줘야 하고, 결혼한 신혼 가정에는 혼인신고와 함께 영구 임대아파트 같은 형식을 취해서 소득과 관계없이 입주와 임대료도 저렴하게 책정해서 아이는 국가에서 양육하는 특정한 정책을 하지 않는 이상 저출산 대책을 막기에는 역부족이다. 아울러 초고속으로 달려가고 있는 현실에 맞추어 청년세대가 공감하고 실제로 피부로 느끼는 저출산 정책은 정부가 책임지고, 가령 아이들을 낳으면 최대한 대학교까지는 무료로 혜택을 주고 아이를 낳으면 키우는 데 걱정이 없도록 배려의 정책이 필요한 것 같다. 물론 지금도 각종 혜택과 복지로 저출산 정책에 막대한 비용이 들어가고 있지만, 한 언론에서 찔끔찔끔 감질날 정도로 지급해서 별 효과가 없다고 하는 사람도 있다고 들었다, 이것이 아주 아니라고 하기에는 모순이 있는 것 같다.

그 단계를 일원화해서 융통성 있는 정책이 필요한 것도 사실이다. 요즘 아이를 낳아서 유치원부터 시작해서 고등학교, 대학교까지 비용은 여기서 언급을 안 해도 잘 알 것 같아 생략한다. 필자도 두 아이 가르치는 동안 상당한 비용이 들어간 것은 모두 다 공감할 것이다.

이렇듯 현실은 월 소득에 비례되어 과거에는 물가인상이 있어도 다 그러려니, 인상인가 보다 했지만 요즘은 더욱더 어렵고 힘들다. 요즘 언론에 저출산에 대한 정책을 정부에서 내놨다는 연합뉴스 발표에 의하면 '아빠 출산휴가·신혼부부 1억 대출'… 정치권 총선 공약도 봇물 이루지만 결정하는 데 어려움이지만 저출산 문제가 미치는 '국가 소멸 위기'라는 우려의 목소리까지 나올 정도로 저출산 상황이 갈수록 심각해지고 있다는 뉴스 보도에 의하면, 0.7명대로 떨어진 출산율에 많은 곳에서 아이들 웃음소리가 점차 사라지고 문을 닫는 학교도 늘고 있으며, 1월 25일 각 지자체 등에 따르면 우리나라는 2013년부터 경제협력개발기구(OECD) 가입국 가운데 줄곧 출산율 꼴찌를 기록하고 있다.

지방자치단체들은 다양한 지원책을 쏟아내며 존립 위기 극복에 나섰고, 총선을 앞둔 정치권도 파격적인 정책을 내놓는 등 저출산 문제 극복이 국가적 의제로 부상했다. 여성 1명이 평생 낳는 예상되는 평균 출생아 수인 합계출산율은 2018년 1명도 안 되는 0.98명으로 떨어진 뒤 2019년 0.92명, 2020년 0.84명, 2021년 0.81명, 2022년 0.78명으로 매년 가파르게 떨어지고 있다고 보도했는데, 저출산이 고착하면서 전국 초등학교 5곳 중 1곳은 전교생이 60명 이하이며, 이런 학교들은 점점 늘어나고 있고, 전교생이 60명이 안 되는 전국 초등학교는 20년 전인 2003년 전체 5,463개교 중 11.2%인 610개교였지만, 지난해에는 6,175개교 중 23.1%인 1,424개교로 늘었다. 지난해 전국 초·중·고교에서 입학생이 '0명'인 학교는 2,138개교로 전체 학교의 17.6%에 이르는 것으로 집계됐다.

학령인구 감소 추세는 갈수록 가팔라 주로 올해 초등학교에 입학하는 2017년 출생아 수는 35만 7,771명으로, 2016년 40만 6,243명에 비해 4만 8,000명 이상 급감했다. 2026년에 초등학교에 들어갈 2019년 출생아 수는 30만 2,676명에 불과하다.

이에 올해 전북도에서는 학생 수 10명 미만의 학교 9곳이 통폐합되고, 경기도에서는 초등학교 2곳이 폐교를 앞두고 있다. 저출산 위기 최전선에 서 있는 지자체들은 2024 총선을 앞두고 '낳아야 산다'는 슬로건과 현금성 지원 중심의 대책을 잇따라 내놓고 있다. 충북 영동군은 '1억 원 성장 프로젝트'를 올해부터 시행한다고 발표했으며, 결혼 후 관내에 정착하는 45세 이하 청년 부부에게 지급하는 1천만 원의 정착 지원금을 비롯해 국비·도비로 지원되는 각종 장려금에 군비 사업을 합해서 영동에서 결혼해 아이를 낳아 키우는 부부에게 최대 1억 2,000만 원을 지급한다고 한다. 20년 넘게 유지한 6만 명대 인구가 올해 무너진 경남 거창군은 출생아 1인당 1억 1천만 원을 지원하기로 했다. 또한 인천시는 인천에서 태어나는 모든 아이에게 만 18세가 될 때까지 총 1억 원을 지원한다. 정부와 지자체의 기존 지원금 7,200만 원에 인천시 자체 예산으로 2,800만 원을 보태기로 했다.

경남 진주시는 전국 최초로 '난임 부부 격려금' 제도를 시행하고 있다. 난임 시술 후 임신이 되지 않는 경우 매회 20만 원씩 격려금을 준다. 전북 임실군은 모든 출산가정에 최대 2년 치 기저귀를, 고창군은 출생아 1인당 50만 원의 산후조리원비를 지원한다. 전남 화순군은 청년·신혼부부에게 월세 1만 원으로 20평형대 아파트를 임대하는 '만원 임대주택' 사업을 지난해 시작했다. 50세대를 선발하는 1차 모집부터 506명이 몰려들어 10 : 1의 높은 경쟁률을 보였다. 강원도는 올해부터 육아 기본수당 지원 대상을 4세에서 5세로 확대해 1~3세 아동은 월 50만 원, 4~5세 아동은 월 30만 원을 지급한다. 경기 구리시는 올해 다자녀 가정의 어린이집 입소비 지원을 확대한다. 입소비를 지원하는 다자녀 기준을 '세 자녀 이상'에서 '두 자녀 이상'으로 변경했고, 세 자녀의 경우 둘째와 셋째 아이에게, 두 자녀는 둘째 아이에게 연 1회 1인당 최대 10만 원을 지원한다.

이렇게 2024 총선을 앞두고 여야도 공약 경쟁…"양육 시간이 문제"
다른 진단도 정치권도 총선을 앞두고 저출산 극복을 위한 정책 공약을 경쟁적으로 내놓고 있다. 여당은 유급 배우자 출산휴가(아빠 휴가) 1개월 의무화를 공약했다. 아빠의 육아 참여 문화를 확산하겠다는 취지로 현행 배우자 출산휴가는 10일이다. 이와 함께 육아휴직 급여 상한을 현행 150만 원에서 210만 원으로 올리고, 초등학교 3학년까지 유급 자녀 돌봄 휴가(연간 5일)를 신설하겠다고 했다. 더불어민주당은 취업 여부와 무관하게 아이를 가진 모든 국민에게 출산 전후 휴가 급여와 육아휴직 급여를 보편적으로 보장하겠다고 했다.

또 모든 신혼부부에게 가구당 10년 만기 1억 원을 대출해 주고, 출생 자녀 수에 따라 원리금을 차등 감면하겠다고도 밝혔다. 이 같은 '현금성 지원' 중심의 각종 저출산 문제의 해법에 대해 다른 방식의 접근이 필요하다는 목소리도 나온다. 저출산 정책은 정책으로 끝나지 말고 실효성 있게 준비해서 각 지자체의 정책이라도 꾸준히 실행에 옮기는 실천이 중요하고 언론에서 발표했다고 바로 시행되는 경우가 극히 드문 것도 사실이다. 항상 이야기하지만, 정권이 바뀔 때마다 단골 쟁점이 돼버린 것이 많은 것도 사실이기에 더 이상 늦추면 진짜 소멸로 가는 도시가 빠르게 늘 것이라고 이구동성으로 입을 모으지만 자명한 일이다.

노동시장의 성격이 출산을 막는 교육 문제의 근원이라며 학벌주의를 저출산의 원인으로 꼽았다. 이것이 해결되지 않고서는 앞으로 100년이 흘러도 반복되는 현상이 올 것 같다. 또한 합리적이지 못해도 추상적이지만 반론 같지만, 사회복지는 범정부 차원에서 획기적으로 다루지 않고서는 저출산의 해답이 나올 것 같지 않다. 물론 위에서 언급한 의견은 필자 개인의 의견이라는 것을 밝히면서, 아주 황당하거나 만화 같은 이야기는 절대로 아닌 것도 사실이다. 아울러 젊은 세대한테 결혼에 대한 인식을 인생의 최대 경사라는 개념으로 다루어야 결혼의 이상과 현실에 대한 저출산의 정책이 올바른 방향으로 나아갈 것이다.

결혼관이 인간의 본성과 환경 사이 상호작용의 결과물이라고 볼 때, 인간의 본성과 환경 사이를 새로운 수단으로서의 가상 공간은 가치 판단 구조를 변화시킴으로써 새로운 결혼관을 해낼 수 있으며, 사회구조 자체의 변화를 불러오면서 문화 영역으로의 전이로 나타낼 수 있다. 어떤 형태로든 가상 공간이 가져오는 새로운 문화의 영역은 이전의 결혼 문화와 일정한 영역을 공유함으로써 이러한 외적인 차별성을 줘야 한다. 일상적인 결혼관은 삶의 영역에서 인터넷 등을 활용하는 비중이나 그로 인한 생활주기의 변화에서의 그 속도감이 지나칠 정도지만, 반면에 사람들의 결혼 가치관 준거準據와 같은 윤리적 영역에서 쉽사리 변화가 나타나지 않기 때문이다.

아울러 이러한 노력은 항상 두 가지 난관에 직면하게 되는데 첫째는 그 보편성이 문이고, 두 번째는 행위 주체의 문제이다. 즉, 인간의 삶이 와해되고 각 개인의 자유와 권리, 이기성 등을 인정하는 기반 위에 사회를 구성하고자 했던 시민사회로 진입하면서 결혼관은 사회구성과 운영의 핵심적 과제가 해결되리라 믿는다.

참고로 우리나라 2024년 1월 25일 각 지자체 등에 따르면, 우리나라는 이것을 어떻게 해결하느냐는 정부와 민간이 정말 협조하지 않으면 큰 재앙이 올 것이다. 필자가 신혼 시절 보건사회부의 둘 낳기 운동 운운하다가 하나 잘 키우라는 정책에 그 당시 다자녀 가정에서는 의료보험도 적용에 예외를 둬 얼마나 큰 고통을 주었나. 이런 미래를 내다보지 못한 정책으로 인하여 오늘날까지 이어지는 것 같은 느낌이 들지만, 과거는 과거고 현재 저출산 정책은 다른 분야보다 우선 다뤄야 한다. 그렇지 못하면 안보에 직결되는 군대 문제가 가장 시급하다.

우리의 지표 과정이기에 프랑스 정책을 참고하는 것도 괜찮다. 프랑스통계청(INSEE)에 따르면, 프랑스에서 태어난 아기는 2023년 67만 8,000명으로 2022년 72만 6,000명보다 6.6% 줄었다. 합계출산율은 2022년 1.79명에서 2023년 1.68명으로 떨어질 것으로 예측되고 있다고 한다. 2차 세계대전 이후 가장 낮은 출생률이지만, 2022년 한국의 출산율인 0.68명보다 두 배 높다. 아울러 마크롱 대통령은 "최근 몇 년 동안 남성과 여성 모두 불임이 급격히 증가해 많은 커플이 고통받고 있다."며 대대적인 불임 퇴치 정책을 추진하겠다고 밝혔다. 프랑스는 유럽 내에서 상대적으로 높은 수준의 출생률을 유지해왔다. 그러나 최근 경제적 안정에 대한 우려, 고학력 여성 증가, 행복에 대한 젊은 세대의 가치관 변화 등으로 저출산 위기가 본격적으로 거론됐다. 저출산과 고령화는 정책의 효과가 즉시 나타나지 않는 만큼, 프랑스 정부는 저출산 문제가 손쓸 수 없을 정도로 심각해지기 전에 대책 마련을 서두르고 있다. 2030년까지 20만 개 탁아소 추가 설립, 취약 계층 지원을 위해 1,000만 유로(약 146억 원) 규모의 '유아기 혁신 기금' 조성, 6세 미만 아동에 대한 보육비 세액 공제 한도 인상 등을 추진 중이라는 프랑스는 2자녀 가정은 각종 세제 혜택과 두 자녀는 대학까지 무료이고, 부모 출퇴근 시간을 기업과 국가가 협력해서 육아 분담하는 데 적극 지원, 저출산율에 대한 획기적인 정책으로 극복하고 있다.

우리나라도 지난해 합계출산율은 1분기 0.81명, 2·3분기 0.7명 등 후반으로 갈수록 더 떨어지는 모습을 보였으며, 2024년 올해 연간 합계출산율이 처음 0.6명대로 떨어질 것으로 전망되는 가운데 전국 시·

군·구 10곳 중 3곳은 이미 지난해 합계출산율이 0.7명을 밑돌았다. 주로 도시 지역의 출산율이 저조했다.

오늘(3일) 통계청 국가통계포털(KOSIS)에 따르면 전국 261개 시·군·구(도 단위 32개 구 포함) 가운데 지난해 연간 합계출산율이 0.7명보다 낮은 곳은 70군데에 달했으며, 전체의 26.8% 수준이다. 작년 전국 합계출산율은 0.72명으로 역대 최저치를 갈아치웠고, 장래인구 추계 상 올해는 이보다 더 떨어져 0.6명대로 내려올 전망이며, 작년 4분기 합계출산율은 분기 기준 처음 0.6명대로 떨어졌다. 연간 합계출산율 0.7명 선이 무너진 70개 시·군·구는 대도시에 대부분 집중되었고 서울이 25곳으로 가장 많았다. 서울 내 모든 자치구에서 합계출산율이 0.7명을 하회한 숫자이며, 부산과 경기가 각각 12곳으로 뒤를 이었다. 대구·인천·경남(4곳), 광주·전북(2곳) 순이었으며 전국 시·군·구 가운데 합계출산율이 가장 낮은 곳은 부산 중구 0.31명으로, 여성 한 명이 평생 낳을 것으로 예상되는 평균 출생아 수가 0.31명에 그친다는 얘기다.

통계청에서는 부산 중구가 도심 쪽이다 보니 인구 대비 출생아가 많지 않은 영향이라고 설명하고 서울 관악구가 0.38명으로 집계돼 마찬가지로 0.3명 대이며, 관악구는 대학생, 수험생 등 미혼의 젊은 1인 가구가 밀집한 영향으로 분석됐다. 서울 종로구(0.40명), 서울 광진구(0.45명), 서울 강북구·서울 마포구·대구 서구(0.48명), 서울 도봉·은평구(0.52명) 순으로 합계출산율이 낮았다. 도시 지역일수록 출산율이 낮은 건 청년세대의 치열한 경쟁, 높은 사교육 열, 집값 등과 무관하지 않을 수 없다. 한국은행은 작년 12월 연구에서 초저출산의 원인을 다양한 층위별로 분석한 결과 청년들이 느끼는 높은 경쟁압력과 고용·주거·양육 측면의 불안과 연관된 것으로 나타났다고 짚었으며, 출생아 규모 자체는 경기도가 많은 편이다. 젊은 부부가 주택 가격 등을 이유로 서울에서 경기로 이동한 영향 등이 컸으며, 지난해 경기 화성시(6,700명), 경기 수원시(6,000명), 경기 고양시(5,000명), 경기 용인시(4,900명), 충북 청주시(4,800명), 경기 성남시(4,400명) 순으로 출생아가 많았다. 지난해 태어난 아기는 23만 명인데 사망자 수가 35만 2,700명으로 훌쩍 웃도는 등 사망자 수가 출생아 수를 넘어서는 자연감소가 4년째 이어지고 있는 것은 특히 작년 4분기에는 4만 900명이 줄어 분기 자연감소 규모가 처음 4만 명을 넘어섰고, 우리나라 인구는 2019년 4분기(-7,100명)부터 17개 분기 연속 줄고 있는 것은 4분기 기준 자연감소 규모는 2019년 1만 명을 밑돌다가 2020년 1만 7,400명, 2021년 3만 명, 2022년 3만 6,800명, 지난해 4만 900명으로 점차 커졌다. 한편, 2024년 6월 20일 정부가 저출생 대책으로 '인구 국가 비상사태'를 선언하고 가칭 저출생 대응기획부와 저출생 수석실을 신설하기로 했다. 또 부처 신설과 연계해 특별회계와 예산 사전 심의제 도입도 검토하기로 하고 저출산 고령사회위원회는 19일 위원회를 열고 이 같은 내용의 저출생 추세 반전을 위한 대책을 발표했다. 이번 대책에는 결혼·출산할 때 집 문제는 걸림돌이 되지 않도록 주택공급을 늘리고, 결혼·출산에 대한 인센티브를 신설·확대하는 등의 내용이 담겼는데 국토부는 신생아 우선 공급 신설 등을 통해 출산 가구를 대상으로 당초 연간 7만 가구에서 12만 가구 이상으로 주택공급을 확대할 계획이라고 발표했다.

신규택지를 발굴해 신혼·출산·다자녀 가구에 최대 1만 4,000가구를 배정하고, 민간 분양 내 신혼부부 특별공급 물량 비중을 현행 18%에서 23%로 상향 조정하고 주택자금 지원을 위해 내년 이후 출산한 가구에 대해서는 신생아 특례 구입·전세자금 대출 소득 요건을 한시적으로 2억 5,000만 원으로 완화하고, 신생아 특례대출 기간 중 출산 시 추가 우대금리를 적용 0.2%p에서 0.4%p로 낮추기로 했다. 또 신규 출산 가구의 특공기회를 추가 1회 허용하고, 신혼부부 특별공급 시 청약 신청자 본인의 결혼 전 청약 당첨 이력도 배제했으며, 아울러 공공임대주택에 살며 자녀를 출산하는 경우 해당 자녀가 성년이 될 때까지는 소득·자산과 무관하게 재계약을 허용하고, 희망할 경우 넓은 평형으로의 이주도 지원할 예정이라고 한다. 국토부는 공동주택 내 돌봄 시설이 원활하게 설치될 수 있도록 입주예정자 동의비율을 과반수에서 30% 이상으로 완화할 예정이며, 주차장법도 대폭 개정해 장애인 주차구역, 환경친화적 자동차 전용 주차구획과 같이 영유아 동반 가족 전용 주차구획 설치 근거도 마련하기로 했다는 소식이다.

또한 국토부 관계자는 "저출생의 원인인 일·가정 양립, 양육, 주거 등 3대 핵심분야 지원에 역량을 집중할 것"이라고 말하지만, 저출생이 국가 비상사태임에도 대책에 실효성이 있을지 우려의 목소리도 나온다. 일각에선 이번 대책이 끼워 맞추기식 대책에 불과하고, 장기적으로는 서울 중심에서 지역으로의 불균형 해소가 우선 아니냐는 지적이라고 하지만, 무엇이든지 해봐야 백지장도 맞들면 낫다는 속담이 있듯이 모두가 힘을 합치면 수월하다면서 다방면으로 해결책이 나올 때까지 수정해 가며 결정하는 것도 좋은 듯하다. 필자의 개인 생각일 뿐이다. 하지만 여러 해결책이 시행된다 해도 2024년 6월 21일 언론 보도에 의하면, 청년 10명 중 7명은 결혼을 위해선 경제적 독립이 필수라고 여기는 것으로 조사됐다. 그러나 정부가 결혼·출산 장려에 예산만 많이 지원하면 결혼과 출산이 늘 것이라는 견해에도 10명 중 7명꼴로 부정적 견해를 드러냈다. 결혼·출산 장려에 표적화된 재정지원 정책을 넘어 청년의 경제적 독립을 견인할 수 있는 '정책 방정식'이 필요하다는 풀이가 나온다.

법률소비자연맹은 지난달 대학(원)생 2,901명을 설문 조사해 얻은 이런 결과를 21일 발표하였다. 설문에서 결혼 의향이 있는 청년은 절반 이하였다. 결혼은 해야 한다는 인식에는 42.47%만 동의했고, 57.19%는 동의하지 않았다. 특히 여성의 경우 결혼은 해야 한다는 데 동의하지 않은 비중이 68.59%로 남성(41.85%)에 비해 26%포인트 이상 높았다. 성별로 결혼해야 한다는 데 동의하는 응답은 남성이 58.15%, 여성이 31.41%이다. 추세는 '자녀는 낳아야 한다'는 데 동의하는 비율로 이어졌다. 전체 응답자의 34.78%가 이 질문에 동의를 표한 반면, 65.01%는 아니라고 답하며 출산을 인생의 필수 과업으로 보지 않는 인식을 드러냈다.

여성 중 자녀는 낳아야 한다는 응답은 22.13%로 5명 중 1명꼴에 그쳤다. 반면 남성 중 52.40%는 자녀는 낳아야 한다는 데 동의를 드러냈다. "경제적 독립을 결혼 조건으로 꼽지만, 결혼·출산 한정 재정 지원에 기대 낮아" 결혼을 위해서는 경제적 독립이 필수다라는 명제에 대해선 77.97%가 동의, 경제적 독립이 결혼의 선결 조건이라는 생각을 표시했다.

지난해 같은 질문을 묻는 조사에선 81.74%가 경제적 독립을 결혼의 조건으로 봤다. 하지만 정부가 예산만 많이 지원하면 결혼과 출산이 늘 것이라는 데 동의하는 의견은 22.37%로 지난해 같은 조사(32.50%)에 비해 낮아졌다. 법률연맹은 "정부의 예산 지원으로 결혼 및 출산율 저조 현상을 막을 수 없다고 생각하는 것"이라고 설명했다.

지난 20년 동안 한국의 합계출산율이 가파르게 떨어진 배경으로 여성의 고학력화 및 사회활동 증가를 꼽는 연구가 많지만, 청년들은 여성의 사회활동 증가가 출산율 저하에 큰 영향을 미쳤을 것이라는 데 유보적인 입장을 드러냈다. '출산이 저조한 이유는 여성의 사회활동이 많아졌기 때문'이라는 질문에 동의하는 입장은 32.71%로 부동의 의견 67.08%보다 적었다. 결혼과 출산의 선제조건으로 경제적 독립을 꼽는 데 주저하지 않듯 경제적 여건은 청년들의 가치관에 큰 영향을 미치는 것으로 나타났다. 법률연맹은 20년 넘게 '10억 원을 준 다면 1년 동안 교도소 생활을 할 수 있다'에 대한 견해를 물으며 가치 관 변화를 탐색해 왔는데, 올해 조사에서 응답자의 45.36%가 동의한 다고 답했다. 이 질문에 대한 동의 응답률은 2020년 44.62%, 2021 년 48.72%, 2023년 49.32%로 해에 따라 40%대 후반까지 기록했는 데, 올해는 전년 대비 동의율이 낮아졌다. 역으로 '10억 원을 준다면 1년 동안 교도소 생활을 할 수 있다'에 동의하지 않은 응답은 2020년 55.11%, 2021년 50.91%, 2022년 50.51%에 이어 올해 조사에서 54.36%로 높아졌다.

'악법이라도 개정 전까지 지켜야' 65%법 준수 피해의식도 전년보 다 감소 추세법 준수에 대한 피해의식 조사로 '우리나라에서는 법을 지키면 오히려 잘살기 어렵다'에 동의하는 의견은 지난해 44.01%에 서 올해 41.92%로 낮아졌다. 또 '악법이라도 법 개정 전까지는 지켜 야 한다'는 데 동의한 응답은 지난해 62.73%에서 올해 64.91%로 높 아졌다. 이번 조사는 법률연맹의 대학생 자원봉사자 275명이 전국 200여 개 대학교와 홍콩시티대, 런던대 등지에서 만난 2,901명을 대 상으로 대면 설문지 조사실시 되었다. 응답자 평균연령은 23.24세이 며 신뢰수준 95%, 표본오차는 ±1.82%포인트라고 발표하였다.

하지만 서두에 필자가 밝힌 대로 여러 정책을 보완하여 최대한 저 출산 정책을 확정해서 국가 백년대계로 삼아야 한다는 것이다. 그래 도 다행인 것이 정부에서는 2025년 저출산 인구 정책을 주관하는 부 서를 신설해서 앞으로 백년대를 바라보고 정책을 올바른 방향으로 이 끌어 나갈 수 있는 전문 분야가 생긴다니 얼마나 좋은 일인가. 하여튼 지켜볼 일이다.

현대문학의 서사적 흐름과 역사적 가치

우리 소설이 새로운 흥왕기를 이룬 것은 1970년대였다. 우리 소설은 1970년대에 이르러 대체로 두 가닥의 주요한 줄기를 형성하였다. 하나는 1950년 6·25동란 이래의 분단 모순에 대응하여 분단 시대 삶의 역사성과 그 의미를 추적하는 소설들이고, 또 하나는 1970년대부터 그 서막이 오르기 시작한 산업화 시대의 삶과 그로 인한 계층 간의 격차 및 불균형 분배 문제 등이 계급모순에 대응하는 소설들이다. 분단 모순의 진원지이자 우리 민족사상 최대의 비극으로서 6·25동란은 조국을 두 동강으로 갈라놓았다는 표층적 사실과 함께 동시대를 사는 수많은 개개인 생애에 지울 수 없는 깊은 상처를 안겨 주었다. 문제는 이 상처의 그루터기가 '과거완료'의 사실이 아니라 지금도 내연하는 '현재 진행형'이라는 점이다.

이와 같은 흐름에서 우리는 문학이 이를 위해 구호나 행동을 앞세울 수 없으며, 그 해결의 가능성과 방안을 정신적 결정으로 응축하여 제시하는 데 그치겠지만 이를 통해 우리 사회의 관심과 의욕을 환기시키는 일은 민족과 역사 앞에 선 문학의 책무이기도 하다. 이는 곧 우리 문학의 소재적 측면에서 가장 큰 줄거리를 이루고 있는 분단 현실을 어떻게 형상화하여야 세계 문학의 무대로 나아갈 발판이 마련될 수 있으며, 그에 앞서 어떻게 특수한 상황의 주변성과 한계성을 극복할 수 있을 것인가라는 커다란 부피의 질문과 관련되어 있다.

1970년대에 들어서면서부터 계급모순의 여러 문제에 응전하며 산업화 시대의 문제를 다룬 소설은 아연 활기를 띠기 시작하였다. 분단 상황이라는 지울 수 없는 민족 모순을 끌어안은 채 삶의 질적 수준을 향상하는 경제건설이 여러 형태로 진척되면서 문학 또한 이에 상응하는 발 빠른 변신의 행보를 옮겨 놓게 된 것이다. 그런가 하면 기본적으로 당대의 현실을 가진 자와 못 가진 자의 이분법적 대립구조로 파악하고 있으며, 전자가 왜곡된 방식으로 유산계급의 이익을 추구하는 행위가 얼마나 큰 상처로 자의 반한 삶의 타격을 주고 있는가를 추적하고 있다. 어쨌거나 문학이, 그리고 그 생산자인 작가들이 현실의 검색 및 개량에 임하는 본연의 임무를 포기할 수 없는 일이다. 특히 현실을 서사적 경향으로 재창조하는 소설은 구체적인 담화의 구조를 통해 파편화되어 가는 세계의 공동체적 유대를 되살려 놓아야 할 책무를 안고 있다.

그러한 1980년대의 민족 문학 주체 논쟁에서는 소 생산자를 구 중간 계급으로 분류하고, 신 중간 계급인 '화이트칼라'가 전면적으로 부상한 방면, 소 생산자는 경제적 차원에서 볼 때 그 삶의 양식을 문화 공간으로 옮겨 갔다는 설명이 있다. 이 말은 소 생산자가 자본주의 경제를 견디지 못해 쇠락했다는 의미이며, 오늘날과 같은 산업화 시대에 있어서는 작가나 문필가만이 소 생산자의 기능을 담당하고 있다는 해석이다.

아울러 우리는 우리의 정신적 텃밭을 지속해서 가꾸어 가는 활력 있는 충전의 공간을 갖게 될 것이다. 산업화 시대의 현실들이 우리의 삶의 앞길을 막아선다고 할지라도 이를 폭넓은 시선으로 조망하고 해결 방책을 모색하는 힘은 곧 문학이 가진 정신주의의 덕목에 크게 의지할 수 있을 것으로 본다. 1970년대의 분단 소설과 산업화 시대의 소설을 두 개의 중심축으로 하여 화명한 경계를 열었음에 비해 매우 대조적이다.

1980년대적 문학의 상황은 문화 현실에 물리적 외합이 작용한 경우이다. 반면에 1970년대 문학의 경우는 분단 상황의 발원과 전개를 객관적으로 조명할 수 있는 시간적 거리의 확보라든가 무분별한 성장 위주의 경제 운용이 내재한 문제점들을 밖으로 토해내기 시작한 당대 사회의 형상을 반영한다든가 하는 시의성과 결부되어 있다.

아울러 그 창작 행위의 전반적인 모습은 지배체제와 자기방어적인 걸림돌들이 적지 않게 널려 있긴 하지만 전자에 비해 다분히 자의적인 기술이 가능하다고 할 수 있다. 따라서 문학의 본질은 영원한 본향에 근원을 둘 수 있으되 그 외양은 그렇지 않다는 사실을 실감할 수밖에 없는데, 이러한 사정이 우리 시대의 문학에 수용된 시대정신 가운데 하나라 하겠다.

이와 같은 1980년대적 문학의 상황을 넘어서 이에 잇대어지는 그 성격이 이전과는 매우 다른 1990년대의 문학은 우리에게 무엇인가? 또 1990년대의 문학은 어떤 외양과 내용으로 우리 앞에 출현했을까?

이처럼 부피가 큰 질문을 안고 있는 범박한 상투성에도 불구하고 우리는 곧잘 이런 유형의 문항을 상징하고 그 답변을 모색하는 관행을 유지해 왔다. 동시대의 현실 속에서 발아하고 성장한 문학의 실체에 객관적 거리를 두지 못하고 근접해 있는 우리로서는 결국 전체적인 문학사의 기술에 소요될 답변의 객관성을 후대의 사필史筆에게 미루어놓은 채 우리의 삶의 실상과 문학적 반응의 형태를 세부적으로 추적해 볼 수밖에 없을 것이다.

그래서 1990년대로 접어든 우리 문학은 1970년대 및 1980년대에 비해 몇 가닥의 뚜렷한 변별성을 보여 주었다.

1970년대 : 분단문학과 산업화 시대의 여러 문제점에 대응한 산문적 서술의 흥성함은 이른바 '소설 시대'라는 호명을 산출하기도 했으며, 통시적이고 역사적인 상상력과 공시적이고 사회사적인 상상력을 배경으로 대체로 '문학은 사회상을 반영하는 거울'이라는 고전적 명제를 충족시키는 편이었다.

1980년대 : 사회변혁의 준엄한 파고가 현실의 제방을 넘어서 문학의 영역까지 그 위력을 확장함으로써 문학의 현장성이 한층 강화되고, '운동개념으로서의 문학'이 주류를 형성하여 당대의 시대정신을 대변하는 역할을 수행하는 한편 이념이 문학을 압도하는 현상을 노정하기도 했다.

이처럼 시대의 확고한 흐름을 갖고 있던 리얼리즘 계열의 소설이 현저하게 약화하였으며, 이는 투쟁 중심의 사회적 분위기가 퇴조하고 동시에 창작방법론에 지도적 기능을 수행하던 이론의 전열이 무너짐으로써 초래된 변모의 양상이었다. '사회주의 리얼리즘'이 국내외적으로 체험의 무대를 상실하고 '비판적 리얼리즘'과 대비된 논쟁도 큰 반향을 불러일으키지 못했으며, 『노동해방운동』『사상 문예 운동』『녹두꽃』등 선명한 이념 지향의 계간지들이 폐간되는가 하면 민중문학 진영의 소장 이론가들이 자기비판을 통해 새로운 길을 모색하는 지점까지 나아감을 볼 수 있다. 이와 같은 장편 및 대하 장편의 활성화 또는 이들의 전작 출간이 풍성한 분량을 자랑하는 까닭은, 탈이념적 시대상이 촉발하는 문학의 객관화 작업, 작가의 전문성이 강화된 결과로써 특정한 분야에 대한 관심의 집중, 이를 뒷받침하면서 상품의 효능을 겨냥하는 출판 자본의 형성 등 여러 가지로 설명할 수 있다. 또한 서구 문학이 점차 프래그머티즘이나 미니멀리즘의 성격을 확대해 가고 있는 데 비하면 이를 우리 문학의 특징적 형상이라 할 수도 있을 것이다. 또한 세기의 변경, 그 사회사적 환경과 문학은 우리 문학은 전시대에 투쟁의 도구로 화두시 되던 그 문학 외적 광휘가 없다. 또 무원칙의 다변화의 시대적 조류에 밀리는 한편 대중문학과 상업주의 문학의 대두로 인한 가치관의 혼란을 겪고 있다. 본격·순수·고급문학이라는 호명이 통속·상업주의 문학이라는 호명보다. 정신적으로 질적 우위에 있다는 인식조차 이제 일반화될 수 없을지 모른다. 그런데도 세기의 변경이 일어난 이 시기에 우리 문학은 이처럼 온전한 가치 정립에 난관이 많은 시대상을 헤치고 자기 목소리를 발해야 한다. 그것이 문학의 본령이기 때문이다.

그것은 앞선 시대의 문학에 대한 비판적 계승이나 새로운 시대정신을 문학의 내포적 구조 속에 응축하는 등 다양한 방향성의 모색을 나타낼 수밖에 없다. 큰물에는 언제나 수심과 수면이 있듯이 생동하는 동시대의 의식과 문화적 감응력은 더욱 젊은 작가들 가운데 대체로 부류가 있다. 전시대의 문화적 전통을 비판적으로 계승하면서 새로운 길을 찾으려는 성향의 작가들과 전시대의 상관성을 전혀 고려하지 않고 젊은 세대의 사고 형태를 전위적으로 반영하려는 성향의 작가들이 있다. 그래서 1980년대와 1990년대에 발표된 작품이 예컨대 김영현 한 작가에게 있어서도 서로 다르다.

1980년대적 현실에서 동시대의 실제적 현실로 그 의식을 수평 이동하면서 내성적인 갈등과 감성적 개방의 어조를 드러내는 것이 당연한 일로 받아들여지게 됐다. 공지영의 경우도 그렇다. 1980년대 후반 강렬한 노동소설로 문단에 얼굴을 내민 이 작가는, 그 시대의 주역으로 살았던 세대의 1990년대적 방향 모색을 선도하면서 공동체와 개인에 대한 관심의 비중을 개인의 영역으로 이동시켰다. 이제 방향을 바꾸어 전시대와 문화적 상관성을 절연하는 데 개의치 않고 작품을 써 온 작가들이 사회사적 입지점과 그 의미를 살펴봐야 한다.

회피한다는 것은 무지無智 속에서 사는 것이다

우리의 생활이나 타인과의 관계를 생각해 보면, 우리는 그 관계가 우리에게 기쁨이나 만족을 준다든가, 아니면 우리를 따뜻하게 보호해 줄 때만 상대방에게 관심을 갖는다. 그러나 그 관계가 우리에게 불쾌한 걱정이나 불안을 주게 될 때는 주저하지 않고 그 관계를 포기해 버리는 것이 인간관계다. 다시 말해서 우리가 만족하고 있는 동안만 관계가 존재한다고 볼 수 있다.

이 사실을 회피한다는 것은 무지無智 속에서 사는 것이며, 거기에는 결코 올바른 인간관계가 생겨나지 않기에 우리가 서로 생각하고 있는 상대방에게 전달한다는 것은 상대방을 대단히 잘 알고 있을 경우에도 매우 어려운 일이다. 더욱이 사람과 사람 사이, 즉 남편과 아내, 부모와 자식, 친한 친구 사이에 참된 애정이 있을 때만 이루어지기 때문에 소박함과 그리고 덕德도 습관도 아닌 겸허謙虛가 생겨나는 것이다. 따라서 비난도 하지 말고, 정당화하지 말고, 자신과 다르다고 동일화하지 않으면서 있는 그대로 인식하고 물질이나 재산 같은 외면적인 것을 심리적 욕망으로 치부해 버리면 안 된다.

필자가 대학교 2학년 때 70년대 학원 사태와 민주와 운동, 사회 전반적으로 혼란스럽고 심지어는 학생 서적조차 골라서 봐야 했던 학생 시절, 그 당시 외대 친구들과 동아리 문제로 만나, 다섯 친구하고 이문동에서 휘경역으로 향하던 중 당시 주변이 경찰이 던진 최루탄이 떨어져 아수라장, 우린 콧물 눈물 할 것 없이 뒤범벅 아비규환阿鼻叫喚, 그때 휘경역 뒷골목에서 어르신 도움을 받아 수돗가에서 물로 닦아 주고 잠시 머물다가 집으로 돌아올 때는 인상 좋은 어른께서 휘경역까지 바래다 주며 미소를 잃지 않았던 그 모습이 정말 좋았다. 당신도 자녀가 미국에서 대학에 다닌다는 어르신은 손까지 흔들었던 무척 고마우신 어르신이었다. 지나간 추억을 더듬으며 가끔 보고 싶을 때가 있다. 이렇게 의도가 아닌데도 불구하고 그 틈에 껴서 손해를 볼 때도 있었다. 그때 세 친구는 경찰서에서 조사받고 훈계로 나왔다. 지금도 가끔 만나면 그때 이야기로 추억을 회상하지만, 정말 그때는 절체절명絶體絶命의 순간이었다.

 우리 친구들 믿음은 모든 다른 경험보다 그 순간에 기지를 발휘해서 대처하는 것에 대해 좋은 방법을 잘 선택했다, 하지만 한순간이 평생을 좌우한다는 말이 있듯이, 친구 다섯 중 휘경역 사건에서 같이 만난 친구는 필자와 우연히 지금도 작가 활동하고 나머지 셋은 결국 정치에 뛰어든 친구들이다. 모든 순간에 대한 현실성으로 들리지 않을 수 없는 깊이가 있어 우린 희망을 품었다. 이러한 이유로 인간에게는 커다란 희망을 품고 있는 사람들을 침묵시키기 위해 언제나 내세우는 수위 경험에 대한 호소는 언제나 무의미하고 부질없는 논쟁이다. 우리는 과거를 반대하는 사람에게 양보하고 미래에 대한 희망을 품도록 하는 것이 좋을 것 같다. 우리는 인간의 삶이 비천하다는 것을, 우리는 어떻게 발견하느냐는 축적된 불안과 오래된 불만이 그 바탕에 누적되어서 그런 것이 아닐는지 모른다. 아울러 결핍과 무지에서 오는 보편적인 느낌이 스스로 위대하다고 주장하는 영혼의 멋진 풍자가 아니라면, 무엇일까? 다른 사람이 인간에 대하여 논할 바를 항상 앞지르고 있다고 느끼는 것일까? 그리고 남이 말한 것이 해묵은 것이고 순수 철학 서적은 가치가 없는 것으로 느껴지는 것일까?

철학적인 실험은 언제나 풀 수 없는 찌꺼기가 궁극적으로 남기 마련이다. 이렇게 주의 깊게 관찰하고 있으면 사고나 행위 활동 전체를 알 수 있듯이, 이런 일이 가능한 것은 당신이 관찰하고 있는 대상을 결코 비판하지 않을 때 해당하는 것이다. 또한 우리가 끊임없이 찾고 있는 것은 무엇일까. 우리 한 사람 한 사람이 바라고 있는 것은 어떤 것일까. 특히 현대처럼 불안정한 세계에서 모든 사람이 어떤 형태이든 평화와 행복을 찾으려고 하지만, 우선 우리가 찾으려는 것, 발견하려고 하는 것이 무엇인가를 아는 것이 중요하지 않을까.

대부분 사람이 어떤 형태든 행복과 평화를 추구하고 있다. 불안함으로 고통을 받는 자신이 조금이라도 행복을 누릴 수 있는 안식처를 바라므로 우리는 끊임없이 새로운 도전에 임하고 있다. 우리가 찾는 것은 행복일까, 그렇지 않으면, 행복을 갖다 줄 것 같은 어떤 종류의 만족일까. 행복과 만족은 같은 것이 아니다. 도대체 행복을 추구한다는 것이 가능할까? 아마 만족은 찾아낼 수 있겠지만 행복을 발견한다는 것은 절대 불가하고 행복은 파생적인 것으로 다른 어떤 것으로부터 생기는 부산물이다.

그러므로 열의熱意, 주의력, 사려思慮, 배려 등을 특히 필요로 하는 문제에 대해서 우리 모든 정력을 다하기 전에 우선 우리가 찾는 것이 정확히 무엇인가, 그것은 행복인가 아니면 만족인가 하는 것을 확실히 알지 못하면 우리는 모두 대체로 만족을 희구하고 있는 것이 아닌지, 우리는 뭔가에 의해서 지기를 바라고 바라는 것을 찾아낸 뒤에 이루어지는 충족감을 맛보고 싶어 하는 것이 아닐까. 가령 우리가 마음의 평안을 찾고 있는 경우, 그것은 간단히 찾아질 수 있겠지, 어떤 주의主義나 사상에 맹목적으로 헌신하고, 그 속으로 빠져들 수가 있어. 분명히 그것으로 문제를 해결한다면 오산이다. 한 가지 사상으로 벽을 쌓고 고립되는 것만으로 해방되는 것이 아니기에 어떻게 해서든 외면적으로나 내면적으로나 우리 각자는 무엇을 원하고 있는지 먼저 찾아내지 않으면 안 된다.

이때 우리가 우선 해결해야 할 문제는 자신이 의도하는 것을 자신의 마음속에 명백히 밝히는 것이다. 이것이 어려운 문제이긴 하지만. 그런데 우리는 이 문제에 대해 명확성을 탐구한다든지 또는 명확성을 강조하는 지도력이 있는 사람에게 의견을 들어 보고 상담으로 명확성을 찾아갈 필요가 있다. 아울러 우리는 많은 책을 읽기도 하고 인터넷과 언론에서 들어 보면 대화와 토론으로 일상생활에서 생기는 모순이나 상식에 대한 방법을 발견하기도 한다. 이를테면 특정한 단체나 전문가들의 조언을 듣고 해결하는 장면을 연출하기도 한다. 그러고는 그 속에서 우리가 바라는 모두를 발견하여, 결국 일정한 틀에 파묻히면서 자기 주위에 벽을 쌓고 상대방을 원망한다.

인간은 원천적으로 감추어진 급류와 같아서 우리의 존재가 우리가 모르는 곳으로 전해져 내려오고 있는 것일지 모르는 것이다. 가장 뛰어난 예측가라도 어느 정도 예측은 할 수 있는 것은 사태가 바로 다음 순간에 실망을 안겨 주리라는 것을 통찰할 수 없기 때문이다. 순간마다 내 것이고, 부르는 의지보다는 사건에 대한 원인을 인정하는 것이 옳다. 사건이 그런 것처럼 생각도 역시 마찬가지다. 모든 사사로운 공감은 부분적이고 사람의 존재는 두 개의 공처럼 단 하나의 점에서만 접촉할 수 있기에 다른 하나의 모든 점은 활동이 둔화한다. 따라서 다른 점들의 차례도 반드시 돌아오게 되나 삶은 심상화될 수 있으나 분할시키거나 배가시킬 수는 없다. 우리는 무엇이든지 허용하고 남들의 허물을 죄악이라고 하면서 자신의 경우에는 시험이라고 인정한다. 사람들이 생각하고 있듯이 죄악에 대해서 경솔하게 이야기하지 않거나 모든 사람이 절대로 나에게는 멋대로 하게 하지 않으면서 자신에게는 적절한 안전도라고 생각하는 것이 우리 자신을 믿는 사례들이다. 그럼 우리는 어디서 우리 자신을 찾아야 할 것인가? 잇따른 삶을 영위하는 가운데에서도 극과 극을 알 수가 없는 우리들의 양극이 없다고 믿게 된다.

우리는 잠에서 깨어나 우리 자신이 한 단계 위에 서 있는 것을 발견한다. 발밑으로 내려가야 할 것처럼 보이는 층계가 있고 머리 위로는 보이지 않는 곳까지 쭉 뻗어 있는 층계가 있다. 모든 사물은 흐르듯 움직이며 반짝거린다. 우리의 삶은 우리의 지각처럼 많은 위협을 받는 것은 아니지만, 유령처럼 자연을 누비고 다니면서도 자신이 있었던 자리를 우리는 알아내지 못한다. 우리가 이 세상에 태어나는 그 순간에 본질에서 빈곤과 소박함에 어느 정도 조화하도록 돼 있는 것은 아닐까? 우리는 삶을 영위하고 그 해를 넘길 만한 힘은 있으나, 나누어 주거나 투자할 여력은 한 치만큼도 없는 것 같다.

우리는 먼저 '나'와 정신의 관념은 신념이나 사고에 의한 야기된 공론空論을 주의 깊게 관찰함으로써 그런 모든 것을 버리지 않으면 안 된다. 왜냐하면 이런 것들은 실제로는 기만이기 때문에 다른 사람이 참된 실재를 경험했을지 모른다. 그러나 당신이 경험한 일이 없다면 그런 것에 대하여 사색한다든가, 또는 당신이 진실하고 불멸하면 신성神性을 구비한 사람이라고 상상해 본들 그게 무슨 소용이 있겠나 하는 것이다. 그것은 아직 사고에서 생겨난 것은 모두가 조건이 주어진 것이고, 시간과 기억 속에 속한다. 만일 우리가 사색이나 상상에 의해서 잘못 보고 이론적 연구나 철학적 탐구에 있어서 모든 정신 활동, 모든 가설, 상상, 희망 등은 어느 것이나 자기기만에 불과하다는 사실을 실제로 확실히 간파한다면, 다음 문제는 이 근본적인 변혁을 가져오는 힘과 창조적 에너지는 어떤 것인가 하는 문제가 생긴다. 아울러 지금까지 우리는 의식적인 정신을 많이 사용해 왔기에 하나의 논점을 추구해서 그에 대하여 반대도 하고 용서도 하며, 그 논점을 정확히 보기도 하고 희미하게 보기도 한다. 그러나 이보다 한 걸음 앞서서 한층 더 깊은 경험을 하기 위해서는 진상眞相을 발견하기 위한 정적靜寂과 민감한 정신이 필요하지 않을까 생각한다.

그러나 만일 당신이 여전히 관념을 추구한다면, 그것은 다른 사람이 한 말을 따라가는 모양이 된다. 즉, 끊임없이 사고, 관찰, 경험으로부터 모든 것을 완전히 없애고 새로운 창조적 공허 상대로 될 수 있을까? 이 문제는 의견을 갖지 말고, 또한 그 창조적 상태를 경험할 생각도 하지 말고 단지 이것을 테스트한다든가 그러면 그것이 가능한지 불가능한지 알게 된다. 그러나 당신 자신의 행동을 매일매일 순간순간 깊이 관찰하고 그 활동의 전체 과정을 거울 보듯이 보고 있다면, 그 탐구가 깊어질수록 당신은 공허라는 궁극적 문제에 도달할 수 있을 것이다. 그리고 그 공허 속에서만 새로운 것이 존재할 수 있을 것이다.

그래서 변화란 어떤 의미일까. 변화에는 두 가지가 있다. 즉 심리적인 변화와 사실에 대해 기초한 변화가 있어서, 항상 서로 밀접한 관계가 있어서 명백하게 갈라놓을 수 없기에 사실에 기초한 변화는 삶의 의미 수단으로 빼놓을 수 없다는 것을 우리는 잘 알고 있다. 그러나 심리적 변화를 보유하는 요인은 무엇일까? 심리적인 모욕이나 칭찬이 우리를 변화시키는 것은 무엇 때문일까? 또한 왜 우리는 어떤 변화를 보유하고, 어떤 것을 거부해야 하는가. 분명히 즐거운 변화는 소중하고, 불쾌한 변화는 멀리하고 있는 것이 인간의 기본 심리이다. 잘 살펴보면, 괴로운 변화는 즐거운 변화보다 훨씬 빨리 사라진다는 것을 깨닫게 된다. 따라서 정신적인 변화는 과거에 의존하기에 하나의 조건이 붙은 상태라고 한다. 우리는 이런 변화를 가지고 우리의 생활이나 외부의 도전에 맞서는 것이고, 그 변화는 도전에 힘을 실어 주기에 언제나 새롭고, 우리의 반응은 언제나 낡은 것으로 변해 버린다. 낡은 조건에 따라 새로운 것에 흡수해 버리는 그것을 이해하지 못하는 것이다. 그리하여 새로운 변화는 과거에 의해서 조건이 붙는 것이고 따라서 새로운 것을 부분적으로 이해할 뿐, 완전한 이해는 결코 생기지 않는다. 변화가 주는 기억의 흔적을 뒤에 남기지 않는 것은 완전히 이해했을 때뿐이다. 언제나 새로운 도전이 나타나면 당신은 거기에 낡은 것으로 반응하고 있다. 이 낡은 반응이 새로운 것에 조건을 붙이고, 그것이 뒤틀려서 편향偏向시켜 버리고 싶다.

만일 당신이 좀 더 면밀하게 이 문제를 파헤쳐 본다면 그것은 어려운 문제가 아니다. 현대 사회의 상황은 변화의 기억이 그물 속에 갇혀 있지 않을 때만 새로운 생각이나 감정이 생겨난다. 한가지 예를 들어보면 친구가 어제 당신에게 모욕적인 언사나 듣기 좋은 말로 이야기를 했다고 치자. 당신은 그 변화를 기억하고 있을 것이다. 그래서 오늘 당신은 그 기억을 가지고 그 친구를 만나지만, 그 친구는 진정으로 만나는 것이 아니라 당신에게 어제의 변화로 기억이 살아 있어, 그것이 방해하기 때문에 우리는 자기 자신이나 자기의 행동을 많은 기억으로 둘러싸면서 살아가고 있다. 따라서 거기에는 늘 새롭고 신선한 맛이 없어 기억은 우리의 생활을 지루하고, 단조로운 것으로 만들어 버린다.

이처럼 이 땅에서 삶을 부여받고 높은 산에서 불어오는 바람으로 호연지기浩然之氣를 길렀으며, 모든 별들이 발산한 정기를 몸에 받은 가장 아름다운 장래가 약속한 젊은이들이건만, 그들이 발견한 것은 하늘 아래 이 땅에서 벌어지고 있는 사건들이 그들이 가꾸어 오던 꿈과는 전혀 동떨어진 현실이 돼버린 것이 안타깝다. 우리는 젊었을 때 행동은 어떠한 대화에서 언급된 것보다 느꼈으나 말하지 않았던 것에 빈번하게 나타나 모든 사회에 깃들어 있으며, 무심코 우리가 행한 것보다 더 많이 알고 있기에 자신을 지배하지 못하고 그 이상인 고귀한 존재가 내려다보고 있다.

궁중문학의 효시
『계축일기』와 『인현왕후전』의 특징

서사적 성격을 띤 작품은 궁중문학 가운데서도 발견된다. 이에 속하는 것이 『계축일기癸丑日記』 『인현왕후전仁顯王后傳』 등이다.

우선 궁중문학의 정의부터 정리할 필요가 있는데, 『인현왕후전』은 궁중문학의 정통성에서 벗어난다고 볼 수 있다. 이는 『인현왕후전』을 가리켜 '궁중을 배경으로 한 소설로서 우아하고 애처로운 일종의 궁중비사宮中祕史'라 하면서도 궁중문학의 범주에는 넣지 않았기 때문이다(『한국문학사』 중에서).

그런데 『인현왕후전』을 궁중문학으로 본 것은 가람 이병기 선생이 그 작가를 인현왕후를 가까이에서 모신 궁녀(그의 『국문학사』 중에서)로 단정하고 '궁중소설'로 본 이래 작가 연구가 중점적으로 시작되어 궁 밖 사가의 남성 설說로 바뀐 뒤에도 그대로 아무 비판 없이 받아들인 데서 온 것이다. 또한 근거라면 궁중을 넓혀서 작가는 누구든 관계없이 내용만 왕실의 것이면 궁중문학으로 본 신축성도 작용했으리라 믿는다.

그러나 『산성일기山城日記』의 경우 궁녀의 작作이라 하는데도 이것을 궁중문학으로 보는 견해는 별로 찾아볼 수가 없다. 이는 생산된 비경이 궁중을 떠났기 때문이 아니라 그 작품 자체의 문학성에 있는 것이다. 또 인조반정仁祖反正의 정치적 결말을 기록한 『계해반정록』 역시 궁중문학의 범주에 넣는 견해도 있으나, 이 역시 문학성이 희박하고 정치성이 강하기 때문에 여기서는 제외키로 한 것이다.

■ 계축일기

『계축일기』는 인조반정을 몰고 오게 한 광해군光海君의 실정失政이 그 골자骨子이다. 부원군 김제남의 사사賜死, 영창대군永昌大君의 살해, 폐모廢母 유폐 사건 등의 역사적 사건을 인목대비仁穆大妃 측의 시각에서 서사체로 엮은 궁중문학이다.

인목대비는 19세 때 51세 되는 선조의 계비로 들어가 정명공주貞明公主와 영창대군을 낳고 25세에 과부가 되어 아홉 살 아래 전실의 아들 격인 광해군(서자였다)에게 온갖 수모와 설움을 당하였다. 친청 부친과 남동생 셋이 모조리 역적모의 연좌죄緣坐罪로 약사발을 받아 죽었고, 어린 영창대군은 모비母妃의 품속에서 강제로 끌려가 잔인하게 살해당하는 비극을 겪었다. 그 후 대비 자신은 또 광해군을 저주했다는 누명을 쓰고 역모라는 굴욕적 처분을 받고 서궁西宮에 유폐되었다가 10년 만에 인조반정으로 풀려나 극적 인생을 산 인물이다.

선조宣祖는 왕비의 몸에서는 자녀를 못 얻고 후궁들에게서 낳은 왕자가 13남 10녀였는데, 장남이 임해군이고 차남이 광해군이다. 광해군이 어려서부터 영리하여 장남을 제치고 차남으로 세자를 삼으니, 명나라에서는 그것을 꺼려 인준을 안 해주고 미뤄 왔다. 그러던 중 왕비 박씨가 승하하자 선조는 51세 때 19세 처녀를 맞이해 정명공주를 먼저 낳고, 다음으로 영창대군을 얻었다. 선조는 늦게 얻은 왕자를 다시없이 사랑하여 영상領相 유영경柳永慶을 비롯하여 조정 중신들 7명에게 대군大君을 부탁하는 유교遺敎를 써 두었다.

광해군이 불안감에 싸여 있었던 것은 우선 명나라의 인정을 못 받는 것이었고, 다음으로 후견인들의 막강한 세력 구성으로 보아 영창대군을 꺼리는 마음이 없었다면 오히려 이상하다. 때마침 명종明宗 때의 윤임尹任 사건 이후부터 치열해진 동성 붕당의 싸움은 드디어 선조 말에 왕비의 친정과 광해군 처가妻家의 대북파大北派 대 소북파小北派의 대립으로 노골화되었다. 선조가 승하하여 정국이 뒤집히자 그들은 결국 왕에게 영합迎合하느라 즉위 직후부터 임해군 살해를 시작으로 충북 새재에서 일어난 은상銀商 타살 사건의 배후를 부원군 김제남이라 지목하고, 영창대군을 추대하려고 정치자금을 모은다고 모함하여 김제남을 죽였다. 이것이 영창대군을 제거하는 전초작업이었다. 결국 영창대군을 강제로 강화로 끌고 가서 온돌방에 불을 많이 때서 질식사를 시켰고, 그다음으로 인목대비가 원을 품고 광해군을 저주했다고 들씌워 내인內人들을 모두 잡아들이고 대비 자격을 박탈하여 폐모시켜 서궁에 10년간이나 유폐시켰다.

이 동안 인목대비의 비통과 궁핍한 생활상의 묘사가 『계축일기』의 후편이고, 인조반정이 임박해서 그 전조로써 여러 가지 기적이 일어나는 얘기도 있다.

이처럼 대비의 곁에서 지켜보는 자세로 엮은 이 작품은 궁중문학 중에서 현재로서는 가장 연대가 오래되었다는 점, 둘째로 대화체가 가장 많고 묘사력이 세련되었으며, '번번이' '구무' '까닭으로' 등의 고어古語의 자취가 많다는 점에서 귀중한 자리를 차지하고 있다. 그중에서도 영창대군이 빼앗겨 나가는 장면은 이 작품의 클라이맥스를 이루며, 이후 그 행방을 몰라 상하가 안타까워하는 모습의 대목은 독자를 그대로 함께 끌고 가면서 같이 답답하고 궁금해지는 심정을 자아내게 해준다. 이같이 밀도 있는 묘사 수법은 오늘날의 안목에서도 상당한 수준급이란 평가를 받는다.

이 작품의 배경은 선조 말 인목대비가 정명공주를 낳을 때부터 시작하여 광해 15년(1623) 인조반정으로 유폐된 서궁에서 풀려날 때까지 20년 남짓한 기간이다. 구성면에서 볼 때 인목대비의 서궁 유폐 이전까지 전반은 그 템포가 느리고, 후반은 빠르게, 더욱이 권말에는 붓의 힘이 빠지고 조잡해져서 극단적 사실의 나열 같은 느낌을 준다. 이는 사본 『계축일기』 서두에 표지의 제목과는 달리 '서궁록 권지일'이라고 씌어 있는 사실로 보아 낙선재본 『계축일기』의 모본母本은 『서궁록』이었을 가능성이 짙음을 알 수 있다.

『계축일기』의 장르는 궁중소설(이병기), 수필(조윤재 궁중기사체), 수필(김사엽·장덕준·정규복), 이 밖에 수기(신정숙) 등의 상의한 견해가 있지만, 객관적 서술체는 사실 '궁중 서사문학'이라고 할 수 있다. 한편 실재의 역사적 사실을 바탕으로 했다는 관점에서 『한중록』 『인현왕후전』과 함께 실기문학의 범주에 들어간다.

작자에 대한 의견은 역시 구수하다. 측근 내입설內入說이 가장 많고 또 개연성이 있는바, 이는 낙선재본 발문에 '낙인들이 잠깐 기록하노라'에 근거를 두고 그 밖에 서술 자세에서 '우리게' '우리' 등의 표현을 보아서이다. 내인內人 중에서도 상급자로 압축하는 의견이 아직까지 가장 개연성이 있는 것으로 평가받고 있다.

■ 인현왕후전

'궁중문학의 효시'라 일컫는 『인현왕후전』은 조선조 18대 숙종 때 있었던 '장희빈의 옥사'를 인현왕후 시각으로 쓴 작품이다. 작자에 대해서는 구구한 견해가 있으나, 현시점에서 분명한 단정을 내릴 수 없다. 다만 확실한 것은 궁중의 소산이 아니라는 점이다. 그래서 『한중록』과 차이가 있다. 궁중의 고사를 제재로 삼았을 뿐, 여느 전기체傳記

體 고소설에서 볼 수 있는 수법에서 더 새로운 것도, 또 뭔가 여항문학과는 달리 풍기는 궁중문학다운 분위기 역시 느낄 수 없는 것이 사실이다. 따라서 이런 성격을 앞에서 언급한 궁중문학의 정의에 맞춰 볼 때, 엄격한 의미에서 그 범주에서 벗어난다. 그러나 내용이 궁중의 실기를 윤색한 것이고 그런 까닭에 이미 통념같이 궁중문학으로 간주되어 온 세월이 길어 넓은 의미의 궁중문학 범주 속에 포함시켜도 무방할 듯싶다.

『인현왕후전』은 현재 원본은 전하지 않으며, 필사본 7~8종의 이본異本이 전해진다.

① 인현성모덕행록(가람본)
② 인현왕후성덕현행록(국립중앙도서관본)
③ 민중젼전(남애본)
④ 인현왕후덕행록(유구상본)
⑤ 민중젼덕행록(일사본)
⑥ 민중젼덕행록(박요순본)
⑦ 민중뎐긔(박요순본)

위 이본들의 제목을 통하여 나타난 형상은 대체로 인현왕후전의 이본들은 두 계통으로 갈라져 있다는 사실이다. 즉 덕행록德行錄 계系와 전기傳記 계통이다. 이는 이 작품이 원래 행장문行狀文의 연장인 덕행록으로 출발하여, 더욱 윤색가미潤色嘉味를 거쳐 소설화된 것임을 알 수가 있다. 이것은 특히 '남애본'에 보이는 숙종과 희빈 장씨의 너무나 신파극 같은 해후의 장면이다. 이에 의하면, 장씨는 애초 남문 밖 강 교리校理라는 무관의 집 종이었는데, 야심에 불타는 그는 장 여인을 자신의 출세에 제물로 이용할 뜻으로 동문 밖 대주점大酒店의 술 파는 여자로 들여보냈다는 것이다. 이 집은 왕이 능행陵行을 왕복하는 길목에 있어, 어느 날 갑자기 내린 비로 숙종이 비를 그으려고 들어온 것이 삼세三世 인연의 실마리였다고 한다. 그리고 그 술집의 묘사가 너무 거창한 것이 고소설에 흔히 등장하는 패턴이다. 우선 그 집 규모를 보면, 처음에 지을 때 일 좌 대점大店을 묘해 짓되, 문門 수가 60~70간이고, 10간은 객실이요, 10간은 마구요, 대간에는 양식과 누룩을 두고, 10여 간에는 세간 그릇을 쌓아 두게 지었다. 또 장씨가 거처하는 처소 묘사는, 으슥해 돌려 짓고 꾸몄으며 방 안에는 채석 반자를 깔아 놓고 산수병풍을 겹겹이 둘러쳤으니, 짐짓 왕족장상王族將相 댁 안방 같더라는 것이다.

따라서 『인현왕후전』의 장르를 논의할 때 한마디로 처리할 수 없는 것이 이 작품의 특징 중 하나이다. 즉 어느 계통의 사본을 텍스트로 하느냐에 따라 같을 수가 없다. 행장문이나 자문에서 나간 덕행록 계통이라면 일종의 전기이니 기록문학에 귀속될 것이고, 내용의 실존적 역사성에 조명을 비춘다면 마땅히 기록문학의 범주에, 또 실재의 역사적 사실을 완전히 객체화하여 창작성이 짙은 것이라면 소설의 범위 속에 넣어야 한다. 앞에서 인용한 남애본 『민중전전』 같은 것이다.

또 설사 명칭은 덕행록이면서도 사실과 창작을 엮은 인현왕후의 폐궁廢宮 살이 6년간 애련한 모습을 그린 대목은 문학성이 무르익어 서사성이 농후하다.

〈작자와 제작 연대〉

가람 이병기는 『인현왕후전』의 작자로 '왕후를 모시고 있었던 궁녀'라 보아 의심치 않았다. 그러나 앞에서 언급한 바와 같이 모시고 있었던 궁녀는커녕 궁 안의 여성도 아니다. 서인 중의 한 사람이라는 주장도 있었고, 박태보의 후손 아니면 인현왕후의 친정 후손 중에 남자라고 단정 지은 것도 있다. 역시 아직 미정설未定說의 상태이나, 국립중앙도서관본에는 종말이 인현왕후의 인산因山 때 숙종이 친히 지은 제문祭文의 소개에서 끝날 뿐 아니라 가람본보다 윤색이 덜하며, 반대로 가람본의 빌미는 그로부터 2대를 건너뛰어 '영조대왕이 52년 치세治世를 누리시니'라는 대목으로 끝나는 데 있다.

이로 미루어 국립도서관본은 영조 대에 또는 정조 때 이후의 근세의 작품이 아닌가 하는 생각을 해본다. 남애본에서 파생된 것으로 보는 것은 고어古語의 자취가 순조 초의 마지막 작품으로도 짐작된다. 아울러 버클리대본의 『한중록』과 비교가 되는 것이다.

인현왕후의 덕행을 작품화한 이 소설은 역사적 사건 속에서 등장인물이 겪는 파란만장한 사건으로 흥미를 제고하는 동시에 일종의 교훈서로도 널리 읽혀 왔다. 특히 이 작품에는 저주가 등장인물의 행위에 중요한 요인으로 작용하는데, 이는 국가 통치의 근간이 되는 유교 이념에 상충된다. 그러므로 이 작품은 악인의 저주와 모해謀害가 선인에게 어떠한 위기와 고난을 가져오고, 유교 이념의 근원인 하늘이 개입되어 악인이 처단되는 과정을 보여 준다. 작품에서 인현왕후는 반인륜적 행위인 저주를 감행한 장희빈에 의해 결국 죽음을 맞이하지만, 장씨의 죄상이 드러나면서 하늘의 순리를 벗어나 악행이 용납될 수 없음을 강조한 서사라고 할 수 있다.

| 참고문헌 |

- 한국문학사, 김윤식·김현, 민음사, 2005
- 잠재의식 개발을 위한 명상록, 장일하, 현대문예사, 1994
- 우리 시대 문화와 사회윤리, 박병기, 인간사랑, 2003
- 현대사의 정신사, 최동호, 문화아카데미, 1992
- 한국현대소설 이해와 감상, 김수복·양은창, 한림출판사, 1992
- 마음·뇌·교육, 데이비드 A 수자, 이찬승·김미선 공역, 한국뇌기반교육연구소, 2014
- 우상의 눈물, 오세영, 문학동네, 2005
- 신 풍수답사기, 김광제, 지성문화사, 2009
- 이육사 평전, 김학동, 새문사, 2012
- 자기로부터의 혁명, 지두 크리슈나무르티, 권동수 역, 범우사, 1984
- 문화통합의 시대와 문학, 김종회, 문학수첩, 2004
- 시를 어떻게 쓸 것인가, 강우식·박제천, 문학아카데미, 1994
- 책을 읽으면 왜 뇌가 좋아질까? 또 성격도 좋아질까?, 한상무, 푸른사상, 2017
- 세상에 홀로 서는 너를 위하여, 켄트 너번, 정승현 역, 한마음사, 1993
- 윤리학과 도덕교육, 박병기·추병완, 인간사랑, 1996
- 수필 어떻게 쓸 것인가, 윤모촌, 을유문화사, 1996
- 상상의 언어와 질서, 박명용, 푸른사상, 2001
- 세상 살아가는 지혜, 이주훈 편저, 보성출판사, 1993
- 한국문학 명비평, 김종회 엮음, 문학의 숲, 2009
- 사도세자의 고백, 이덕일, 푸른역사, 1998
- 한국문학개론, 한국문학개론편찬위원회 편. 혜진서관, 1993
- 공자의 논어, 이준구, 무진미디어, 2006
- 문장작법, 김형동 외, 학지사, 1996
- 생각의 지도, 리처드 니스벳, 최인철 역, 김영사, 2010
- 한국대표시평설, 정한모·김재홍, 문학세계사, 1995

그리움, 추억도 어둠 속에 묻힌

영혼의 눈시울

최대락 에세이집

초판 1쇄 인쇄·2024년 10월 15일
초판 1쇄 발행·2024년 10월 20일

지은이·최 대 락
펴낸이·김 영 만
주 간·이 현 실

펴낸곳·지성의샘
등록번호·2011. 6. 8. 제301-2011-098호

주소·서울시 중구 을지로 14길 16-11(2층)
편집부·(02) 2285-0711
영업부·(02) 2285-2734
팩 스·(02) 338-2722
이메일·gonggamsa@hanmail.net

ⓒ 2024. 최대락, Printed in Korea

값 16,000원
ISBN 979-11-6391-077-0

※한국예술인복지재단의 지원을 받아 제작되었습니다.